看见
与被看见

《书城》精选
（一）

《书城》杂志 编

上海三联书店

序

作为一本读书类的文化杂志，1993年创刊至今，《书城》杂志已走过近30年的历程。从创刊初期专注于老一辈文学名家手笔，到世纪之交走与国际化接轨的"城市阅读"路线、新世纪初期的"文化人视窗"，再到今天所秉持的"营造读书氛围、倡导理性精神、推广深度阅读、传承经典文化"的办刊宗旨，变革中亦有传承，那就是将一份传播文化知识、提高审美情趣的好读物呈现给读者，为读者心中注入一股耐思考、富哲理、求真知的思想清泉。

2013年改版以来，《书城》以思想、文化、艺术为内容定位，涉及哲学、文学、史学、艺术、经济、政法、科技等领域，希冀能够在人文关怀的视野下，实现多领域、多学科的跨界融合与对话。作者队伍中，不少为海内外学术界、思想界、文化界、科技界有影响力的名家学者，在知识界、读书界具有一定的影响力。近年来更有诸多中青年学者、作家、影评人、乐评人加入其中，这些不同学科背景、不同年龄梯次的作者促进了杂志内容的多元碰撞。

本次《书城》杂志与主办单位上海三联书店合作，从最近十年刊物中遴选部分优秀作品，出版《看见与被看见》和《有象》两种精选集。两书有一个大致的分类：前者由"史乘"角度切入，选文不仅有生动的中外历史叙事，亦包括讲述文学史、艺术史、科学史等各类学科史的文章；后者聚焦"艺文"话题，有精彩的文学艺术文本解读，亦有作家艺术家的创作札记和艺术随笔。《书城》编辑方针一向是兼顾文章的学理性与可读性、思想性与趣味性，这两种精选集亦自体现了这种兼容并包、雅俗共赏的特点。

今天，《书城》杂志将推广深度阅读作为自身的时代使命，希望能够弥补碎片化阅读带来的思考局限。这愿望既宏大亦精微，促使我们在大的时代里笃守做一份"读之有益，并且有趣"的杂志的初心。分享思想之美、文化之美、艺术之美，愿与读者共有一份审美的"余裕心"。

《书城》杂志编辑部

二〇二〇年一月

目 录

看见与被看见
——阅读《理想国》的一条思想主线

何怀宏

《理想国》中有四个著名的隐喻：隐身人、高贵的谎言、洞穴之喻和厄洛斯传奇，前两个涉及是否「被看见」和「让看见」，是感性的、具体的，后两个「看见」则是精神的、心灵的。

《理想国》是柏拉图著作里最为重要的一部，至少从道德与政治哲学的角度来看是这样。它从个人幸福讲到社会正义，最后又回归人之善、幸福到底是什么。所以，这样一部书是全面、广博而又深刻的，对今天来说也是具有现实意义的。

《理想国》非常广博，又是采取今天很少用的对话的形式，可能不利于把握主要的思想和线索，所以我今天主要讲两个问题：第一部分，是来尝试读一读这本书起首的部分，对其进行一种解读性的工作。我们来试着慢读细读，品味经典。有些书，我们可以快读甚至不读，但是这本书需要慢读，需要反复读。它的确也很耐读。第二部分，我想提供一条阅读的主线，我采取的一条主线是"看见"与"被看见"，通过四个隐喻来对《理想国》进行一个思路的解读。

《理想国》这本书，也有翻译为《国家篇》或《共和国》的，中文翻译最多的是《理想国》。在众多的翻译版本中，"理想国"三个字在我看来相对也还是比较贴切的，而它的副标题为"论正义"。在这本书中，对究竟什么是"正义"提出了疑问并进行了一系列的解释。

那我们该如何进入《理想国》呢？这本书有十卷，我们可以将它分为四个部分：第一和第二卷是从个人正义到城邦正义；第三、四、五卷主要讲城邦的正义；第六、七卷讲哲学与政治的关系；最后三卷又从城邦正义回归人的本善。这四个部分，每一卷都可以找到它的关键词，比如第一卷可以用"常识正义"来概括；第二卷是"城邦与人"；第三卷是"护卫者"，即国家的统治层；第四卷讨论了到底什么是正义；第五卷讲三个比较困难、富有挑战性的"大波浪"，一个比一个迅猛，进入新的高潮。比如说，第一个大波浪讲的是"男女平等"的问题，第二个大波浪，"共妻共子优生"问题，第三个大波浪就是"哲学家王"的问题；第六卷讲"哲学家"；第七卷讲"哲学家王"；第八卷讲"民主";第九卷讲"僭主"。"僭主"指的是古希腊城邦那些靠不正当方式夺得政权的人,和君主不一样;第十卷最后回归到我刚说的"人最大的福祉是什么"。

我们试着来读第一卷。它可划分为两大部分:一、与父子俩的谈话;二、与色拉叙马霍斯的对话。

那这场对话发生的时间是在什么时候?根据这场对话以及大部分学者的判断,大致可以判断是在公元前421年左右,这个时候是伯罗奔尼撒战争期间,但是又没有打仗,是在停战签订和约的时候,伯罗奔尼撒战争是雅典和斯巴达之间的战争。那时苏格拉底还不太老,其他人物还活着。那年苏格拉底五十岁左右,而他在雅典已经有了富有智慧、善于谈话的名声,年轻人都喜欢跟着他,听他说话,和他讨论问题。那时中国刚进入战国时期,孔子、老子已经谢世,而孟子、庄子尚未诞生,用雅斯贝尔斯的话说是一个"轴心时期",世界各个文明都在一个原创时期。

地点是在比雷埃夫斯港,距离雅典市中心有个七八公里,比雷埃夫斯港的特点就是它是商业中心也是民主政治中心。雅典人有自己的长墙,这里的长墙不是像中国的长城那样,但是那里的天气比较温暖,商业比较繁荣,那里的人都比较支持民主。

而其中的人物，在《理想国》中，苏格拉底及有名有姓的角色有十人，参与直接对话者共六人，其中包括苏格拉底。开始是他与一对父子的对话，后来是和一对兄弟，最重要的是和色拉叙马霍斯的对话。这是非常耐人寻味的、很有意思的一个结构：一对父子是异邦人，一对兄弟是雅典城邦人，还有一个对话人物是异邦的政治学教师。

这本书开头写道："苏格拉底：昨天，我和阿里斯的儿子格劳孔一起来到比雷埃夫斯港……"文中提到"昨天"，我们可以想象，说明他们是回到雅典后追溯、转述或者是倒叙。故事的缘起是，一位古希腊的哲人苏格拉底和柏拉图的哥哥到比雷埃夫斯港观看赛会后，在回雅典城的路上，被一个富有的年轻人玻勒马霍斯及同伴半说服半强制地留下来一起说说话。他们给苏格拉底两个选择，要么留下，要么武力解决。苏格拉底刚开始不是很想去，想赶回城里，但玻勒马霍斯对他说了句话："你瞧瞧我们这里多少人？"意思就是你们两个人，我们这里很多人，你人少，我们人多，这是一种实力，不管你愿意不愿意都要去。在这里，政治的味道、权力的味道就出来了，政治的艺术一个是强制，一个是说服。这里苏格拉底希望采用第二种办法，即我来说服你让我离开，或者你说服我让我留下。柏拉图的两个兄弟格劳孔和阿得曼托斯分别站在玻勒马霍斯和苏格拉底两边,他们就起到了一种妥协的作用。在玻的一边,玻倾向于强迫,阿希望说服和劝诱;格劳孔则在苏格拉底这边作出妥协和让步。在这里就把政治的性质给显示出来了。而苏格拉底这留下来一说就是洋洋近30万言,《理想国》一书就是以这次长谈记录的形式出现的。

这也可以看出当时的雅典人口主要由这么几部分组成:公民、异邦人、奴隶。雅典有20多万人,但异邦人据说比公民还要多,说明雅典的吸引力,他们是自由的但没有政治权利的人。奴隶有家庭内部和家庭之外的劳作奴隶,在当时的雅典城邦,很多专门职务也是由奴隶来担任的,比如今天人们很艳羡的"警察""执法人员""银行家"等。走在街上,有时是看不出谁是公民谁是奴隶的,有些公民甚至比奴隶穿得还要差。奴隶自然和异邦人、妇女一样都是没有政治权利的。在雅典公民内部,实行的是相当彻底和全面的民主。民主的公民享有哪些权利?投票和选举?不是的,雅典的民主政治采用的是比投票选举更为民主的"轮番为治",即大家都有担任从较低到最高公职的机会,只是先后次序靠抽签。它保证每一个公民都有参与政治的权利。这意味着,一个雅典公民只要能活到70岁,就一定有机会进入中央、政治局,担任常委和主席。比如苏格拉底就担任过。当然这是要建立在城邦公民人数较少的基础上的。所有的公民都可以参加公民大会，所有的职务都轮流担任。包括法庭，比如今天是审判日，所有公民都有权去法庭当法官或陪审员。但你要抽签决定去哪个审判庭，你事先不知道自己会去哪个庭。所以，在某种程度上，《理想国》正是对这种最彻底的民主进行反思。雅典最兴盛的时期是在伯里克利时代，伯罗奔尼撒战争之前，那么这个彻底的民主到底怎么样？困境在哪里？柏拉图以苏格拉底的名义来讲述这种对民主的思考和反省，也提出正面的政治理想。

以上这些是对《理想国》的背景介绍，时间、地点、人物和缘起。

接下去，我们接着说，苏格拉底就这样被半强制半说服地留了下来。留下来之后展开了这么一场世界上非常伟大的谈话，至少是在政治哲学上影响最大的一次谈话。在第一卷中，主要是和一对做生意的异邦父子进行的谈话。大家如果看完这本《理想国》，就会发现苏格拉底很会说话。在前两卷中，他说得并不多，以倾听为主，还引你说话，在恰当的时候进行反问，著名的"苏格拉底接生术"（也称"产婆术"）也是由此而来。

苏格拉底开始是和富有的老人克法洛斯谈话，苏格拉底这时的对话者已走到了死亡的边缘，老人谈到了对于死后地狱的恐惧,原来被以为是奇谈怪论的东西这时却有了重量:如果那些天堂地狱的说法都是真的呢?他们讨论关于老年的问题:老年是幸福还是不幸?财产对老年人意味着什么?如何使自己适应这一变化?这个时候对生命的感受是怎样的?一个人到老年欲望减退了是痛苦,还是很安慰?这些大多在年轻的时候不会想的问题,在老年这个切近死亡的时候,他会去想了。这一生中有没有做过伤天害理的事情?也许死后还会有审判?因为面对死亡了,就引出了一个人应当怎么度过一生的问题,是做一个正义的人还是做一个不正义的人能够得到快乐和幸福?正义的问题就是这样引入的。这就涉及"正义"和"幸福"的关系,也引出了比较常识的正义观——什么是正义,怎样做才是正义。当然在这里首先谈论的不是制度的正义而是个人的正义,一个正义的人应该怎样去做,然后再由人的正义推及城邦制度的正义。在某种意义上,社会制度的正义是人的正义的前提条件,制度和国家的正义是先决条件。

再有就是人的灵魂是不是永恒,是不是存在?死后会发生什么?这个问题在最后又回归到个人正义的问题,所以从开始的谈话到结尾的部分,也是一个首尾呼应的过程。在这第一卷的结尾,还谈到了三种主要常识性的正义观。

雅克·路易·大卫所绘《苏格拉底之死》

下面我们来讲一讲第二个部分,也就是主线的部分。也就是说阅读《理想国》我们可以采取的视角,主要的线索是什么。我们今天从"看见与被看见"的反面——"看不见与不被看见"的视角来解读,通过考察柏拉图《理想国》里的四个著名隐喻,来阐释理解此书的一条思想主线。当然对此书主旨,还可以有其他的多种理解和阐释方式。

人类的主要感觉有视觉、听觉、嗅觉、味觉、触觉五种。亚里士多德在《形而上学》开卷就谈到,人们在诸种感觉中尤重视觉,视觉最具有精神意义。无论我们是否有所作为,我们都特别爱观看。而我们认知事物及其差别,也以得于视觉者为多。在这里,我们主要讲的是政治视觉的问题。对于不直接治理的人或者说不直接掌握权力的人,是希望"看住权力"的,让有权者不为非作歹、不僭越、不越界。那么统治者也是试图看住自己的权力的,"看住"被统治者不要造反,社会能够稳定。理想主义的统治者还试图洞见"真理"或"范型",而大多数被统治者则试图看到政治的真相,了解统治的真情,全面地"看住权力";同时,每个人也都希望自己被看到、被重视。而这种对政治知情和政治参与的要求和对被正视与"承认"的要求,是古代雅典公民,也是现代人的普遍要求和强大潮流。

下面来向大家讲述刚才所提到的《理想国》中的四个著名

隐喻。

一、隐身人（359B—360D）。在《理想国》第二卷中，当格劳孔说完他的契约的正义观之后，他讲述了一个故事，即隐身人的隐喻。这个故事极简单地说是这样的：古各斯（Gyges）的祖先是一个牧羊人，有一天走进一道深渊，发现一枚可以使自己隐身的戒指，就利用这枚戒指想方设法谋到一个职位，当上了国王的近臣。到国王身边后勾引了王后，跟她同谋，杀掉了国王，自己夺取了王位。

这个故事就提出了一个挑战，这是对政治的一个挑战，也是对人性的一个挑战。假设一个正义善良的人，能够做任何事都不被看见因而也不受惩罚，长此以往，这个人会不会变得无法无天？就是我们相信人性究竟能相信到什么程度？这个故事值得我们反复思考，不是很容易就能得到答案。比如，我们作一个引申，给一个人以绝对的权力，做什么事情也不给他惩罚，也就是"不被看见"。我们知道有句名言叫"绝对的权力绝对使人腐化"。究竟是不是这样？在这里其实就是一个政治的起点。我们说法制就是约束所有人的，它的必要性在哪里？西方有一个很著名的"无赖假设"，就是假设全社会的人都是无赖，就像我们过安检，其实就是假设每个人都是恐怖分子，因此都要接受检查。

第一个隐喻还有另一种说法，即希罗多德在《历史》中所讲述的故事是说，原来的吕底亚国王坎道列斯如此想让别人知道他宠爱的妻子的美丽，竟然一定要自己最宠信的亲信巨吉斯（Gyges，原名相同，只是译法不同）躲在旁边看她的裸体，说"人们总不会像相信眼睛那样地相信耳朵的"，说他"要把这件事安排得让她根本不知道你曾经见过她"。在国王的安排下，巨吉斯看到了王后美丽的裸体，但他却还是被王后看到了自己。或者他不是无意而是有意让她看见自己，如果这样的话，那他一定是最有心计且最大胆的冒险家了。在当时的非希腊人看来，被人看见裸体是奇耻大辱，因此王后要复仇，她让巨吉斯选择：或者是杀死她的丈夫而取得王位，或者是他自己被杀死。结果可想而知，后来他杀了国王，自己当了国王，这里同样涉及一个人性的问题。

二、高贵的谎言（414B—415D）。据苏格拉底说，这是一个古老的传说：人都是在地球深处被孕育的，地球是他们共同的母亲，把他们抚养大了，送他们到世界上来。所以他们一定要把他们出生的土地看作母亲，卫国保乡，像亲兄弟一样的，就像一个政治共同体。他们虽是一土所生，但老天铸造他们的时候，是有差别的。有些人的身上被加入了黄金，他们是统治者；有些人的身上则被加了白银，他们是保家卫国的武士;有些人的身上被加入铜和铁,他们是农民及其他技工。也就是说人是有差别的,应当各干自己的本行,各尽所能。

当然过程是复杂的,有时不免有金父生银子或银父生金子的事发生。人是有差别的,但这又不能说破,因而就强调他们的共同性而不说他们的差别性。像孟子就有"劳心者治人,劳力者治于人"的名言,劳力和劳心是不一样的。那是不是应该让老百姓知道这件事? 这对统治者来说就是一个难题了,公开性到底到一个什么程度? 所以苏格拉底希望,如果不能使所有人都相信的话,至少也使一个社会的多数人相信,使被统治者相信这个"高贵的谎言"。

"谎言"为何又说是"高贵的"? 甚至它是不是一个"谎言",还是它恰恰是承认人性的某种真实而只是一个"言辞上的谎言"? 除此之外,还有其他政治上的谎言,是不是可以对被统治者说谎,或者说不让他们看见政治的真相? 如果有时不得不欺瞒,那么赞成对被统治者使用谎言的理由是什么? 是民众的愚昧或一时无知,而政治是紧迫的事情,还是有些真理是民众永远理解不了的? 而如此统治——包括有些事情不告诉他们,甚至欺骗他们——实际上是对他们好,符合他们的长远利益? 政治是否必须完全真实,绝不能够欺瞒民众? 谎言会不会有时还是一种药物甚至良药? 如果退后一步,承认在某些特殊情况下可以使用谎言,那么,又是在什么情况下可以使用谎言?

柏拉图看来更倾向于把灵魂的无知看作真实的谎言,但群众所犯的这种病症又是无法用真理来医治的,相反还可能得用"语言的谎言"作为药物——但仅仅是作为一种安慰剂?而即便普通民众达不到最高的哲学沉思的真理,是否他们还是能普遍地达到政治的清明见解,形成政治的共识?这同样是对政治的严峻挑战。第二个隐喻所要表达的,就是统治者要不要说出,或者说让被统治者"看见"全部的真相。

三、洞穴之喻(514A—521B)。在一个很深的洞穴中,有一个长通道通向外面,有一些微光照进来。有一些人从小就住在这洞穴里,头颈和腿脚都绑着,不能走动也不能转头,只能向前看着洞穴后壁。他们只能看见背后的火光照射到他们对面洞壁上的过来过去的物件的影子,他们在讲自己所看到的影子时以为是在讲真物本身。然而,如果他们自始就这样生活,并不像外人所想象的那么不幸,或者说并不强烈地感觉到他们的痛苦。他们还以为生活就是如此,世界就是这一片天地呢。

这时有一个被解除桎梏的人,甚至可以说是"被迫"突然站了起来,他转头环视,走动,抬头看望火光,原来我们看到的只是影子，是火光照射出来的。还不仅如此，他还走出洞穴见到了外面的阳光，还看到了洞外的事物和照亮这一切的太阳。一方面他很狂喜，因为他不仅看到了广阔真实的世界，他还看到了真理；另一方面，他开始考虑要不要回到洞穴，把所有的同伴都带出洞穴。

这里是有一个挑战在那里的，这时他还愿意甚至能够返回洞穴吗？这种回归之难，也许比一个人走出洞穴更难。当然柏拉图在这个隐喻里面，是把哲学家比喻成能够走出洞穴、克服固执的偏见，可以看见真理的一群人。这里有一个"哲学家王"的概念在里面。他要不要回去做民众之"王"？他能不能把所有人一起带出洞穴，或者他要考虑民众或许会被外面的光亮灼伤？这里又是一个少数和多数的问题。

我们很多人都是有惰性的，习惯了很多已经习惯了的东西，不愿意改变。因为改变需要付出很多，需要很大的智慧。苏格拉底曾经说过，思想者通过"潜水"能发现水里的珠贝，但其他人是不是也是这样呢？他回不回去，这是一个问题。所以，哲学家王，是不是可行？是不是可欲？

这里有一个对于民主的反思在里面。波普尔将对封闭社会和专制主义的批判追溯到柏拉图，也许是过于提高警惕了。在苏格拉底这里的确是考虑政治和人的差别的，因为他强调

《洞穴之喻》

知识就是德性，而人不一定都能得到恰当的知识或接受真理。一个看来合理的思路是：既然很多其他事情都是各得其所，各尽所能，根据个人的特质分工合作，为什么在政治这件更为重大的事情上，反而不能实行专家治国、精英统治呢？为什么不由最有智慧、最有政治才干的人来执行统治呢？你们可以想想怎样来反驳，在现代民主政治前提下你会提出怎样的反驳。

四、厄洛斯的传奇（614B—621D）。苏格拉底在《理想国》最后一卷谈到过去有个叫厄洛斯的勇士死后复活的故事，复活后他讲述了自己在另一个世界所看到的情景。首先是死后审判：正义者升天，不正义者入地狱，各自受十倍的报应或报偿。然而，在过完一千年之后，天上地下的鬼魂还可以再一次选择投生。它的意思是幸福不只是要考虑到此世，还要考虑到彼世和永恒。对一个相信或不信的人来说，对他的此生影响是很不一样的。灵魂究竟是不是永恒？这就要落实到个人，这就又回到个人的至善和幸福那里了。

政治有必要考虑到人性的前提。这涉及政治理论的普遍人性论前提，涉及政治法律秩序的必要性。当然，极端的政治权力也在某种程度上意味着隐身，即不受监督，不被惩罚，不再处在"众目睽睽"之下。而像格劳孔说的设立政治社会契约,他的本意是希望权力"被看见",可以监督所有人。这是第一个隐喻,这是政治的起点;第二个"高贵的谎言"的隐喻是说统治者要让民众看见什么,是看见一切还是只是一部分,甚至是否可以制造假象?前面指的是所有人的共同人性,那么第二个隐喻里面就涉及人性的差别。也许在现在的统治者看来正是由于人性的差别,所以不能让所有人知道所有的情况;第三个"洞穴之喻"是最高的、最理想的。这就是说让最有智慧的人来治理国家。但是不是所有人都能够看到事物的本质,他要不要以及能不能回到洞穴,这涉及政治秩序的最高理想的可能性问题,是在最高点上展示哲学与政治的分歧和冲突,或者说是智慧和政治的冲突;第四个"厄洛斯"的隐喻是讲人如能"看见"死后和永生会对人生有何影响,一个正义者能否得到最后的幸福?或者说正义和幸福是否能结为一体,如此也才有完善,才有至善?康德是近代启蒙理性的代表,但是他还是保留了上帝的地位。因为如此,德福才能一体。我们现在社会中确实可以看到不少不正义者走运、正义者面临悲惨的情况,但这可能只是局部的,还有一种永恒的记忆,还有永生,在那里善恶祸福是不同的。

在这四个隐喻中,前两个是涉及是否"被看见"和"让看见",是感性的、具体的,甚至身体的;后两个"看见"则是精神的、心灵的。这种"看见"不只是经验的或是理性的,比如说是直觉的神秘的洞见。这种"看见"对"政治"有何影响?理性与感性如何结合?灵与肉能否结为一体?哲学家能否为王?理想国能否实现?而柏拉图想说的也许是只有极少数哲学家才有可能"看见"真理,拥有政治智慧,故可以设想一个理想国。但又因为不是所有人都能"看见"真理,多数人永远都看不见真理,甚至强使他们去"看"会灼伤他们,也许还因为任何人若不"被看见"(不受监督,包括哲学家本人)都可能腐败,故最理想的国家并不能够实现,人只能满足于一种次一等的国家,法律统治的国家,即法治国。所以我们可能恰恰可以通过《理想国》来消除政治上的幻想,远离诸种政治完美主义或者乌托邦主义。

《理想国》想要告诉我们的恰恰是不可能有十全十美的理想国。如果说理论上最好的理想国都不可能实现,那其他的就更不可能了。连最智慧者治国都不可能,那其他的理想国也就更不可能了。是不是就是这样呢?这个答案需要大家自己来想。很多的解读都不一样,而对于种种理想国的限制,最基本的是来自人的共同性。所有的人都不是天使,但也不是魔鬼,当然也不是野兽。人是一种中间的存在,在书里给了一个中间向上的存在。这是人的共性,人也有差别性。人是千差万别的,没有两个相同的追求,就像没有两片完全相同的叶子。我们来看柏拉图"哲学家王"的统治。首先他受到的是人性共同性的限制,比如这个哲学家王可能是最智慧的,但他不一定是最善良的;还有如果一个大权在握者既不智慧也不善良,那是不是很可怕呢?我们退后一步,即使他是最智慧又最善良的,那给他绝对的权力,久而久之他会不会"变质",又怎么去防范这种"变质"呢?第二种限制是人性差别性的限制。我们假设这个哲学家王不仅是最智慧的,还是最善良的,甚至还是始终能够保持智慧和善良的,但他能不能够让和他共处一个社会的人都像他这样智慧和善良,能否都达到这样一个高度?如果不能,他应该用怎样的方式去统治?用欺瞒还是用"高贵的谎言",还是通过暴力的手段,即便这种暴力开始是局部的、暂时的,是对一部分人而言的,但它会不会蔓延?所以我们要对政治的完美主义抱有警惕。这里的政治的完美主义指的是通过政治的手段、权力的手段、强制的手段,来实现社会的完美、人的完美。这并不影响我们个人对于美、善的无限的追求,包括对一个较好的社会的追求,这需要我们不断地努力,也需要我们的耐心。

本文系何怀宏教授 2013 年 4 月 20 日在新华·知本读书会所作演讲,刊发时经作者审定,原载《书城》2013 年 12 月号

活下去，但是要记住
——莫言作品中的乡土历史与生命记忆

何怀宏

　　莫言最好的小说是从他的乡土中生长出来的。他年轻时曾极力要逃离乡土，后来又回到这乡土，发现这块故土才是他真正的文学资源的宝库，也是他安身立命的地方。但是，没有开初的逃离恐怕也是不行，他离开了故土，来到了京城，在那里开阔了眼界，并写作成名。当世界也见过了，生计也早已无忧了，他回来可以安静地写作了。目睹旧时熟悉的景物，感怀早年认识的人物和世事的变迁，又在想象的磨坊中不断磨碾、分化和重组，于是他的创作有了不竭的源泉。

　　莫言曾经在斯坦福大学的演讲"饥饿和孤独是我创作的财富"中谈到，当他年少时作为一个地道的农民在家乡贫瘠的土地上劳作时，他对那块土地一度充满了"刻骨的仇恨"："它耗干了祖先们的血汗，也正在消耗着我的生命。我们面朝黄土背朝天，比牛马付出的还要多，得到的却是衣不蔽体、食不果腹的凄凉生活。"说他当时"曾幻想着，假如有一天，我能幸运地逃离这块土地，我绝不会再回来"。但仅仅两年后，当他重新踏上故乡的土地时，他的心情竟是那样激动。当他看到满身尘土、满头麦芒、眼睛红肿的母亲艰难地挪动着小脚从打麦场上走来时，他的眼睛里突然饱含着泪水。他隐隐约约地感觉到了故乡对一个人的制约，对于生你养你、埋葬着你祖先灵骨的那块土地，你可以爱它，可以恨它，但无法摆脱它。

　　如果说离乡两年后他对故乡已经从恨变成爱恨交织了，十多年后他作为一个名作家回到故乡并在那里家居写作的时候，他对故乡的感情大概就主要是爱了，就像是要重新"长"在那里了。"二十年农村生活中，所有的黑暗和苦难，都是上帝对我的恩赐。虽然我身居闹市，但我的精神已回到故乡，我的灵魂寄托在对故乡的回忆里。"

　　在这之后，他主要的作品，他最好的作品，都是在他的故乡写成的。尤其是1995年春天他开始"醒着用手写，睡着用梦写",三个月全身心投入完成的《丰乳肥臀》,可以说是一部史诗的杰作,是一部生命的悲歌,同时也是生命的颂歌。他自己也是一个道地的农人作家,像一个极其勤勉的农人专注于耕耘一样专心致志于写作。他会酝酿很久,但却集中在很短的时间里,高强度地将一部作品完成。50 多万字的《丰乳肥臀》用了 90 天即完成初稿,而 40 多万字的《生死疲劳》只用了43 天就杀青。

他是一个道地的作家、单纯的作家,不仅是一个"讲故事的人",而且是一个讲故事的天才。的确,他也会保护自己,但你怎么能苛责一个将自己保护起来以便专心致志做自己的事情的作家呢? 尽管他在创作方法上学了世界的玄幻,但其反映的内容还是非常现实的,就是从庄稼地里长出来的。他骨子里还是一个善于保守自己专业和家业的农民,这没有什么可以羞愧的。而除了勤劳和谨慎,他还有叙述和想象的天才,他也很好地利用了这一天才。他的文学作品以外的讲演、访谈、时论也常常是精彩的,但不是他最好的作品。他最好的作品还是他的小说。他的时论,他对有些人物和事件的解释甚至对自己行为的解释也会有含混的时候,但他的小说是清明的——即便从思想的意义上说也是如此。

作为一个描写乡土的作家,莫言的作品中凝结了深厚的乡土，而这乡土还不是静态的，而是动态的。这些作品——从描写 20 世纪初晚清中国的《檀香刑》一直到延伸至 21 世纪以来现实生活的《蛙》等许多作品——从北中国一块乡土的角度反映了一个世纪以来动荡中国的历史，因为这一个世纪中国的变化是一个天翻地覆的变化，这一变化深刻地动到了底层。从这一底层来看这一世变，也就更能看清这一世变的深度和广度。莫言的写作不仅有一种根深蒂固的乡土观念，也有一种自我理解乃至执着的历史意识。他特别强调了这一乡土历史和 20 世纪流行的"阶级斗争的历史"的不同，和"千人一面"的教科书中的历史的不同，说"在民间口述的历史中，没有阶级观念，也没有阶级斗争，但充满了英雄崇拜和命运感"。

但即便主要限于这百年的历史，我们也许还可以将一个作家笔下的历史分成三种：一是亲历的历史，也就是自己亲身体验的历史，对莫言来说也就是 20 世纪 50 年代后期以降的历史；二是亲闻的历史，这主要是指直接听到亲历者讲述的历史，是口耳相传的历史，对莫言来说主要是 20 世纪 20 年代到 40 年代的历史；三是传闻的历史，这往往是指要通过第三者，且往往是文字资料得知的历史，这对莫言来说也就是 20 世纪初及之前的历史。而我以为，在这三种历史中，不仅是亲历和亲闻的历史在莫言作品中所占比重最大，同时也是他写得最好的作品。而在传闻的历史作品如《檀香刑》中，也许是因为作者还是较多地受到当代流行意识形态的影响，虽然艺术上很有新意，结构也相当精巧，但在人物的塑造上却比较老套，尤其是高层人物，有脸谱化的倾向，也不太符合历史的真实，比如说当时晚清的政治思想潮流是朝着尽量废除酷刑甚至肉刑的倾向的，到了1905年，清廷更明令将律例内凌迟、枭首、戮尸三项酷刑永远废除，凡死刑最重至斩决为止，又废除缘坐、刺字。《檀香刑》中所显示的从皇帝太后、文武百官到德国总督都那样迷信花样翻新的酷刑是不真确的。作者写作的最大优势看来还是在下层乡土，又尤其是在他的亲闻和亲历的历史时段。比如《丰乳肥臀》，主要是写从20世纪的30年代抗战到90年代市场开放的乡土历史；又比如《生死疲劳》和《蛙》，主要是写他亲历的20世纪50年代以后的历史。

而在莫言描写的乡土的历史中，又必然主要是下层人物的活的历史，是各种各样的生命鲜活淋漓但也饱受摧残的历史。莫言的作品不是以历史否定生命，而是从生命评判历史。在作者笔下展现的中国这百年的历史，主要是小人物的历史，是苦难的历史，而且常常是官方史书遮蔽的历史。它有一种激昂，更有一种沉痛。内忧外患、战争饥馑、阶级斗争、政治运动，造成了无数生灵涂炭和受难。作者不仅对所有出生的乃至未出生的生命有着深切的悲悯之情——像在《蛙》中表现的那样；而且顽强地执着于一种生命的记忆，这方面的一个突出象征就是《生死疲劳》中的西门闹，虽然他作为一个人已经死了，但还是执拗地不肯喝孟婆汤，并努力要在其后的多次畜界轮回中保持记忆，直到以一孱弱的"蓝千岁"的人身重返人间，重述历史。

下面我们将特别注意那些给生命造成了最大威胁和灾难的东西——战争、饥馑和连续的"以阶级斗争为纲"的政治运动；将特别关注普通中国人是如何应对这些威胁和灾难的，他们的主要办法是什么，根本依托是什么，以及还可以希望什么么，等等。

战争与饥馑，是最影响到乡土、影响到普通人的事件，也是20世纪造成人口最大量死亡的事件。战争直接剥夺人的生命，而饥馑则剥夺对生命的供养。战争与饥馑也是中国历史上传统的两大灾难，而20世纪还出现了一个"新鲜事物"，则是"以阶级斗争为纲"的"政治运动"，这种政治运动可以说与战争和饥馑也难分难解，它不仅摧残生命，也羞辱生命，不仅剥夺肉体的生命，还剥夺生命的尊严。

《丰乳肥臀》就是这样一部在20世纪中生命屡遭战争、饥馑和运动横暴摧残和剥夺的历史记录。其中的主人公——母亲上官鲁氏的一家人——就是一个缩影。她的公公和丈夫死于战争，婆婆在战争中发了疯。在母亲1900年出生的那年，在她唯一的儿子上官金童1939年降生的时候，都遇上了外国侵略者加给所在村庄的战争，而两次都让许多的民众横尸村野。然而，还有内战。母亲的次女、六女、两个外孙，都可以说是死于内部或对外的战争，长女婿和次女婿也都是因战争而死；她的四女因为饥馑而将自己卖为妓女，最后则死于政治运动的羞辱和摧残；参加了革命并成为领导干部的五女也仍是不堪残酷斗争的运动而自杀；她的被打成右派的七女、失明的八女则是死于和平时代的饥馑；她的最大的女儿、唯一的儿子也是屡遭战争、饥馑和运动之苦，最后一个被判死刑，一个一事无成。她的八个女儿无一善终，且都先她而去。

克劳塞维茨说，战争是"流血的政治"。战争是政治冲突极端化的表现。战争是暴力的相争。如果没有遇到一些约束因素的话，比如说实力的约束，战争按其本性来说是一定要走向无限战争的。政治常常是战争之因，但又是其果。政治是可以成为战争的引发因素的，但也是可以成为战争的约束因素的——如果这政治是比较文明和清明的政治；但如果这政治本身就是凶狠的，那么，它不仅会构成战争之因，还会大大加剧这凶狠和残酷，而凶狠常常带来更大的凶狠。如果不是实力过于强弱悬殊的话，战争的逻辑就常常是最狠的那个赢。而战争不仅是暴力，是强加，也是欺诈，或者鼓励欺诈。战争埋葬亲情、埋葬友谊，鼓励一切在平时被视为不道德的手段。

战争是最狠或最强的人取胜，而饥馑则是最弱的人先死，最弱的群体先亡。于是往往是老人、孩子、妇女首当其冲。有自然灾害带来的饥馑，也有人为因素（如战争、动乱和政策）带来的饥馑，而按照阿马蒂亚·森的观点，即便是自然灾难带来的饥馑，其中也有人为的因素起作用。《丰乳肥臀》先是写到了战争年代的饥馑。母亲的四女因为要救饥饿的全家人而将自己卖给了妓院。但莫言着墨最多的还是和平年代的那场大饥馑。他的几乎所有涉及 20 世纪 60 年代最初三年的作品都写到了饥饿，写到了如何想方设法寻找食物，包括吃树皮、草根甚至煤块。这场大饥馑也是作者亲历的大饥馑。莫言甚至说摆脱饥饿就是他创作的主要动机。说他的作品虽然"看起来迥然有别，但最深层里的东西还是一样的，那就是一个被饿怕了的孩子对美好生活的向往"。

作者所亲历的时代还是有连续不断的政治运动的时代。《丰乳肥臀》和《生死疲劳》都首先写到了土改，这也是第一次在全社会大规模确定世袭阶级身份的运动。当召开斗争大会时，一位因和土改干部有私隙而被枪毙了的生意人赵六的亲戚徐仙儿特别积极，他可能是为了报复，不仅要求抓住和枪毙司马库，还要求枪毙他的幼子幼女（到最后他其实也不忍了）。《生死疲劳》也是从其主人公地主西门闹土改时被枪毙写起。而在西门闹被枪毙之后，后续运动的锋芒却指向了他救生的孤儿、后来成为他家长工的蓝脸。他坚持单干，于是成为历次运动的对象，甚至众叛亲离。

我们在莫言小说中可以看到中国人对生命的两种似乎对立，但之间又有互相支撑的联系态度：即一方面是对生命的似乎并不太看重，不仅是对别人的，甚至是对自己的生命并不敏感、并不悲情的态度；另一方面则是生命力极其顽强，无论如何都要活下去，甚至不惜尊严、不惧痛苦的态度。而且这两种态度往往都结合在同一个人身上。中国的老百姓对生命的痛苦的确有一种超常的忍耐，初看起来甚至有一种接近冷酷的麻木。但在一个几乎没有活路的世界上活命，麻木也不失为一种办法，或者说是一种保护。尽管要忍受极大的痛苦，他们却绝不自戕，也不自艾自怜，甚至不太绝望，总想着天不丧人，总有活命之路。大多数人大概也不会有那种"不食嗟来之食"的贵族般态度，而是无论如何都要活下去的态度——哪怕忍受屈辱，或者忍受身体上的极度痛苦。中国人忍受痛苦的能力是惊人的。中国人活命的能力也是惊人的。他们不仅能利用各种各样匪夷所思的物质资料，甚至能吸收各种各样的精神资源来支持自己活下去。在此生命的意志不是反省，也不是权力，而首先就是活着，就是生存，就是无论如何也要顽强地活下去。

而 20 世纪的中国老百姓活命也的确太不容易。他们面对着连绵的战争，面对不断的饥馑，还有一个接一个的政治运动，表现出了自己生命的勇敢、智慧甚至活命的种种"狡计"。尤其是女人们，她们要保存自己的生命，还要养育其他的生命。于是，她们的生命，就像是一个象征，一个生命的象征，一个抗争的象征，一个抗拒苦难而顽强地活下去的象征。它是生命对战争的抗争，对饥馑的抗争，对那些戕害生命的政治路线和运动的抗争，对四伏的死亡的抗争。如《丰乳肥臀》中母亲的生命，她自出生到 95 岁自然离世，虽然历经了一连串的战争、饥馑和政治运动，生命中几乎始终都被痛苦贯穿着，她看到了自己的许多孩子先她而去，且大多是饱受痛苦和凌辱而死去。但她的一生，仍是一面赞颂苦难中的生命的最伟大的旗帜。

而在母亲的生命中，最光辉的就是她的生养。这"生养"也是作为"母亲"的最本质涵义。然而，这"生"对她却是非常屈辱的，这"养"对她也是极其艰难和痛苦的。她生了九个孩子，但是她的丈夫没有生育能力，而她却要为此承受全部的责难和侮辱。她不仅是"生"，也努力地"养"，尽管这"养"在那样的年代里又比"生"还要艰难得多。于是，在半个多世纪的漫长岁月里，在战争和饥馑不断的艰难岁月里，她不仅将自己的九个孩子都养大了，一个也没有早夭，还抚养过几乎所有的孙辈。过度的生育的确也还是有点悲哀：似乎只是在以生命的数量抗衡死亡，而轻视了生命的质量，就像是"广种薄收"。而中国人在那个不幸的时代看来生也艰难，长也艰难，活也苦命。

小说《蛙》主要是写计划生育。即便今天或已到了调整这一国策的时候，我们大概也不能否认计划生育的最初动机以及所达到的客观效果。但是，它在某些地方的实行看来还沿用了某些残酷方式，比如强行拆屋、到处追逐、野蛮结扎、晚期引产，等等。尤其是晚期强迫引产，将已经在母腹中形成的生命甚至即将临盆的生命强行结束，不仅给许多孕妇及家庭带来了灾难，而且是对生命的直接侵犯。小说中的主人公——作为妇科医生的姑姑，一生的工作先是接生，后来却是"断生"。到晚年她有了一种反省，她让作为泥塑艺术家的丈夫做了许多泥娃娃，将她引流过的那些婴儿，通过其手一一再现出来，用这种方式来弥补她心中的歉疚。

虽然活命极其艰难，但还要努力让生命焕发出光彩。首先是要让肉体的生命活下去，还要让这生命尽量精彩，即不仅要活动物的命，还要活人的命；不仅要保证人身不受侵犯，提供充分的物质的生活资料让人们过上体面的生活，人还需要过有尊严的生活，还需要过具有充分情感和精神意蕴的生活。在基本的生存和天伦之乐之外，人们，或至少一部分人会去追求生命的精彩。女人们可能更多地去追求浪漫的爱情，男人们则更多地去追求事业的成功。

我们可以观察《生死疲劳》中蓝脸坚持单干的理由。这些理由大致包括：希望自主地安排自己的生活和经济活动；要求一种诚实勤勉劳动的自由和光荣；也要求分给他土地的权力机构和领袖遵守自己的承诺。他也根据自己的人生经验得到这样的结论，即不认为把大家的财产拢到一起，人们就能大公无私，就能齐心干好活计，过上好的生活。他也深信自己劳动得来的东西才是正当的，放到自己仓里的粮食也才是踏实可靠的。的确，他也有自己的梦想，如果没有合作化和人民公社运动，他的勤劳节俭和能干大概会使这个昔日的长工和孤儿，成为又一个致富的西门闹。然而，在共和国前三十年，他却注定走不通这条路。

到了市场经济的年代，人们的经济活动有了很大的自由。但是，却还谈不上人们的生活都幸福美满。作者对这个年代也体现出一种批判性。虽然市场在让人们自主地安排自己的经济活动与生活方面具有一种道德性，但如果人们的物欲过于张扬，生命的精彩也必将受到金钱的侵蚀。这时的确不再有直接的"合法"剥夺生命（像《蛙》里面描写的计划生育中的晚期强行引产可能是唯一的例外），也不再有使人们大规模饿死的饥馑，但生命也可能萎缩成了仅仅是一种满足物欲的经济活动，甚至刺激出种种贪腐、欺诈、盗劫等不道德的行径。这时也不仅还有权力的横行和贪婪，还有逼着高龄母亲搬走的拆迁，人与人的关系也在金钱欲望的腐蚀下变得冷漠。如果说上官家的第一代主要是饱受战争之苦；第二代主要是饱受饥馑和运动之苦；那么，第三代不再遇到这些直接剥夺人的生命的灾难了，几乎再没有饥饿而死、战乱而死，运动的整死和斗死了，但他们照旧说不上全都幸福，或者生命的质量普遍得到提升。

人们可以希望什么？《丰乳肥臀》几次写到了教堂的钟声。后来作者写道："在创作《丰乳肥臀》时，我去过两次教堂。小说中的上官金童也去过两次教堂，他在走投无路时，投向了上帝的怀抱。我不是基督徒，但我对人类的前途满怀着忧虑，我盼望着自己的灵魂能够得到救赎。我尊重每一个有信仰的人，我鄙视把自己的信仰强加给别人的人。我希望用自己的书表现出一种寻求救赎的意识，人世充满痛苦和迷茫，犹如黑暗的大海，但理想犹如一线光明在黑暗中闪烁。"

　　个人总会死亡，留下记忆或就是试图抓住永恒的一种形式，或者说是追求永恒的一种生活方式。当然，我们现在所能谈的还只是作为人类的记忆。这种记忆首先意味着记住过去的苦难，如此或能防止我们再给自己和同类制造同样的苦难，甚至创造和保有一种比较美好的生活。但人类也会灭亡，在这之上和之后是否还有永恒的记忆？这或许是我们现在所不能知道的。但无论如何，我们一生下来，就要努力地活下去，再怎样艰难也要活下去。也许我们面对连绵而来的痛苦已经有些麻木，也许我们甚至不敢再对幸福抱有希望，目力所及没有任何有希望的前景，但我们还是要极其坚韧地活下去。我们努力活下去，我们活过来了，熬过来了，我们还要记住，我们是怎样活过来的，我们为这种活过来付出了怎样的代价。我们最好不要让我们的后代也这样活过来，尽管这是对我们自己生命的最大历练。我们不只是要让肉身活着，还要有体面地活着，有尊严地活着，有精神地活着。而我们也许只有努力记住过去，尤其是记住刚过去的百年的经验教训，才能开创一个相对美好的未来。

本文原载《书城》2014 年 7 月号

快乐与至乐

陈嘉映

我们沿着亚里士多德的这条思路，一方面要澄清快乐和行为目的之间的关系，一方面要理解快乐和德性之间的关系。

快乐，不论在我们的日常生活中，还是在思想史的思考中，一直都是一个很重要的题目。在西方哲学中，就有一个"快乐主义"的哲学流派。这个哲学流派经过种种变形，一直到今天都非常有影响。柏拉图、亚里士多德等重要的思想家，无一不对"快乐"进行过广泛而深入的思考。中国也有这样关于"快乐"的类似学说。在近代，大家可能最了解的是伦理学中的功利主义学派，他们把人生的目的定义为追求快乐。这是一个非常普遍的看法。又比如在心理学中，弗洛伊德对人性进行研究,他就把它叫作"快乐原则"。把快乐和人生追求的总目的等同起来,这在哲学史上,叫作"快乐主义"。的确,快乐似乎天然是好事。我们似乎都在追求快乐,但不是把它作为手段而是作为其自身来追求。过节时,我们祝亲友节日快乐,没有祝他不快乐的。我们自己也愿意快乐而不愿沮丧,碰到沮丧的时候,我们希望它赶紧过去,快乐当然也会过去,但我们不会盼它消失。

不过,把快乐等同于善好,也有很多困难的地方。我曾经询问过别人《西游记》里谁最快乐?有人回答说是"猪八戒"。感觉他似乎显得要比唐僧、孙悟空快乐。不管猪八戒这个形象是不是最善好的,但的确给人印象深刻。我们这把年纪已经认识了好多人了,都会感觉猪八戒是比较典型的男人的写照:好吃,有点好色,有时也有点小勇敢。有些人可能觉得他的这种性格还挺可爱,但我们很难把他的这种性格和善好看作是一样的。《红楼梦》里谁最快乐?想来想去,也许是薛蟠。反过来,屈原忧国忧民,不怎么快乐。《复活》里的聂赫留道夫,忏悔之前过得挺快活的,后来跟着玛斯洛娃去流放,就不那么快活了,但那时他才成为善好之人。

我之所以会翻来覆去地思考快乐与善好的关系,是因为它形成了挺大的张力。一方面,快乐这个词似乎生来就带着某种正面的意味。比如，你爱谁，你就会希望他快乐。如果你爱你自己，在某种意义上，你也会希望自己快乐，不会愿意自己总保持在痛苦的状态之中；但另一方面，我们又不得不承认有一些不与善好联系起来的快乐。那么到底有没有一种一贯的看法，使得这种看似矛盾的现象不再那么矛盾呢？古希腊时期的"快乐主义者"，比如伊壁鸠鲁，他说的快乐首先不是那个声色犬马、吃喝玩乐的快乐。他说："我们说快乐是主要的善，并不指肉体享受的快乐，使生活愉快的乃是清醒的静观。"这种哲学主张读书、求知、理智才是真快乐。虽然我很赞同他们，但另外一方面，你也很难否认那些声色犬马不是快乐。

我们今天讨论的是何为"快乐"，而不是如何获得快乐。通常在讨论伦理道德时，会有两种谈法。一种谈法就是告诉我们，我们应当怎样做，这种谈法像是老师对小学生的教育。这并不难，困难的是我们后来遇见了不同的思想、观念、想法、习俗，这时候我们会生出这样的问题，为什么我们应当这样快乐？而所谓的哲学讨论，应该是在回答这个"为什么"的问题。仅仅说我们怎样获得快乐是不够的，我们首先想知道为什么我们应当求取这种快乐。

我刚才讲到了，功利主义者把追求快乐看作人最天然的目标。这个功利主义是与康德的道义论相对而言的。康德讲的是我们应该按照某种道德律令去行动,和追求快乐是没有关系的。当然,功利主义的提倡者边沁、密尔等都会承认,声色犬马之乐能够乐于一时,长久上看来,却并不快乐。我们人类是有远见的动物,并不是禽兽,会考虑到后果的不利,因为一时的快乐,比不上长远的痛苦。计算下来,如果不快乐超过了一时的快乐,还是会决定不要这种快乐。

不过,买春的欲望、贪婪的欲望,这不是一个计算的问题,而是一个诱惑有多近的问题。诱惑离我们很远时,的确是可以比较冷静地去计算的,但是如果到了人跟前呢?诱惑逼近了,他会很难抵御。快乐和利益不一样。如果将快乐分为短期和长期来计算,那就像是一种买卖股票的行为了。

"快乐",除了"乐"之外,还有一个"快"字。喝个痛快,快意恩仇,引刀成一快,快哉此风,差不多都是因为快才乐。引刀或可大笑对之,凌迟就怎么都乐不起来。

再稍微谈一下功利主义。它虽然主张每一个人都追求一己的,但结论却并不是把每个人的快乐最大化。它的结论是我们要得到最大多数人的最大幸福或快乐。计算人类快乐总量是很困难的,要不要把幸灾乐祸、强奸、虐杀得到的快乐也计算在人类的幸福总量之内呢?这些问题是人们在讨论这些学说时都会提到的。

　　我刚提到有些快乐是不好的，所以，有不少思想家从来就不赞成快乐和善好是一回事。我不准备在这里把所有学说都过一遍，只挑两三种说一说。一种是斯多葛主义，该学说高度推崇自制。如果大家读过马可·奥勒留的《沉思录》，就一定会看到这位古罗马皇帝的自制。而自制在日常生活的层面上，和追求快乐是会有冲突的，至少不是一回事。斯多葛哲学家一般会认为人生中重要的就是德性，而快乐和痛苦与有德和无德无关。这个论证很简单，有德者有可能快乐，也有可能痛苦；缺德者有可能快乐，也有可能痛苦。还有一种苦行学派，如犬儒学派就比斯多葛学派多走了一步。他们不仅认为快乐不是人生的目标，而且认为追求快乐就是一种堕落。真正能够使人高尚起来的东西，不是追求快乐。而且正好相反，是要让人过上一种有痛苦的生活，这就是大家都知道的苦行主义。我们都知道中国的文化博大精深，思想源远流长，特别是现在经济发达了，西方有的，我们也都有了。但其实各个民族是有各自的特点的，其中我觉得中国文化有一个比较重要的特点就是缺乏苦行传统，甚至有人说我们中国是一种乐感文化。中国在春秋诸子时期，真的是什么都有。到了秦汉大一统之后，春秋中有些东西被继承和发扬了，有些东西被边缘化，消失了或者是接近消失。在春秋诸子中墨子是带有苦行主义的,但之后的两千多年里中国都不谈墨子。在诸子众家中,墨子比较突出的特点就是在学问上是重逻辑学的,在伦理上是重苦行的。但这两点在中国的传统中不怎么被传播。

我们再回到主题中来,苦行主义、斯多葛哲学认为快乐、不快乐和善好、不善好没有关系,甚至认为痛苦才是真正与善好和德性连在一起的。而快乐不但不能与德性和善好连在一起,而且它还会有伤于德性和善好。这样的传统一直到当代平民社会兴起之前,始终都是非常有市场的。

讨论到这里,我们可能还是会靠直觉感受,快乐是不能和德性无关的。而快乐和德性之间,有着一种交织、纠结的关系。为什么这么说呢?我前面已经说了一些快乐和德性确实无关的例子。而有些快乐则对德性构成威胁,或者本身就是一种缺德,比如幸灾乐祸、强奸、虐杀;但另外一方面,快乐又和德性有着一种正面的联系。比如,子曰:"贤哉回也!一箪食,一瓢饮,在陋巷。人不堪其忧,回也不改其乐。贤哉回也!"我们在中国思想传统中,把这叫作"孔颜之乐"。无论日子过得多苦,他们还是非常快乐。又比如,陶渊明《五柳先生传》中提到的"环堵萧然,不蔽风日,短褐穿结,箪瓢屡空,晏如也"。但是,他还是如此之快乐。对于这些有德之人来说,无论日子过得多苦,但最后还是快乐。而我们就是不会把它们称为"孔颜之苦"。

我再举两个例子。中国的庄子和德国的尼采，虽然他们中间相隔两千年，但我喜欢把他们称为高人，他们和一般的哲学家不一样，他们的看法永远高出一筹，但这两个人都认为善好是超出苦乐之外的。功利主义认为"追求快乐是人的天性"，而尼采对此嗤之以鼻：追求快乐不是人的天性，那只是英国人的天性。他认为快乐和痛苦没有道德意义，以快乐和痛苦来评定事物价值的学说是幼稚可笑的。但在尼采这里，你也能找到像孔颜之乐一样的句子。"世界深深，／深于白日所知晓。／是它的伤痛深深——，／快乐——却更深于刺心的苦痛；／伤痛说：消失吧！／而快乐，快乐无不意愿永恒——，／深深的、深深的永恒！"这当中有将快乐和永恒相联系的东西，有一种求永恒的意志。

我们刚才已经讲了快乐和德性有着这样一种正反的张力，再回到这种张力，往前强调一步，就到了"志意之乐"。因为不管是苦行主义还是斯多葛主义，不管历经多少痛苦，最后达到的顶点永远都是快乐，而不把它叫作痛苦。这是一个大的话题，我就不一一展开这里面的概念结构了。只提一点，快乐和痛苦是一组对子。此外，有与无、精神与肉体、善与恶、真与假等也是一些对子。我们会用一种相对性的概念来看待这些个对子。它们看起来是一组组对子，其实却不是完全相对的。它们有时候是对子，但在一些特定的意义上，是一个高于另一个或一个支持另外一个。

在某种意义上，快乐高于痛苦，而不单单与痛苦相对。但这并不是说，快乐才是人生的目的。人生就是对快乐的追求，这类话，我们不仅在生活中，在阅读时、思考时也会这么想和这么说，而且我刚才也引用了一些哲学家、思想家的话，他们也会这么想、这么说。但我想说这种说法其实并不成立。我们平时天天要做的最普通的事情，吃饭、喝水、睡觉、上班，等等，有哪一件事情可以说是在追求快乐？你并不是为了获得快乐而去做这些事情。比如说，一个母亲因为儿子含冤入狱而不断上访、找律师、找法官，要把儿子营救出来。其间还经历倾家荡产，百般痛苦。但你能说她是为了能把儿子从牢狱中营救出来的那种快乐去做这些吗？当把儿子救出来，母亲当然会非常快乐，可她仍然不是为了那一刻的快乐而经历这所有的痛苦。那你说她是为了什么呢？她是为了把她儿子营救出狱。

这里我们需要区分，我们为了某种目的去做一件事情和做成这件事情会带来的快乐。这不是我的原创，亚里士多德对于快乐的分析，大致是这样的：我们为了正面或负面的、高尚或低俗的种种目标而做事情。而这些事情一旦有成，会给我们带来快乐。因此，快乐不是人生的目的。尼采也说过类似的话，快乐本身不发动任何事情，快乐是伴随着你的活动而来的。用亚里士多德的话来说就是"附随"的。

"乐"这个字，我们通常会在快乐的意义上使用它。但它还有一个最基本的、和快乐的概念相联系的意义，那就是"乐于"。的确，有许多事情，我们会乐于去做，而有些事情不乐于去做。我们乐于去做一些事情，并不是指着做这件事，最后能带来快乐。我们做这件事情本身就是快乐的。比如，有人乐于打网球。当然，打网球你赢得了这场比赛，你很快乐。但不赢你也会挺快乐的。因为你所获得的快乐，不是在赢不赢得比赛的结局上，而是在打网球的过程中。而这种过程中的快乐，不是我们一般说的喜笑颜开。我们在打网球的过程中奔跑、接球、扣杀、暴晒、流汗、气喘，这看起来，哪快乐呢？而这里的快乐，并不是我们一般所说的情绪上、行动上的快乐，而是你乐于做这种活动。刚才说了，你做一件事情带来成功，会感到快乐。那么现在，我再进一步说，有些事情，还不一定非要有所成就，你只要做了，就已经快乐了。当然，你要是做得特别好，你会在这过程中获得更多的快乐。我们称其为在生活中的附随的快乐，不过，我倒觉得"附随"这个词不是最好，其实就是融化在行动中的这些快乐。我再举个以前人经常举的例子——哲人、科学家求真的快乐。我们中有的人，或许也会有相同的经历，解一道数学难题，彻夜不眠，就为了证明其结果，但真的是乐趣无穷。数学家就是这么工作的，遇见难题，想方设法地证明这道难题。证明的过程中，吃不好睡不着，皱着眉头，绞尽脑汁。如果证明出来当然是非常快乐的，即使没有证明出来，也不会后悔，因为乐于做这件事情。追求真理的快乐，不是真理到手的那种快乐，至少远远不止于这种快乐，而是因为在这过程中，你会感到快乐。

按照亚里士多德的思路，会这样想问题：快乐到底好不好呢？它和德性到底是什么关系？这个问题由此呈现出一个新的轮廓——快乐本身并不是行动的目标，是附随和融化在行动之中的。因此，快乐本身无所谓好不好。高尚的活动带来高尚的快乐，鄙俗的活动带来鄙俗的快乐。我们沿着亚里士多德的这条思路，一方面要澄清快乐和行为目的之间的关系，一方面要理解快乐和德性之间的关系。实际上快乐不是直接和德性系在一起的，而是和带来快乐的活动系在一起。这条思路也有助于我们思考其他的问题。比如我们会讨论"审美快感"。艳俗的封面女郎，给人感官上的快感；而当你去看那些古希腊的悲剧时，你有什么可快乐的呢？但是，我们仍旧在另外的意义上，可以谈论它带来的审美的愉悦。这种愉悦和我们看封面女郎的那种愉悦根本不是一种愉悦。现在，大家可能稍微有点明白了，所谓的"审美愉悦"，根本就不是一看觉得真开心啊！它可能是你看后会觉得震撼，或者是痛苦，甚至是绝望的那种东西。

亚里士多德的思路对我们来说，非常富有解释力。但我也不想否认，我们的确有时候会单纯因为快乐而去做一些事情。我们聚会喝酒，是不是因为快乐而去喝酒呢？在一定意义上说，不是为了快乐而去喝酒，而是因为聚会去喝酒，而这聚会给我们带来快乐。但有的时候，几个人穷极无聊了，只是因为喝酒，有这么一个痛快劲儿，此外没有什么其他更多的内容。等而下之，还弄点摇头丸或者什么药嗑一嗑。有些人还觉得挺快乐的。这种行为，我把它叫作求乐、找乐子。

我们现在把为了做成一件事情、乐于做一件事以及做这件事情的成功所带来的快乐和找乐子的快乐加以区分。平常我们并不因为不找乐子而不快乐，实际上不找乐子仍然可以过着相当快乐的生活。因为我们积极地做一些事情，而且乐于做它，在做这些事情的时候，我们会获得快乐。这种快乐不同于找乐子的快乐，区别就在于找乐子的过程只是求快乐的工具，所谓工具就是只要我有别的找乐子的办法，或者可以找到同样的或更大的乐子,那用什么工具就无所谓。但你乐于做一件事情就不是这样了,因为给你换一件事情做,你就不一定乐于做了。再举一个好的例子和一个不好的例子。比如所谓追求真理的快乐,是非常具体地追求一种真理的快乐,数学家在解决数学问题中获得快乐,哲学家在哲学思辨中获得快乐。那嗑药与之相比就完全不是那么回事了,因为嗑什么药无所谓,只要可以带来同等程度的兴奋和迷幻就行了。

所以,找乐子和一般正常的快乐是不能同日而语的。更不要说若求乐的手段本身是一种恶劣的手段,比如虐杀的快感,虐待小动物、他人的快乐。而我们大多数人在做大多数事情上,并不是在求乐。尽管我们知道做任何事情里面都包含了辛苦,甚至是痛苦,但我们做这些事情,并不是为了计算快乐,并不是说付出多大的痛苦就可以获得多少快乐。比如,我们这些年纪大的人都有过抚养孩子的经历,那个辛苦可能远远超过没做过父母时的想象。你说最后要的快乐是什么? 难道就是考上重点大学? 那个回报不在那儿,那个回报就在你给他洗尿布、把他从医院背回来等。回报就在你做的那些事情的辛苦之中,直接就得到了,因为你爱他们,你乐于做这些事情。有些事情的价值本身就是以它的难度来衡量的。据王朔观察,成年男人喜好的东西多半带点儿苦味:烟草、茶、咖啡、老白干、探险、极限运动。在味道上如此，做的事情上也是如此。要是一个大男人总是只干一些很轻松的事情，你不觉得这个人有点毛病吗？没有难度就没有意思，因为这个乐不仅是和苦相对着折合出来的，这个乐是乐于之乐，而不是最后得到的那个乐。

人的天性真不是都是避苦求乐的。我们有的时候，的确是会避苦求乐的，那有可能是因为那个苦来得有点重了，实在是想歇一下、乐一下了。但这在一定意义上，并不是我们的天性。因为我们的天性是去做那些事情。我们在衡量一个人的时候，不是在衡量一个人有多少乐，而是这个人做了多难的事情。因此，我们为什么会遇见那些冤狱的事情，比如像已经过世的南非前总统曼德拉，他经历了这么多痛苦之后还保有那样的品格，所以我们崇敬他。要是一个人平平顺顺度过了一辈子，我们恭喜他，但没有什么是可以值得我们尊崇的。的确，只有苦难让人成为英雄。没有经历苦难的人，我们可以用各种词汇来形容他，但我们没有办法把他视作英雄。乃至于我们有时围在那里听过来人讲他苦难的经历，一脸崇敬。细较起来，让人成为英雄的不是苦难，而是对苦难的担当，是战胜苦难，是虽经了苦难仍腰杆挺直，甚至乐在其中。当然，就像我们不是为了快乐生活，迎难而上并不是去选择苦难；有志者投身一项事业,哪怕它会带来苦难。我们崇敬英雄,因为苦难没有压倒他。单单苦难与快乐毫无关系,被重大的苦难压垮,会让人怜悯,但不会令人崇敬。

那么,苦行主义呢?这是一个很有意思的话题,好像和我们日常生活的观念不太吻合似的,所以特别值得去思考。苦行主义者眼界比较高,有些你觉得是值得一做的事情,他们会觉得不值得去做,无论它带来什么快乐。我们无法用尘世的目的来问苦行主义者要达到什么,因为他要的东西超出所有尘世的目的。苦行主义总与某种超越性相联系,这种东西无法用具体的目标来描述,而只能用乐于受苦来表征。苦行主义的那种快乐,绝对不是苦行完了以后达到快乐,这里,快乐是超越的,不可见的,完完全全由乐于苦难来宣示。

我们了解了那么多快乐的用法,有恶劣的快乐、鄙俗的快乐、普通的快乐、高尚的快乐,一直到苦行的快乐。那可能有人会觉得"快乐"这个词的用法是不是有点太混乱了?在这里我想说说,我大致是怎么想这个问题。第一,人们也许会想,既然在各种各样的场合中都用"快乐",那孔颜之乐、英雄之乐、苦行者之乐与找乐子一定有什么共同之处。我想说这种看法是一种比较流俗的看法,大家可能听说过一个词叫"家族相似",比如甲和乙有点共同之处,乙和丙有点共同之处,丙和丁又有点相似之处，但把它们合在一起，从甲到丁并不是都有相似之处的。不过，这种思路仍不适于用来思考像快乐这样的概念。我们在讲快乐时，常常是把它当作一种心情来讲的。但是，快乐这个词远远不止用在心情和情绪上，比如也可以说一种活动、一个场景、一个场面是快乐的。这些快乐要比一种情绪上波动的快乐广泛得多。因为快乐的心情和情绪只是一种快乐场景中的一个部分，快乐的心情和情绪是和一定的环境适配的。若说各种正常的快乐有什么共同之处，那恐怕是一种相当"抽象"的共同之处——快乐是一种上扬的态势，我们说喜气洋洋，不说喜气沉沉，说 cheer up，不说 cheer down。

从这个意义上来说，快乐本身是好的，这个"本身"说的是快乐处在它"本然的位置"之中——当快乐由向上的活动所引发，当它融合在上扬的情势之中，快乐是好的。当我们祝一个朋友快乐时，的确不止祝他拥有一个良好的心情，还希望他拥有一份和他所处的环境、情境相配合的快乐，而不是那份被隔离出来的、简单心情上的快乐。现在我们可以明白了，为什么我们要把虐待小动物、他人的快乐叫作变态的快乐。这里用"变态"不只是表达道德义愤，虐待和残杀是向下的活动，是对积极洋溢的生命的一种抑制和残害。快乐在一定的环境中配合一定的活动，它有它自然的位置，如果把快乐从它本来的上扬趣向抽离出来,把它放到和快乐的天然活动所不相适配乃至相反的环境之中,这时候我们倾向于不说"快乐",我们不说施虐的快乐,而说施虐快感,以便多多少少提示出这里说到的只是一种情绪,与快乐的自然环境脱节的情绪。

如果说施虐的快感把快乐从它本来的上扬趣向抽离出来,扭结到堕落的活动之中,那么,德行的快乐则完全来自所行之事的上升。从善是向上的,古人说,从善如登,德行是上扬的。古人说,生生大德。德行之乐无须伴有情绪快乐,毋宁说,这里的快乐是万物生生的自得之乐。德行者伴万物之欣欣生长,在他生存的根底上通于生生之大乐,是为至乐。

本文系张汝伦教授 2014 年 5 月 17 日在新华·知本读书会的演讲,刊发时经作者审定,原载《书城》2014 年 10 月号

『故事』在历史研究中的意义

姚大力

面对不同的历史故事，历史研究的共性是：必须呈现出具有充分学术张力的细部研究。

讲故事跟所谓"讲历史"之间究竟有没有区别？很多人以为讲历史无非就是讲历史上发生过的那些故事。现在讲历史故事的电视节目很受欢迎。那么从事历史研究的人就是能讲故事的人吗？我认为这门学科的复杂性，说得夸张一点，它的学术品格和学术尊严，在这样一种相当普遍的看法里是被严重低估了。我们曾听见很多人讲：等我老了，在我退休以后，想研究研究历史。但你恐怕不大会听见"让我在退休后去研究研究天文学"这样的话。因为人们都很容易明白，研究天文学需要许多非常专门化的知识。而历史学却被看成一门无需何等专业根底的学问，如果它还勉强算是学问的话。只要会写回忆录，或者还能对他所经历过的当代史谈一点认识或体会，甚至是只要肚子里有故事的人，就有能力来研究历史。历史学就这样变成为几乎任何一个具有一点生活经历的人在退休以后都可以从事的一门学科。

但实际上历史研究并非如此简单容易。历史研究不是讲故事，也不是为讲故事做准备。如果要顺着讲历史和讲故事之间究竟有什么样的关系这个问题往下讨论，那么我也可以说，历史研究是一门向讲故事提问的学科。那当然不是"后来事情怎么样"一类的提问，它们可以是各式各样、五花八门的。以下分别就故事在历史研究中的三层不同意义，谈谈历史专业的研究到底是如何进行的。

关于故事在历史研究中的第一层意义，我想举一个自己碰到过的例子来说明。12 世纪的蒙古人是由很多部落构成的一个相当大的人群，其中包括一个叫"札剌亦儿"的部落。该部落有一个首领，在成吉思汗时代非常著名，名叫木华黎。他在很长时间中担任蒙古人对华北进行军事征服的最高军事统帅。所以木华黎的后人们在整个元代都贵为最显赫的皇家亲信之列。拿元代汉语说，他们属于"有根脚"的官人。

归木华黎家族统领的札剌亦儿部最初驻扎在蒙古草原北部。成吉思汗统一蒙古高原后，对草原各部的游牧地盘进行调整。也可能为便于木华黎指挥整个华北的军事行动，他曾把札剌亦儿部南迁到比较靠近汉地的今内蒙古草原某处驻牧。到忽必烈建立元王朝的时候，该部的游牧地域又被迁移到辽西。史料对札剌亦儿部后一次迁移所至的牧地有相对明确的记载，但对前一次的移牧地点却少有提及。那么这个地方到底会在内蒙古的什么方位呢？

有两条材料从不同侧面向我们暗示出这个问题的答案。其中之一在言及木华黎的一个五世孙死后的安葬问题时说："公先茔在兴和。辽阳道远，弗克以昭穆序葬，遂……奉柩葬檀州仁丰乡。"此公去世时，札剌亦儿部已迁往辽西久矣。所以已经无法把他的遗体运到祖宗墓地去安葬，而只能就近营建坟墓于澶州，即在紧邻辽西的河北长城沿线地段。这段话提供给我们的一条很重要的讯息是，木华黎家族南迁初期的祖宗墓地是在"兴和"，即今天河北的张北。祖宗墓地不会离开当时该部驻牧的地方太远。这就是说，札剌亦儿部曾经驻扎的地方可能离张北不远。这样我们需要进一步搜寻的范围就变得很小了。

另外一条材料讲到,在他们还没有搬到辽西地区的时候,札剌亦儿部首领曾在"上京之西阿儿查秃置营",这应该就是木华黎当年指挥中原战事时的司令部所在地。所谓"上京"就是元上都,在今天的赤峰附近。用"上京之西"来标注"阿儿查秃"所在的位置,地理范围还不太明确。但我们既然知道该部的驻牧地距离张北不会太远,所以就有理由在张北附近去寻访这个"阿儿查秃"。

根据元朝时编写的一本供汉译蒙古语之用的字书,"阿儿查"在蒙古语里是柏树的意思。后面加一个后缀"-秃",即"有……"之谓。阿儿查秃的意思即"有柏树处"。蒙古草原上树木很少见,所以如果有一片树木,甚至一棵大树,它就会被拿来作为这个地方的地名。蒙文里经常用于称呼柏树的名词是 mayilasu。但柏树有不止一个品种。在一个叫科瓦列夫斯基的俄国人编写的蒙—俄—法字典里,"阿儿查"是指杜松或者刺柏。所以阿儿查秃意即"有刺柏之地"。现在的问题是:在张北附近,是否能找到生长刺柏的地方呢?

真是说不巧也巧。明代方志里恰恰就提到过,在长城的张北境内有个关口叫"洗马林",元代写作"荨麻林",其关外东北有"桂柏山",土人又以"怪柏山"名之。桂柏也好,怪柏也罢,其实都应当是"桧柏"的别名。桧柏的树叶有两种,其中一种正是刺形的！这种树叶呈刺形的桧柏，不就是刺柏，也就是阿儿查吗？所以被蒙古人称为阿儿查秃的那个地方，极有可能就是位于洗马林口外东北方向的用汉语称作桂柏山的去处！

关于这一点，还有另外一条旁证值得一提。清朝的顾祖禹写过一部考证天下险要形胜之地的《读史方舆纪要》。这部书说，洗马林边堡之外，有"大谎堆、桂山，皆部长（游牧部落头领）驻牧"。这里的"大谎堆"，即"大荒堆"；"桂山"即"桂柏山"，也就是阿儿查秃。可见直到清代，这里仍是蒙古游牧部落驻扎的地方。

所以，今后在对《中国历史地图集》进行修订时，或许就可以把"阿儿查秃"作为一个非定点的记注加到相关图幅里去。写进历史地图的所有地名，几乎都是像这样经过有根有据的考证，再被采录到图上面去的。一部中国历史地图集，就这样凝聚着历经几代，甚至更多世代学者群体的辛勤劳动和汗水心血。作为一个读书人，如果能在其中再增加两三条贡献，就应该心满意足了。学问就是这样，靠一代接一代或紧或慢的积累与扬弃，才得以形成它今天向我们呈现的那个样子。对此要常持一种敬畏之心，千万不可轻易视之。

说到故事在历史研究中的第二层意义，我想从季羡林的两篇文章讲起。第一篇文章《浮屠与佛》,写于 1947 年。文章虽然发表了,但作者心里始终存着一个疙瘩,觉得这个问题实际上还没有完全解决好。又过了 40 年,他觉得这个问题现在有可能妥善解决了,于是再写一篇文章。这回的题目叫"再谈浮屠与佛"。

这两篇文章讨论的是什么问题呢? 讨论两个词,关于佛的两个词。我们知道中国古典文献对于佛祖有两个不同的称呼。一个是"佛",再一个是"浮屠"。浮屠一词是从梵文,或者从非常接近梵文的印度各种俗语里的原词,也就是 Buddha 音译过来的,在我们专业里面有时叫作汉字音写,就是利用汉字的读音功能把一个非汉语词汇的语音记录下来。当佛教从古代西北印度传播到说东伊朗语各支中亚语言的人群里时,原先的 Buddha 变成了 Bod。而另外那个叫"佛"的语词,正是对上述各中亚语言里 Bod 的名称的汉字音写。季羡林前后相隔 40 年所写的那两篇文章,都是用来讨论浮屠与佛这两个词语的。下面分三点来把这个问题说清楚。

首先,无论是"佛"字也好,"浮屠"的"浮"也好,其首辅音在今天都是 f-。可是在古代,二者的首辅音都属于"並"声母,发的是 b-的音。古汉语里不存在唇齿擦音 f-。著名的清代考据学家钱大昕说,"古无轻唇音",就是说的这个意思。诗人杜甫,有些人读作 dù-pǔ。甫、浦本属同音字;不过"浦"字至今仍读 pǔ,没有人会把它念成 fǔ 的。不但如此,"佛"字在 12 世纪前的中古汉语里还是一个带着收声尾辅音-t 的"入声字",它的读音大致接近于 bot。而"浮屠"两字的读音则接近于 bu-da。所以当它们被用来记录 Bod 与 Buddha 的语音时,其发音与外来词原音的确是很近似的,尽管依今日汉字的读音来衡量,二者间的差距好像比之从前变大了。

其次,问题还不止如此简单。不然的话,为什么前后相隔 40 年,季羡林还需要再写一篇文章来讨论它? 困难在于,在他写第一篇论文的当时,所能看到的中亚文献中间,其实未见 Bod 字。在应当读作 Bod 的地方出现的,都是 Pod,或者 Pot 字。在古汉语里,除了 b-以外,还有 p-、p'-这样两个双唇塞音声母,古人分别以"並"(不送气浊音)、"帮"(不送气清音)、"滂"(送气清音)这样三个"字母"来表示。现在的问题就在于:正如刚刚已经讲到过的,"佛"字的声母属于"並"母(b-),而不属"帮"母(p-);古人想记录的那个外来字如果是 pod 或 pot,那他们为什么不选用一个声母属"帮"的汉字,而竟然选一个"並"声母的字来记录它的语音? 要知道,虽然对今人,特别是说普通话的人们来说,已经难以明了"帮""並"两声母之间的区别为何,但古人对此是很容易分得清楚的。可是为什么他们会在这里把二者搞混淆了呢？这就是使季羡林百思而未能得其解的问题。他虽然写成了前一篇文章，讨教了当时已经很著名的汉语史专家周祖谟，采用十分复杂的方法，很勉强地证明了为什么古人用属于"並"声母的"佛"字去记录 pod或是 pot 这样一个外来词的语音，但在他自己心里，实际上一直苦恼于这个问题。直到 40 年以后，大量的中亚新文献陆续被发现介绍出来，他终于找到了许多例证，表明在中亚文献里确实存在把佛陀的名称写作 Bot 或 Bod 的。这就用不着再绕圈子去讨论汉文译名中"帮""並"两声母之间何以转变的问题了！中亚文献中原本就存在 bod 这样的拼写法，它不正是汉语文献用"並"声母的"佛"字去记录的那个读音吗？所以他觉得很有重新写一篇文章，把 40 年前遗留的一个老问题拿出来说说清楚的必要。

这里说到的涉及汉语语音历史演变的一些知识，可能较难让一般人都读得十分明白。那就再举一个更容易懂的例子。为什么很多人明明不是广东人，却喜欢用广东话来唱歌？因为粤语还保留着中古汉语的入声调；它的声调总数大概有八九个之多。当今普通话就只有阴平、阳平、上声和去声四个声调了。特别是由于所谓"入派四声"，入声在汉语北方方言里几乎完全消失，从语音丰富动听的角度考虑，这真是北方汉语的一大损失！声调越多，当然表现力就越强。用八九个声调唱出来的歌，当然就会比用四个声调的普通话来唱歌要好听得多。这是人们喜欢粤语歌曲的一个重要原因。

第三，季羡林写这两篇文章，不仅仅是为解释"浮屠"与"佛"这两个名称的来源。他要从对"浮屠"和"佛"的词语分析入手，切入到对以下两个更大问题的讨论里去：一是佛教传入汉地社会的不同路线及其传入时间的先后，另外一个是《四十二章经》，即最早被翻译成汉语的佛经之一，它所据以传译的原始文本究竟是用什么语言写成的？

他的基本设想是：既然"浮屠"之名来源于西北印度和犍陀罗地区的梵文及俗语，而"佛"的名称则来源于大夏语以及属于东伊朗语的其他各种中亚语言，那么从汉末以前传入汉地的佛教称佛祖为浮屠的事实，便可以推知它来自佛教的西北印度—犍陀罗类型。三国以往以佛称呼佛祖日益流行，它表明有另一种经过中亚各绿洲城市的文化过滤与文化融合的中亚佛教类型在汉地传播。事实上，从汉末一直到三国，到汉地社会来译经的外国和尚，绝大部分不是从西北印度—犍陀罗，而是从更靠近汉地的中亚包括新疆各绿洲城市东来的。这样，根据浮屠与佛的名称出现在汉地社会的时间先后，佛教东传的历史就可以被划分成汉末之前和之后两个阶段。在这两个阶段里传入的佛教也不一样,前者为来自印度本土的佛教,而后者则是中亚化的佛教。根据这个认识,他再进一步去讨论《四十二章经》所根据的原始文本究竟是何种语言的问题。他认为,"佛"的名称最先来源于类似《四十二章经》的大夏文佛经。我在这里就不细讲了。

现在我不得不说,季羡林的这些主要结论未必靠得住。事实上,早期佛教经典,包括在中亚形成书面文本的早期佛教经典,都是用印度俗语写成的。中亚考古文献学的丰富发现并不支持这样的事实,即中亚存在着季羡林想象中那种用当地诸语文(比如大夏文)来书写的佛经。或许可以说,他从一个中亚化的"佛"字推绎出一种足以全面区别于印度佛教的佛教中亚类型,也许走得有点过远了。早期中亚佛教和印度佛教在寺院组织、所使用的经典等方面,其实不存在太大的区别。尤其是大部分寺院的"律",始终是相似远多于相异。更重要的差别产生在大乘佛教和上座部的部派佛教之间,但这应当放在另一个话题中予以讨论了。

由浮屠与佛的不同名称所引发出来的基本主张既然已不可从,为什么还要在这里提说两论呢?我觉得,季先生遵照"循名责实"的探求路径作出的敏锐判断,仍有超越他的具体结论而给我们以深刻启发的价值。他让我们注意到,佛教在传播过程中不可能始终保持它的原模原样，而会不断地被掺入其所流经之地的文化因素。虽然大乘佛教的起源可以上推到阿育王时代，虽然它确实具有不可否认的印度文化本土渊源，但它形成一种系统学说，却是在中亚人入侵犍陀罗而建立起来的贵霜王朝时代，它的若干重要经典，尤其是诸如《法华经》《华严经》等对汉传佛教发生重大影响的经典，很可能是较晚在中亚形成今天这样的书面文本的。至于弥勒信仰，我们就更能从其中看到显著的中亚佛教痕迹了。所以中亚文化对大乘佛教的影响，确是我们必须用心加以观照的一个要紧的事实。关于这一点，季先生非但没有看错，而且看得很精准。

现在，我们大概可以看得出讲故事和从事历史研究之间的区别究竟在哪里了。做历史研究，或者把它的结果表达出来，不同于讲述一个现成的故事，哪怕你讲故事时采用的是自己的语言，你对情节作了某些调整处理，并能把它讲得比它原先的型态更生动有趣、更感人；研究历史时，你是受一个问题或一组问题的引导，于是把相关的那些现成故事拿来拆解分析，从中提取出若干有用的要素，经过比较、考量与综合，找到问题的答案。根据性质不同的提问，答案可以有几个类型。一种具有纯粹和简单明确的事实性质，如何物、何人、何时、何地之类，就是新闻学里说的 what、who、when、where 这样四个

W。札剌亦儿部迁往辽西之前的游牧地在哪里？在古人用"浮屠"和"佛"来音译佛祖的名称之时，这几个汉字的读音若何？它们是从什么语言翻译过来，其源词又是什么样子的？这些问题，都可以被纳入到四 W 的范围之内。如果说这也是在讲故事，那么它所成就的便是一个新故事，从旧故事的信息里发掘出来的崭新故事。但是季羡林在他的两论里讨论的，还有超出上述范围的问题。佛教是如何经过两条不同的路线传入汉地的？这个问题的答案，不完全是一种"纯粹和简单明确的事实"，它需要通过对一组事实进行分析、综合和概括，形成一种更复杂的"叙事"。它要回答的，基本上是有关如何和为（去声）何，即新闻学里另外两个 W（how、why）的提问。故事对历史研究的前两层意义，可以根据故事被用来应答的提问是属于前四个 W，还是属于后两个 W 来予以区分。

故事对历史研究的第三层意义在于，它们还可以用来回答某些更带宏观性和理论性、可以被定位在更大分析框架之中的提问，尽管问题性质仍未超出后两个 W 的范围。讲得通俗一点，就是故事所回应的问题，看起来离开故事本身更远、更少直接关联度。

有一本书很值得推荐——《叫魂：1768 年中国妖术大恐

慌》，是一位名叫孔飞力的美国历史学家写的。书里说的是"盛世"中的清乾隆三十三年，由发生在当日中国经济最富庶的江南地区的连锁妖术案所牵引出来的一桩全国性大冤狱。现在先让我把这个事件的始末简单地介绍一下。

1768年春初，发生在浙江省内两个相邻县城里的两桩寻常而互不相关的魇魅未遂案，意外地经由传言流播而发酵为蔓延到江南诸多大小城镇的社会歇斯底里。尽管毫无切实证据，但出于对妖术的恐慌，各地民众都在对被怀疑为魇魅执行者的僧俗流亡者滥施私刑。这一系列带有极大盲目性，手段与目的都含混不清的无组织集体暴力，透过非公开的特殊信息渠道被乾隆帝侦知。地方行政当局在来自皇帝的勘查令压力下，开始对疑犯酷刑逼供，以求追缉被皇帝认为还躲在幕后的妖术指使者。根据屈打成招的虚假口供四处抓捕，堂讯对供自然破绽百出，于是又导致反复的翻供、改供。

随着有意无意、主动或被迫的旁牵蔓引，案件越查就变得越大。再加上魇魅的方式之一恰恰是以剪去受害人的辫梢来勾摄其灵魂，乾隆开始怀疑这是一场由某个反清的主谋集团在背后策划的严重政治案件。追查的廷训也变得越来越严厉。到该年秋冬之际，剪辫案发展成一件牵涉江苏、安徽、山东、直隶、热河、河南、陕西、山西、湖北等十数省的政治大案。

几十个无辜的人因刑讯而毙命或致残。年末,在京复审涉及
此案的所有还活着的疑犯,当局终于在越积越多的破绽漏洞
面前被迫承认,此案完全系罗织所致。这桩大冤狱的真正原
告和起诉者乾隆帝,不得已停止追查,并用对"栽赃刑求"的枉
法官员不予追究的浩荡圣恩,来显示专制君主的一贯正确和
无比英明。

孔飞力确实讲了一个精彩的故事。但它不是现成的。这
需要在中国历史档案馆把这一年前后的刑部档和宫中档都调
出来,还需要阅读可能与此案具有不同程度关系的各种各样
的文献材料,把埋藏其中的千头万绪的各种线索一一理清楚。
这需要极大的工作量才做得到。那么,孔飞力想告诉我们的,
仅仅就是乾隆年间这样一个侦探故事吗?

专门讲故事的人也许会把它当作一个非常曲折生动的故
事,讲完也就完事了。可是孔飞力没有到此为止,用他自己的
话来讲:"我很快就发现,叫魂案所揭示的一些历史问题值得
更为深入地探讨。"实际上,他要通过这个故事回答两大问题。
其中一个问题关涉专制君主官僚制下君臣关系之间的张力问
题,即"专制权力如何凌驾于法律之上而不是受到法律的限
制;官僚机制如何试图通过操纵通讯体系来控制最高统治者;
最高统治者如何试图摆脱这种控制"。

另外一个问题，跟这个案子的发生背景联系在一起。它不是发生在中国一个全盛时代的经济最发达地区吗？处在这样一个全盛时代，并且又生活在当日中国经济最发达地区的老百姓们，为什么会如此容易地受一两个谣传引起的风吹草动影响，并由此诱发出如此巨大的集体恐慌？在这样的集体恐慌背后，一定存在某种深刻的社会性不安全感。所以孔飞力想追问，在一个持续繁荣和经济高度发达的社会里，究竟是什么原因使民众产生不安全的集体心理？这本身就是一个很有良心的提问：盛世对于一般的老百姓究竟意味着什么？今天看来，历史上的盛世总是我们民族的骄傲。但我们很少想到过，盛世当年的老百姓，必定有跟我们今天一样的感受吗？盛世对那个时代的普通民众也是一种骄傲、一种幸福吗？他们会不会有别样于我们的感受？不能不承认，"民众意识中的盛世"实在是一个非常有眼光、非常好的问题。

我并不是说，《叫魂》是一本尽善尽美的书。作者针对第二个问题给出的答案，在我看来是难以成立的。他认为：清代中国在 1740 年代和 1750 年代连续 20 年白银进口量的压缩，在货币白银化程度最高的江南造成了因银根紧缺而引发的通货膨胀；粮价的腾跃威胁到大部分民众的日常生活，一种普遍的不安全感由此泛滥于社会，成为那次集体恐慌之所以会发生的社会心理基础。西方的中国历史专家在解释中国历史上某些重大事件时,常常会有一种"白银情结",即不适当地夸大那些历史事件与白银供应对中国经济所产生的影响之间的相互联系;另外,叫魂一类魔魅行为,在中国社会里更可能是一种零星多发但互相孤立的事件。江南当年真的像孔飞力所说,有过那样一阵集体恐慌的狂潮吗? 换句话说,正像一篇美国书评曾经指出的,在批评乾隆帝过于敏感地夸大了本案意义的同时,作者本人是否也可能因沉迷于叫魂案的动人魅力而过分估计了该案的解释价值? 这些问题在本书里都没有获得很完美的解决,是值得进一步探讨的。

我说这些的意思是,一本好书,未必就是一本应该让你觉得完全同意它的见解的书。好书的价值,可以超出书里提出来的那些具体结论本身的对错是非。不懂得这一点,意味着读者其实还没有真正学会怎样去欣赏一部好书。

最后很简短地把上面讲过的意思小结一下。

历史研究所面对、所要处理的故事可以有三种类型。如何处理这三种不同类型的故事? 有一点是共同的,它反映出历史研究的一个特别性格,那就是它必须呈现出具有充分学术张力的细部研究。采用考据方法来展开的细部研究非常重要。在听故事的场合,能听到像这样的考据式细部研究吗?回答是否定的。如果没有这些专门化的细部研究,历史学的写作就没有办法把自己跟新闻综述,跟报告文学,跟讲故事,跟撰写回忆录等叙事性写作区分开来。尽管现代人的历史研究也需要叙事,但它基本不采纳纯粹叙事,或一般性夹叙夹议的体裁。也正因为有了这些专门化的细部研究,历史研究的结论才能跟一般人们对过去某段经历的回忆、感想,甚至跟非常深刻和有创意的感想区别开来。感悟没有细部研究的支撑也能成立,并且也能打动人。但是好的历史研究,不能没有精彩、足够的细部研究作为它立论的依据和基础。

故事在历史研究中的意义可能被体现在故事本身,也可能远远超越那个故事的意义本身。如果其意义只在那故事本身,有关研究就更接近于纯粹的考据。纯粹考据的提问聚焦于事件本身较为单纯的意义,但超越故事本身那个意义层面的提问,仍然要靠由考据所揭示的某些过去未经认识的基本事实作为铺垫与支撑。不需要考据的课题,绝不是历史研究的好课题。怎样才能找到一个研究课题,它既需要精深的考据功夫,又能在考据基础之上搭建出一个具有原创性的叙事框架,从而得以充分地展示故事之外的深层意义。这本身就是对历史学家的眼光和史识的考验。

　　但是我们千万不要以为，历史研究或者说历史学的思考，是可以截然地被分为先讲述新故事再追寻它的意义这样两步走的，实际情况正相反。历史学的提问在本质上应当是意义的提问，因为有了提问，所以才会有为此发掘新的事实、新的故事，并赋予它们以生命力的需要。当我们说我们都很熟悉自己生活于其中的这个社会时，那意思是说，我们了解在这个社会里发生着的每一件事情、每一个故事吗？显然不是这样。任何人都不可能穷尽任何一个时代的故事和事实。那么哪些故事对我们才是重要的？是对意义的追寻本身使我们选择这些事实，而不是从那些事实来了解和认识，是意义赋予故事以生命力。历史上的事实太多了，你为什么会对这个问题感兴趣而对另外一个问题不感兴趣？这背后就有意义的追求与选择，所以故事和意义并不是可以分开的。并不是意义产生在故事之外、之后，可以任由我附加上去的。

　　总之，历史研究当然离不开故事，但它又不同于讲故事，它是融合了从旧故事里发掘新故事、细部研究和意义追寻这三者为一体而形成的一个思考人类过去的专业学科。

本文原载《书城》2014 年 6 月号

谛听余音

——关于学术史、民国学术以及『国学』

葛兆光

对晚清民国学术究竟如何评价？有关传统中国的文史研究，为何一定要把它叫『国学』？时代，以及独立与自由的环境，对人文学者究竟意味着什么？

犹豫再三，终于在朋友和编辑的鼓励下，把二十年来纪念已经逝去的学者的二三十篇随笔，重新编辑了个选集。照例，交出文稿，就该写序和定名，可是，用什么为题？写什么作序？我却很彷徨。原来这些文章，大概有近十篇不曾编入各种集子，但也有十几篇，曾经分别收入前些年出版的《考槃在涧》(1996)、《并不遥远的历史》(2000)、《本无畛域》(2010)几本随笔集里。现在回想，编那几本集子的时候，我对学术界还算有信心，总觉得前辈学者余荫犹在，如果"发潜德之幽光"，沿着余波或许仍可以溯流向上。但编这本集子时,我的心境却很苍凉,觉得前辈的身影,连同一个时代的学风与人格,仿佛在暗黑之雾中渐渐消失,不由得想到的却是"余音"这个多少有些无奈的词语。尽管说,"余音绕梁"也可以"三日不绝",但是"三日之后"呢?因此现在我想到的,却是"余音"或成"绝响",总会袅袅远去。

趁着重新编辑出版之际,不妨说几个萦绕心中已久的话题,也算是一个"坦白交代"。这几个话题,第一个是对晚清民国学术究竟如何评价?第二个是有关传统中国的文史研究,为什么一定要把它叫"国学"?第三个是时代,以及独立与自由的环境,对人文学者究竟意味着什么?这些话题原本太沉重,并不适合在这种文字中表达,而且,下面说出来的话也太学究气,不过骨鲠在喉,只好请读者耐心地听我絮叨。

一

据说,20世纪90年代是一个"思想淡出,学问凸显"的时代,究其原因,大概是因为思想不好直接讲,所以便只好热衷谈学术。也正是从那时起,很多有关晚清民国学者的评论文章出来,我也从那时起,陆陆续续写了一些有关学者的随笔,到现在数下来，还不止这二三十篇。这种对过往学术与前辈学者的缅怀、悼念和追忆，害得一些怀念 20 世纪 80 年代的朋友以为是"思想落地，学术上天"。其实仔细琢磨琢磨，就知道并不是那么回事儿。说是学术，背后还是思想甚至还有政治，准确地说，这还是 20 世纪 80 年代"以文化批评政治"思潮的延续。在我看来，这些有关学者的随笔，并不算是学术史，最多只能算"学术史别页"。尽管我写了不少有关沈曾植、王国维、陈寅恪等人的文章，但我总觉得，把这些别有怀抱的随笔看成学术史，其实多少有些误会，真正的学术史，应当讨论的是"学"。比如，谈王国维，应当讨论的是他的古史之学、甲骨文字之学、蒙元辽金史地之学，而不是他在颐和园的自沉；谈陈寅恪，应该讨论的是他的那些预流之学问，比如中古历史与宗教研究，而不是他在《王观堂先生纪念碑》上说的"自由之精神，独立之思想"；至于周一良，学术史最好讨论他的中古史、佛教史和日本史研究，而不是那本《毕竟是书生》。

不过话说回来，学者也和普通人一样，身处社会，必然受到社会变动的影响。特别是晚清民初以来，中国经历"二千年未有之巨变"，原本"天不变道亦不变"，现在却"瞠目不知时已变"。国家与民族的动荡不安，把所有学者抛进巨浪颠簸之中，且不说帝制王朝与共和政体的交替，民族危亡与思想启蒙的冲突,民族本位与世界主义的抉择,就是业已习惯的旧传统与汹涌而来的新潮流,赖以自负的旧学问与需要追逐的新知识,习惯面对的旧朋友和不得不面对的新贵胄,也已经把那个时代知识人的心灵撕得四分五裂。

因此,在这些学者身上,你也看到了时代的吊诡、潮流的变迁和思想的动荡,这些有关知识、思想和信仰世界"变"与"不变"的经历,成了我写这些学者随笔的主要内容,用有关沈曾植的那一篇文章中的话来说,就是学术史与思想史有些分不开。那个时代,学术和思想在互相刺激,知识与政治在彼此纠缠,理智与情感在相对角力。20世纪非常特别,充满政治化的环境,使得知识分子的命运与处境也非常特别。这个时代,没有退隐山林,没有袖手旁观,没有骑墙中立,就好像那句著名口号"华北之大,放不下一张平静的书桌"一样,时代逼着你,不归杨则归墨,置身事外是不可能的。

"灵台无计逃神矢""我以我血荐轩辕",在这两句诗里,最让我看重的就是"无计"二字,仿佛写尽满怀的无可奈何。在《阴晴不定的日子》这篇随笔中,我曾记述了1927年6月2日那天,王国维从容写下"经此世变,义无再辱",然后自沉昆明湖的经过,在这里不妨再接着看受命整理王国维后事的陈寅恪和吴宓。十几天之后的6月14日,仍是在清华园,深夜,陈寅恪与吴宓长谈，吴宓觉得，自己面对旧理想和新世界，就像左右双手分牵二马之缰，双足分踏两马之背，"二马分道而驰，则宓将受车裂之刑"。陈寅恪则安慰他说，这个时代的读书人，必然面临痛苦，"凡一国文化衰亡之时，高明之士自视为此文化之所寄托者，辄痛苦非常，每先以此身殉文化"。几个月后，陈寅恪把这层意思写在了纪念王国维的《挽词》里，在小序中他说："今日之赤县神州值数千年未有之钜劫奇变，劫尽变穷，则此文化精神所凝聚之人，安得不与之共命而同尽？"

这实际上是那个时代的精神史，却不能说是那个时代的学术史。

二

所以，我在这里还是把话题转回学术史来。

这本集子里面写到的人物，除了少数之外，大多人的学术生涯，都经历过20世纪上半叶，换句话说，好些人都可以称为"民国人物"。除了杨文会在民国前夕逝世之外，沈曾植以下，王国维、吴宓、陈寅恪、顾颉刚、潘光旦、罗常培，好些都是在民国学界最活跃的学者，就连周一良这个活到了21世纪的学者，他的学术黄金时代，也有一大半应当算在1949年以前。

这让我不得不面对近来一个颇有争议的热门话题,就是如何评价民国学术(这里,我把晚清也算进来,统称"晚清民国")。

评价实在很困难。序文不是论文,还是说一些随意的感想罢。以前,杨联陞先生写过一篇文章,题目叫作"朝代间的比赛",现在争论晚清民国学术好还是不好,多半也是"朝代间的比赛",无非是拿了本朝比前朝,或者是拿了前朝比本朝。较长论短之际,不免有立场的差异,也有观念的分歧,还有感情的偏好。大凡相信"长江后浪推前浪"这种进步学术史观,如果再加上捍卫本朝荣光的立场,自然可以罗列不少"前修未密,后出转精"的例子来傲视前朝;大凡有些怀旧情感,如果再加上对现实学术情状持悲观态度,也往往会隔代遥祭,为学术另寻道统,拿了业已大浪淘沙后前贤留下的精品,为现在的学术截长续短。

学术史不能这样"比赛"。大凡比赛,以上驷对中驷、以中驷比下驷这样的孙膑兵法常常出现,更何况人文领域也没有办法按"比赛成绩"来排名次,颇有一些人喜欢弄"点将录"或者"龙虎榜",这只是把学界当作军棋作沙盘推演,想象这是真枪实弹的厮杀,但这毕竟是"纸上谈兵",也绝不是真正的学术史。我在一次研究生的学术史专题课上曾经说,真正意义上的学术史要讨论的有几方面:第一,学术史要说明今天我们从事的"现代学术"，是怎样从"传统学术"中转型而来的，也就是说，学术转型是一个重点；第二，学术史要指出这一"学术转型"的背景和动力是什么，是域外刺激，是学术制度变化，是新资料新方法的推动，还是政治情势、国家危机和国际环境的作用；第三，学术史还要说清楚一个时代学术研究的趋向、理论和方法，什么是重要的，什么是改变的，什么是显著的主流，什么是被压抑的潜流。只有这样，学术史才能够给今天的学者指明，过去如何变成现在，现在又应当如何变成未来。

要是我说的没错，那么，不妨平心静气谛观这一段学术史。因此，对于晚清民国学术的评价，可能就要看这样几个大关节。

第一个大关节是"学术转型"和"典范转移"。公平地说，这个时代不仅在政治上遭遇"二千年未有之大变局"，在学术上也堪称从传统到现代的"轴心时期"。梁启超《新史学》之后，原来的四部之学变成文史哲三分天下，西洋的各种理论和方法纷纷涌入，加上科举废除，新学堂、新知识、新式教科书，连同报纸杂志，逐渐把传统学问做了一个大改造，所以，中国哲学史截断众流，中国文学史改旧换新，中国古代史重新书写，整个儿学术变了一个模样。现在你再回看我们自己现在从事的所谓"学术",可不仍然在这一巨变的延长线上?

第二个大关节是"新发现"和"新解释"。1920年代,王国维在《库书楼记》《最近二十年间中国旧学之进步》(署名抗父,但多数学者相信出自王国维本人手笔)和《最近二三十年中中国发见之新学问》(清华学校的演讲)里面,曾三次提醒说"古来新学问起,大都由于新发现"。为什么? 因为晚清民国恰恰是大发现的时代。甲骨卜辞、敦煌文献、居延汉简、大内档案(以及胡适指出的日本、韩国有关中国文献)等,恰恰在这个时代被发现,说是偶然却也是必然。就像王国维说的,何以西晋汲郡竹书不能激荡起学术波澜,而晚清民国的大发现却把学术界搞得天翻地覆? 就是因为这个时候新资料的重见天日,正巧遇见新学理的所向披靡,于是像化学反应一样,激荡出无数新问题。你可以历数殷商史的重新解释、中西交通的走向前沿、明清社会史的巨大发展,以及宗教研究的视野扩大等,都和这些新发现的"发酵"有关。至今学界颇有影响的考古学(对于早期中国城市、国家形成的历史)、古典学(如走出疑古和简帛之学)、敦煌学(包括抄本时代、图像证史、中外关系、外来宗教、俗文学等)、艺术史(对于古代建筑、石窟、雕塑、图像的研究)、社会史(从明清档案中重写明清社会)、"新清史"(通过满文资料重新讨论清史),甚至最近我提倡的"从周边看中国"等，也都是在追踪晚清民国前贤的足迹而已。

第三个大关节要提到的是"自由环境"与"时局刺激"。晚清民国的政治强人未尝没有王安石那种禁绝"异论相搅"的念头，但晚清正处乱世，民国政府不强，加上从帝国而共和，总需要顺应民主自由大势，因此，对学术的控制相对松一些，这给晚清民国的学术带来自由空间。比如所谓"黄金十年"（1927—1937），章太炎、梁启超影响犹在，胡适、顾颉刚正是当红，陈寅恪、傅斯年成为主流，柳诒徵、缪凤林也依然不弱，就连被胡适后来斥为"反动"的钱穆等人，也照样进了大学当教授。特别是，这半个世纪里面，风云诡谲，政局多变，加上从帝制到共和，既统一又分裂，刚启蒙又救亡，时势对于学术提出太多的问题，也刺激了太多的思想，因此，这个时代的学术，就有着传统时代所没有的内在紧张、丰富内涵和多元取向。

所以，不必搬前朝万神殿，也不必拿本朝功劳簿，我们只要看看1946年顾颉刚写的《当代中国史学》就可以明白。千万不能有后来居上的盲目自大，那个时代机缘凑合，时势催人，确实促成了人文学术的现代转型，也拓展了人文领域的知识扩张，更成就了一批至今还值得纪念的大学者。

三

有意思的是,这些值得纪念的学者,有好些现在被戴上了"国学大师"的帽子。在现在"国学"不仅得到官方首肯,而且被列入体制作为学科,各地纷纷成立国学院,以"国学"颁头衔、发奖状的潮流中,把这些学者放在"国学"祠堂里面配飨陪祭,这让我不得不讨论长久以来一直避免直接批评的所谓"国学"一词。

记得李零兄曾经讽刺"国学"乃是"国将不国之学",这也许稍嫌苛刻,但是他确实说到了一个关键,就是在过去中国自诩天朝,自信国力与文化还无远弗届的时候,传统文史无所谓"国学"。重提"国学",大概要到中国不得不从"天下"(帝国)转型至"万国"(现代国家),而且还面临新的民族国家深刻危机的时候,那种严分"我者"与"他者"的界定,促使 20 世纪初的中国学者借了日本国学(其实还应该注意明治二十年之后日本兴起的"国粹主义")之名,催生了现在的"国学"这个概念。1905 年,邓实接连写了《国学原论》《国学微论》《国学通论》《国学今论》四篇文章,大力提倡"国学"这个称呼,但就是邓实自己,也说这只是仿照欧洲的古学复兴,毕竟复古还是为了开新。在《古学复兴论》中，他把自己的意图和盘托出，表示这是借助"国学"追溯根本，以古学换取"复兴"（所以，有章太炎以及1912年马裕藻、朱希祖发起"国学讲习会""国学会"，罗振玉和王国维1911年曾办"国学丛刊"）。

可是，毕竟"古"不是"今"，现代学术已经与传统文史很不一样。仅仅就史学而言，晚清民国以来，有关中国历史观点的最大变化，是"空间放大"（从中央正统王朝到涵盖四裔之历史）、"时间缩短"（把三皇五帝的传说神话驱逐出去，让考古发现来重建历史）、"史料增多"（不仅诸多发现至今仍在继续，历史观念变化也使得更多边缘资料进入历史书写）和"问题复杂"（各种价值观念、分析立场和评价角度，取代了传统或正统的历史观念）。这四大变化已经从根本上改变了人文学术世界，仅仅用"国学"来表达有关中国的学问，即使不是方枘圆凿，至少也是"穿一件不合尺寸的衣衫"（这里借用我过去一篇文章的题目）。

怎么不合尺寸？从"国"这个字来说，现在所谓"国学"门径很窄，似乎并不包括汉族之外即以前陈寅恪所说的"异族之史，殊方之文"。如果说"国"就是汉族中国，是二十四史一以贯之下来的中原王朝，这当然还勉强好说（恐怕也难以涵括蒙元与满清），但是，如果你还想维护满蒙回藏汉苗的"五族（或六族)共和"的"中国",这个习惯于追溯三皇五帝、捍卫周孔程朱之学、动辄要制礼作乐的"国学",似乎就犯了"政治不正确"的错误;从"学"这个字来看,现在国学提倡者的所谓学问,恰恰和前面我提到的现代学术四个变化冲突。按照传统文化认知,中国文化总是在儒家文化范围或正统王朝范围,这就与"空间放大"不合;按照传统历史观念,中国历史得上溯三皇五帝,至少也得说到尧舜禹汤文武周公,可是这就和"时间缩短"不合;按照传统文献范围,那些敦煌文书、甲骨卜辞、大内档案和居延汉简之类,大概并不是习惯使用的资料,更不消说域外文献、考古发掘、田野调查,显然和"史料增多"也不吻合;至于捍卫儒家、理学主流文化,最多勉强纳入佛教道教资源,在预设"弘扬优秀传统文化"的前提下进行学术研究,也完全不符合"问题复杂"的取向。

我出身古典文献专业,原本以为,我在大学里学的目录、版本、校勘、文字音韵、训诂六门,加上经、史、子、集四部,就应当基本是所谓"传统学问",该算为"国学"。可没想到,现在所谓"国学",仿佛比这个"传统学问"还要狭窄。看某些人的国学观念,似乎要回到汉代经学、宋代理学和清代考据学的时代,仿佛只有这样才出身清白。可是,这个时代其实已不是那个时代。1930年,陈寅恪给陈垣《敦煌劫余录》写序的时候,接着王国维"新学问由于新发现"那句话再次提到，"一时代之学术，必有其新材料与新问题"。他说，用新材料来研究新问题，这就是这个时代学术的新潮流。做学术的人，如果能进入这个潮流，叫作预流，如果不会用新材料，不会研究新问题，你叫不入流。

其实，回头看看那个时代的学术史就明白了。这个时代出现的新学术潮流有三：第一是充分重视新发现、新资料的运用，我们看到当时的新材料，都刺激出了新问题；第二是突破传统中国历史的空间，寻找中国周边各种殊族和异文，这就是前引陈寅恪所说的"异族之史，殊方之文"，寻找这样的东西，从周边来重新研究传统中国；第三是中学与西学的汇通，就是把中国传统学问和西方理论方法自觉地结合起来，形成新的研究途径。陈寅恪曾总结过三句话，这三句话虽然是说王国维，但也归纳了当时学术的新方向：第一句话是"取地下之实物与纸上之遗文互相释证"，也就是用地下考古发现的各种实物和现在传世文献上的文字材料来相互证明；第二是"取异族之故书与吾国之旧籍互相补正"，就是外族的文献和中国的史书互补，像研究辽金元、西北史地就要通过这个方法；第三是"取外来之观念与固有之材料互相参证"，就是用外来的新观念、新理论跟我们中国本身所有的材料来互相证明，这样可以在旧话题中开出新思路。

这是"国学"？记得季羡林先生为了弥补"国学"这个概念的问题，很勉强地提出了"大国学"，虽然用心良苦，其实徒费苦心。

四

在纪念各位前辈学者的这个选集中，我特意收入两篇"附录"。

"附录一"是《运化细推知有味》，讲现代的佛教史研究。其实，我的话中话就是"时势比人强"。学术史的进与退，学者的幸与不幸，一个领域的平庸和不平庸，不完全在那几个天才。近来，人们特别喜欢"天才总是成群地来"这句话，但是天才成群出现，其实主要还是因为时代。我最近去一趟法国，看了好些个博物馆，深感14至16世纪的意大利和法国，出现那么多艺术天才，留下这么多艺术珍品，真的不全是他们的天资、聪明和努力，可能翡冷翠、威尼斯的环境，十字军东征之后的世界变大，弗朗索瓦一世等爱好文艺君主的眷顾，也许倒是成就他们一代才华的关键。所以，在这篇随笔中我谈佛教史研究，就说"那个时代佛教研究中能出这么一些著作与学者，文献的大发现、新旧学的交融和学院式研究的独立恐怕就是极重要的三个因缘"。同样，如果现在让我回顾学术史，我仍然要再度强调，没有这些因素，学术无法辉煌，如果这个时代依然像王安石设想的要用权力"一道德，同风俗"，如果这个时代仍然像雍乾之时"避席畏闻文字狱，著书都为稻粱谋"，那么，哪怕天才成群地来，也一定会成群地死。章太炎曾说清代"理学之言，竭而无余华"，为什么？因为"多忌，故歌诗文史楷，愚民，故经世先王之志衰"。毕竟时势造英雄，就像欧洲文艺复兴一样，只有重新发现并借助古代希腊罗马经典超越中世纪神学，让各种新时代与新观念的进入学术，推动宗教改革与各种独立大学的兴起，才能够让欧洲进入"近代"。

那么"人"呢？难道在学术史上，只能人坐等"时势"吗？当然也不全是。只是这种需要积累涵泳才能做出成就的人文学术，既需要"荒江野老"的沉潜，也需要"代代相传"的滋养。毫无疑问，时代已经变化，知识人已经从帝制时期的文人士大夫，变成了现代社会的知识分子，学问也从传统的经典文史知识，转型为现代学院的文史哲研究，但那种读书思考的传统，应当始终像基因一样传续，总不能每代都白手起家，重起炉灶。坦率地说，中国学界现在缺的是从容，不缺的是生猛，太少些"新诗改罢自长吟"的沉潜，太多了"倚马立就"的急就章。其实，学术往往是马拉松或接力赛，不是百米短跑。所以，我选了另外一篇《世家考》作为"附录二"。其实，我的意思也只是说，只有政治与制度创造了一个"放得下平静的书桌"的环境，这个环境，一方面让社会稍稍减少一些庸俗实用、唯利是图的风气，让人们延续那种重视教育、重视人文的传统，一方面允许学者拥有"一种拥有自己的真理，不与流俗和光同尘，不事王侯高尚其事的精神"，并且把这种精神看得无比重要，也许，这个学界才能变好，现代的学术超越晚清民国时代才有可能。

2011年夏天。一次访谈中，面对记者提问，我突然想到梁漱溟的一句话"这个世界会好吗？"这句话曾被访问他的美国学者艾恺用作书的标题，至今这个标题仍像"警世钟"一样震撼人心。因此，我也随口说了一句"这个学界会好吗？"这句话被记者用在了访谈的结尾，成了我自己反思学术史之后的痛苦追问。说真的，好多年了，这个问题仍然在我心里反复出现，只要你关注学术史，就不得不关注这个问题，重新追问这个问题。

但悲哀的是，到现在我也不知道答案是什么。

2015年9月10日写于上海

原文载《书城》2015年11月号

徘徊到纠结

——顾颉刚关于『中国』与『中华民族』的历史见解

葛兆光

　　台北联经出版事业公司出版的《顾颉刚日记》,刚到手时曾匆匆翻过一遍,2007 年 10 月在大阪关西大学遇见专程去接受名誉博士称号的余英时先生,他送我一册刚刚出版的《未尽的才情:从〈顾颉刚日记〉看顾颉刚的内心世界》(联经出版事业公司,2007 年),看过之后,对顾颉刚的这部日记更有了浓厚兴趣。2014 年夏初,要在芝加哥大学的 workshop 上讲"20 世纪上半叶中国历史学",自不免又要涉及这个古史辨领袖,便从哈佛燕京图书馆借出《顾颉刚日记》来读,既作为 20

世纪上半叶学术史资料，也作为异域长夜消遣的读物。但日记太多，在美国没看完，8 月回到上海后，在酷暑中仍然继续翻阅。

积习难改，虽是消遣却不想一无所获，习惯性地随手做一些摘录，也断断续续记下一些感想。余先生《未尽的才情》已经讲到顾颉刚与傅斯年、胡适的学术关系，讲到顾颉刚与国民党的纠葛，讲到他 1949 年后的心情，也讲到了他对谭慕愚的一生眷念。夫子撰书在前，我没有什么更多的议题可以发挥，只是近来关注"中国"的历史，于是一面阅读，一面随手写一些札记，主要摘录和讨论的，都是顾颉刚日记中有关"中国"和"中华民族"的见解。

一

我在一篇文章中说过，1920 年代顾颉刚推动"古史辨"运动，从根本上说，是一场对传统历史学和文献学的现代性改造，这一点，王汎森兄的《古史辨运动的兴起》（台北允晨出版公司，1987 年）已经论述得很清楚。简单地说，就是在科学、客观、中立的现代标准下，有关早期中国历史的古文献，在"有罪推定"的眼光下被重新审查，人们逐渐把传说（或神话）从历史中驱逐出去。以前在古史记中被视为"中国"共同渊源的五帝和"中华民族"历史象征的尧、舜、禹，以及作为中国神圣经典的种种古文献，真实性都遭严厉质疑。1923年，顾颉刚在一封公开信里提出古史辨的纲领，一共包括四点，即"打破民族出于一元的观念""打破地域向来一统的观念""打破古史人化的观念"和"打破古代为黄金世界的观念"，因此而被丛涟珠、戴季陶等人惊呼为"动摇国本"。为什么会动摇"国本"？就是因为"民族出于一元"说明中国民族有共同祖先，"地域向来一统"表示中国疆域自古如此，古史传说人物象征着民族伟大系谱，而说古代为黄金时代，则暗示着文化应当回到传统。象征本身即有一种认同和凝聚的力量，对这些象征的任何质疑都是在质疑历史之根，在瓦解"中国"认同的基础。

这里长话短说。对于"中国"一统和"中华民族"同源的质疑，虽然轰动一时，但很快逆转，毕竟形势比人强。1931年"九一八事变"、1932年"伪满洲国"成立、1933年"东突厥斯坦伊斯兰共和国"成立，加上1935年"华北自治运动"的出现，使中国陷入国土割裂的空前危机，中国学界不能不重新调整有关"中国"和"中华民族"的论述，特别是从历史、地理和民族上，反驳日本学界对于满蒙回藏的论述，捍卫中国在民族、疆域和历史上的统一性。现实情势改变了中国学界，也暂时改变了顾颉刚的立场。1934年,顾颉刚与谭其骧创办《禹贡》半月刊,正如顾颉刚所说,在升平时代学者不妨"为学问而学问",但在"国势陵夷,局天脊地"的时代,却只能"所学务求实用"。

在这一绝大背景下,1935年12月15日,傅斯年在《独立评论》第181号发表了《中华民族是整个的》,他强调中国自从春秋战国,"大一统思想深入人心",所以有秦汉统一,"我们中华民族,说一种话,写一种字,据同一的文化,行同一的伦理,俨然是一个家族"。顾颉刚也一样,原本他并不相信"中国汉族所居的十八省,从古以来就是这样一统的",他觉得"这实在是误用了秦汉以后的眼光来定秦汉以前的疆域",所谓"向来一统"只是一个"荒谬的历史见解",但是在这个时候,他却把历史论述从说明原本并不是一统的中国,变成了强调中国大一统疆域的合法性。在《禹贡》半月刊之后,1936年,顾颉刚与史念海合作编了《中国疆域沿革史》,在第一章《绪论》中,顾颉刚就说:"在昔皇古之日,汉族群居中原,异类环伺,先民洒尽心血,耗竭精力,辛勤经营,始得近日之情况(指现代中国)。"他罕见地用了"皇古"一词,说"疆域之区划,皇古之时似已肇其痕迹,自《禹贡》以下,九州、十二州、大九州之说,各盛于一时,皆可代表先民对于疆域制度之理想"。很显然，这与1920年代的疑古领袖形象已经相当不同，看上去，他好像逐渐放弃了古代中国人种不出于一源、疆域不应是一元的疑古立场，而开始转向论证一个"中国"和一个"（中华）民族"。

在这里说一个小插曲。1933年，日本人与内蒙古王公会谈，鼓动蒙古人脱离中国而独立。这时，顾颉刚一生仰慕的女性谭慕愚亲身进入内蒙，调查这一事件，并且于1933年12月底，应顾颉刚之约在燕京大学连续演讲，讲述"百灵庙会议经过及内蒙印象"，揭发内蒙独立与日本阴谋之关系。余先生《未尽的才情》一书已经注意到，顾颉刚在日记中一连好几天记载这件事情，我曾向余先生请教，我们都怀疑，1933年谭慕愚女士的调查与演讲，在某种程度上对顾颉刚的史学转向产生了很大影响，甚至有可能在一定程度上，刺激了第二年他与谭其骧合办《禹贡》半月刊。

二

《顾颉刚日记》中留下很多这一观念转变的痕迹。

1937年"七七事变"之后，国府南迁，各大学与学者纷纷南下。1938年底，顾颉刚去了一趟西北，据日记说，他在途中开始看伯希和的《支那考》及各种有关边疆的文献,包括国内学者的民族史、疆域研究著作。显然,这种学术兴趣与政局变化有关。顾潮《历劫终教志不灰》(华东师大出版社)引述顾颉刚自传,说他 1938 年在西北考察的时候,曾经偶然看到一幅传教士绘制的 *The Map of Great Tibet*,大受刺激。他认为,伪满洲"自决"还不足畏,因为那里汉人很多,倒是西藏非常麻烦,"这个大西藏国如果真的建立起来,称为民族自决,是绝无疑义的,因为他们有自己的血统、语言、宗教、文化和一大块整齐的疆土,再加上帝国主义做后盾,行见唐代的吐蕃国复见于今日,我国的西部就更没有安宁的日子了"。

学术与政治,在这种危机刺激下,找到了一个结合点。1938 年 12 月 19 日顾颉刚在《益世报》创办"边疆周刊",并且为它撰写"发刊词",呼吁人们不要忘记"民族史和边疆史",来"抵御野心国家的侵略"。紧接着,在 1939 年 1 月 1 日,顾颉刚特别在《益世报》的新年一期上发表《"中国本部"一名亟应放弃》一文,他说(中国本部)这个词,"是日人伪造、曲解历史来作窃取我国领土的凭证"。2 月份,他又连日撰写《中华民族是一个》,明确提出"凡是中国人都是中华民族",并且郑重宣布,今后不再从中华民族之内,另外分出什么民族,也就是汉、满、蒙、回、藏、苗等。

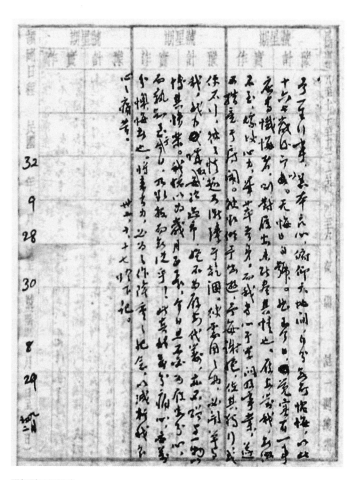

顾颉刚日记手迹

　　这篇文章 2 月 13 日起在《益世报》发表后,引起了中国学界的巨大反响,不仅各地报刊加以转载,张维华、白寿彝、马毅等学者也纷纷加入讨论。前些年与他渐生嫌隙的傅斯年,尽管主张在国家危急之时,写信劝他不要轻易地谈"民族、边疆等等在此有刺激性的名词",不要在《益世报》上办"边疆周刊",但也对顾颉刚关于"中华民族是一个"的观念表示赞同,觉得他"立意甚为正大,实是今日政治上对民族一问题唯一之立场"。在一封致朱家骅、杭立武的信件中,傅斯年痛斥一些民族学家,主要是吴文藻和费孝通等人,是拿了帝国主义的科学当令箭,"此地正在同化中,来了此辈学者,不特以此等议论对同化进行打击,而且专刺激国族分化"。

　　从《顾颉刚日记》中可以看到,顾颉刚对自己这一系列表现相当满意,他一向很在意别人对他的反应。1939 年 3 月 4 日,顾颉刚在日记中记载说:有人告诉他,《益世报》上《中华民族是一个》的文章,有《中央日报》转载,"闻之甚喜,德不孤也"。22 日的日记又记载:有人告诉他,"重庆方面谣传,政府禁止谈国内民族问题,即因本文而发。此真牛头不对马嘴,予是欲团结国内各族者,论文中彰明较著如此,造谣者何其不惮烦乎"。到了 4 月 15 日,他又在日记中说方神父告诉他,这篇文章"转载者极多,如《中央日报》《东南日报》、安徽屯溪某报、湖南衡阳某报、贵州某报,皆是。日前得李梦瑛书,悉《西京平报》亦转载,想不到此二文(指《益世报》所发表)乃如此引人注意。又得万章信,悉广东某报亦载"。

三

来自学界的争论风波与舆论压力,也影响到政党与政府,此后,国民政府不仅成立了有关西南的各种委员会,国共两党也都对西南苗彝发表看法,连教育部史地教育委员会、边疆教育委员会也特别要确认教材的"民族立场"和"历史表述"。这种观念得到政界和学界的一致赞同。傅斯年还说要把"三民主义、中国史地、边疆史地、中国与邻封之关系等编为浅说,译成上列各组语言(指藏缅语、掸语、苗傜语、越语、蒲语)",顾颉刚和马毅也建议重新书写历史教材,"作成新的历史脉络","批判清末以来由于帝国主义污染,而导致的学界支离灭裂"。可见抗战中的顾颉刚,似乎暂时放弃了"古史辨"时期对古代中国"黄金时代"传说的强烈质疑和对"自古以来一统帝国"想象的批判,而对"中国大一统"和"中华民族是一个"比谁都重视,1940年6月25日,他为边疆服务团作团歌,其中就写道:"莫分中原与边疆,整个中华本一邦","天下一家,中国一人"。

　　在这个时候,原本有嫌隙的傅斯年和顾颉刚,在这一问题上倒颇能彼此互通声气。据顾颉刚的日记记载,1939 年 5 月 2 日,当他开始写"答费孝通"一文时,傅斯年曾"开来意见",而顾颉刚则据此"想本文结构",第二天,他写好"答(费)孝通书三千余字",同时把稿子送给傅斯年,第三天,"孟真派人送昨稿来"。显然两人互相商量,而且傅斯年还提供了一些可以批判民族学家们的材料。又过了十几天,他"抄孟真写给之材料,讫,预备作答孝通书"。从《顾颉刚日记》中我们知道,是在傅斯年的鼓励下,顾颉刚接连好多天奋笔"作答孝通书",并"将答费孝通书修改一过"。

　　可见在回应吴文藻、费孝通等有关"民族识别"的问题上,作为历史学家的顾、傅是协同并肩的,他们都不赞成过分区别国内的民族,觉得大敌当前,民族各自认同会导致国家分裂。顾颉刚似乎义无反顾,一向好作领袖的他,这次冲在最前面,把这种维护民族和国家统一的思想推到极端,以致后来对傅斯年也颇不假辞色。有一件事情很有意思,抗战刚刚胜利后的 1945 年 8 月 31 日,顾颉刚在日记中贴了一则剪报,便是 8 月 27 日重庆各报刊载的《傅斯年先生谈中苏新约的感想》。傅斯年在这里说道:中国需要二三十年的和平来建设国家。他提到中苏应当做朋友,又说到新统一的国家初期,需要对邻邦妥协。

他还特别在谈到有关外蒙古和内蒙古的问题时，指出中苏关系中，外蒙古被分割的问题大家最注意，但相关历史却被忽略掉，因为外蒙古的四个汗国，即车臣汗、土谢尔汗、札萨克汗、三音诺颜汗，"照法律是外藩不是内藩"，所以外蒙古与内蒙古、东北不同，与西藏也不一样。顾颉刚看到这篇报道之后勃然大怒，不仅瑜亮情结再一次被拨动，爱国情绪也再一次被激发，他在日记中痛斥傅斯年："此之谓御用学者！"并加以解释说："这一段话，当是他帮王世杰说的。"下面，顾颉刚又写道："闻人言，有一次为新疆问题开会，孟真说，'新疆本是我们侵略来的，现在该得放弃'。不晓得他究竟要把中国缩到怎样大，真觉得矢野仁一还没有如此痛快。割地即割地，独立即独立，偏要替它想出理由，何无耻也！"他也许忘记了，当年傅斯年挺身而出主持《东北史纲》的撰写，就是为了批驳矢野仁一，捍卫东北作为中国领土的。

这也许可以让人理解，作为历史学家的顾颉刚，何以在抗战之中，会去草拟"九鼎"铭文，赞颂那个时代的"一个国家""一个领袖"。

四

不过，顾颉刚毕竟是历史学家，是"古史辨"的领袖。超越传统建立现代史学的观念根深蒂固,没有那么轻易去除。在心底里,顾颉刚对于古代中国的看法,终究还是"古史辨"时代奠定的。只是在特定时代和特定背景下,有些话不便直接说就是了。1943年10月30日,他在日记里说有人向他回忆"古史辨"当年在上海大出风头。关于这点,顾颉刚一方面很得意,一方面又很清楚:"在重庆空气中,则以疑古为戒,我竟不能在此发表意见。孟真且疑我变节,谓我曰:君在学业上自有千秋,何必屈服。然我何尝屈服,只是一时不说话耳。"这是他的自我安慰,也是他的顺时之策,因为在那个太需要国家认同的时代,再强调瓦解同一历史的古史辨思想,就有些不合时宜。

历史学家常常受时代和政治影响,这也许谁都无法避免,但一旦现实情势有所改观,原本的历史意识就会卷土重来,特别是在私下里,不免故态复萌,也会说些真心话。《顾颉刚日记》1966年1月8日有一则记载,很值得注意,他说:"(赵)朴初作文,有'自女真族统治中国以来'一语,有青年批判,谓女真族即满族前身,而满族为中华民族构成一分子,不当挑拨民族感情。奇哉此语,真欲改造历史!去年闻有创为'中国自古以来就是一个的大国'之说,已甚骇诧,今竟演变为'中国自古以来就是一个统一的大族',直欲一脚踢翻二十四史,何其勇也?"这是一段很有意思的资料。顾颉刚虽然在抗战时就提出"中华民族是一个",但骨子里却仍然相信民族的历史变迁,并不以为"中国"自古以来就是"一个"。

这种想法常常在他脑海里浮现。1964年1月8日,他在日记中记载:"(黄)少荃谈北京史学界近况,知某方作中国历史,竟欲抹杀少数民族建国,谓中国少数民族无建国事,此之谓主观唯心论!"这是一个历史学家的直觉判断。不过,形势比人强,何况家里还有一个时时令他看风向不要说错话的夫人在。我在日记中看到,1964年8月13日,他对来华跟他学习古代史的朝鲜学者李址麟有些戒备,为了让自己免于犯错,他先走一步,给中华书局写信,说李的《古朝鲜史》很有问题。"朝鲜史学家以古朝鲜曾居东北,受自尊心之驱使,作'收复失地'的企图,李址麟则系执行此任务之一人。其目的欲将古代东北各族(肃慎、獩貊、扶余、沃沮等)悉置于古朝鲜族之下,因认我东北全部尽为朝鲜旧疆。今更在东北作考古发掘,欲以地下实物证之。而我政府加以优容,甚至考古亦不派人参加,一切任其所为。予迫于爱国心,既知其事,只得揭发。"

差不多半年以后,他与张政烺谈朝鲜史问题,当张政烺告诉他,历史所同仁奉命收集朝鲜史资料的时候,他才松了一口气,很得意自己有先见之明,在日记中说:"此当系予将李址麟《古朝鲜史》送至上级，及予于今年八月中旬写信与中华书局之故。"

五

　　读《顾颉刚日记》，断断续续用了我一个多月的闲暇时间。看完这十几册日记后，记下的竟然是一些颇为悲观的感受。历史学家能抵抗情势变迁的压力吗？历史学家能承受多大的政治压力呢？读《顾颉刚日记》，想起当年傅斯年从国外给他写信，不无嫉妒却是真心赞扬，说顾颉刚在史学上可以"称王"了，但是，就算他真的是中国 20 世纪上半叶历史学的"无冕之王"，这个历史学的无冕之王，能摆脱民族、国家的情势变化，保持学术之客观吗？他能遗世独立，凭借学术与有冕之王抗衡吗？

2014 年 7 至 8 月摘录

2015 年 1 月写于上海

本文原载《书城》2015 年 5 月号

读书与人生

张汝伦

文明如果不成熟，人类就没有足够的材料去总结。心智如果不成熟，人类就无法进行这样的总结。语言如果不成熟，人类就无法表达这样的总结。

我自己是个喜欢读书的人，又是教师，老师和学生讲的话，无非也就是如何读书，或者督促学生去读书，所以在这样的过程中，会对这个题目有比较多的想法。同时，为了了解现在中国人读书的情况，我也会关注一些数字，从中可以看出一些比较。现在全世界读书的冠军是以色列人，人均读书每年69本。所以，像这样一个人口数量不大的国家，创新思维能力却能在世界排名前三，他们创造的各种各样的专利，也相当惊人。相比之下，我们中国人显得很寒碜，去年我国的人均阅读量官方公布的数据是三本多,但回过头来想想,中国人口基数那么大,如果13亿多的人每人读三本书的话,也不会有这么多书店关门了。所以,恐怕中国人年均读书量在小数点以下。

20世纪90年代,我留学回来的时候,书店开始纷纷关门,直到最近才开始有些起色。但总体上来说,现在国人读书的情况仍不是很乐观。这一细节很能说明当下的许多问题。辨别德国人很容易,在火车上、飞机上、汽车上看书的肯定是德国人。我们中国人也很好识别,也在看,但看的是手机,反差真是太大了。

其实,我们中国人是非常爱书的民族,爱书的传统也流传在我们的日常语言中。比如"书香门第""书礼传家",夸一个人我们会说他有"书卷气",甚至说"万般皆下品,唯有读书高"。我们的古籍上也反映了这一点。《论语》一共有20篇,篇章和篇章之间,没有什么很强的先后逻辑关系,可是把《学而》放在《论语》的第一篇,绝不是偶然的。《荀子》的第一篇是《劝学》。中国古代还有很多不那么有名的著作,往往也都是以"劝学"或者类似的名称为开篇的。为什么?因为我们中国古人认为人之为人的关键就在于读不读书。我今天的切入点就是这里。

读书对于中国古人的意义

中国古人，对其自身有着比较深刻的思考，这一思考和全世界其他几大文明和宗教是差不多的，即认为人是一种很危险的动物。人最大的问题是身上有很多非理性的、兽性的因素。而这一部分的因素又和人的生理本能结合在一起，要它不起作用是不可能的。

现在很多人看书，往往是以道听途说或者网上说的为主。网上告诉他们，中国古代人的思想很幼稚，不像西方这么老练。西方向来就认为"人之初，性本恶"，因此丑话就讲在前面，把法制定好，不相信人的道德自觉，所以西方一切井井有条；而我们中国人相信"人性善"，人可以道德自觉，不用法治。其实，这种说法太小看我们的祖先了，恰恰相反，我们的祖先对人性的阴暗面有着相当深刻的理解。我们来看儒家的三个创始人。孔子的《论语》一共 15 900 来字，有一句话出现过两次："吾未见好德如好色者。"这句话当然不能完全照字面意思上去理解，夫子在这里其实是说"好色"是天生的（"饮食男女，不学而能"），而好德，非得要经过长期的努力，要通过一定的教化，才能养成。通过师长的教诲、学校的学习，人才会知道要孝敬父母,要谦让老人,要照顾小孩,要爱护妇女。这些纯靠人的本能是不可能的。好德是需要后天培养的,才能成为"第二天性"(second nature),这需要很漫长的过程,不容易。

孟子云:"人之所以异于禽兽者几希。"翻成白话文就是人和禽兽差不了太多,那么一点点差别就是人有道德良知。孟子讲得非常清楚,道德良知是需要培养的,如果不培养,是长不起来的。所以他又有一句话:"人有鸡犬放,则知求之;有放心,而不知求。学问之道无他,求其放心而已矣。"人为什么要读书? 人读书就是求其放心。我们每个人都有道德良知,但这只是说每个人都有这种可能,可以获取。一个人的道德良知,需要通过长期的人文教育的培养才能够养成。孟子对于人的道德自觉其实是挺悲观的:家里如果丢了鸡和狗,都知道要去找,可是良心丢掉了,谁会去找?

儒家第三个创始人荀子,直截了当地说:"人之性恶,其善者伪也。"人性从根本上来说,是顾自己的,渴了就要喝,饿了就要吃,喜欢的东西就会想拿。之所以能够先人后己、舍己为人,都是在经过一个很漫长的读书学习过程以后,需要自觉努力才能具有的德性。

善取决于后天的人为努力,而人为努力的第一步就是读书。所以,中国古人才说读书是为了明理。父母把孩子送去上学的第一天，哪怕是未来的皇帝，都是要给老师磕头的。因为我们中国人知道，父母生的是我们的身体，而老师（文明教化的化身）让我们成为一个懂道理的完整意义上的人。一直到今天，虽然现在不讲究那些了，但人的潜意识很厉害，如果看到一个读书人模样的人在公共场合吵架，人们就会说："亏你还是个读书人！"为什么人们对读书人的要求更高一些？因为不知者不为过，读书人应该是懂这些道理的。

因此，以前中国人不尊重老师的罪名，可能就比不孝敬父母小一点点，也是罪恶滔天。老师是帮助人们读书明理、成为一个完整意义上的人的一座桥梁。所以他与天地君亲一起成为古人礼敬崇拜的对象。人们尊崇的不是老师个人，而是作为成人之关键的读书。但这种读书的重要性，到了今天，有些颠倒了。为什么要读书，为什么要买学区房，为什么经济上宁可吃亏也要让孩子上好学校？不是为了让孩子成为一个真正意义上的人，而是为了让孩子将来赚大钱。

其次，我们古人也发现了，人类从自然天赋上来说是不如很多动物的。没有很多动物跑得快，没有很多动物力气大，爪牙不够锐利，目光不够灵敏。凭我们自己的这身皮毛，过冬都很困难。可是人为什么能够在大自然中胜出？因为我们人可以通过教育和读书，把一代又一代积攒下来的经验和知识传承下去,然后在这个基础上加以提高;相反,动物虽然有很多的本领和天赋,我们人类望尘莫及,可是它们没有受过教育,也没有语言,没有文字,更没有书。它们无法拥有人类文明独有的东西——读书与教育。因此只能一代又一代去重复先辈的本能,不能突破也不能超越。因此,我们祖先很早就发现了人类文明是通过读书来传承的。一旦不读书,文明就会死亡。

今天我们保存文明有很多的手段,有光盘、胶卷、恒温室、现代印刷技术,还有数码技术。可是,如果有一天人类不愿意再去读这些书了,那么光盘就是一堆塑料,胶卷就是一堆化学材料,书就是一堆废纸。文明需要人去传承,不是说把书放在那里就行了,书放在仓库里没人读,它就是一堆纸。所以读书要紧,没有人读书,书就完了,这个文明就完了。

那我们现在有没有这个危险?有。比如说《左传》。看《左传》当然很吃力,要查很多字典,要看很多参考书,甚至要请教很多人。但现在的人如果不去读它,很快的,一代人也就25年,过一代人就会出问题。倘若有一天,全中国没人能看懂《左传》这本书了,从某种意义上来说,《左传》就不存在了。所以我们甚至应该在存亡继绝的高度上来看读书。

秦始皇"焚书坑儒",到了汉朝,很多古代经典已经没了,但幸亏有些耆老硕儒通过背诵记忆,将经典储藏在大脑中,我们现在看到的先秦经典，许多都是这样才保存下来的。到了汉朝天下太平，那些经学大师才将记忆中的经典记录下来，今天才有了那些书，要不然就失传了。所以，文明说脆弱也很脆弱，没人喜欢，就会消失。中国古人很早以前就意识到了文明的脆弱性，所以在几千年的时间里，把读书这件事情不但说得很重要，甚至在某种程度上将它说得很神圣——皇帝要带头读书，至少在理论上，不读书的人、考不取科举的人就没有资格当官。所有这些措施，都在营造着一个气氛，在巩固着一个思想，那就是读书是人之为人的根本。

再次，我们中国人从古至今，都很钦佩有教养的人。举手投足彬彬有礼、言谈举止温文尔雅的人，总让人暗暗佩服。相反那些在公共场所不管不顾，打电话、大声说话的，我们总是会感觉不舒服。不要小看这些细节，很难。我们的祖先已经看到要培养一个人的内在气质、言谈举止很难，这些也是要靠读书。读书能够改变一个人的气质，与人打交道能让人如沐春风；谈吐优雅，别人即使和你闲聊都会觉得能学到很多的知识。这些细节，没有几十年的功力也是办不到的。

凡此种种，都使得我们古人对读书非常重视，对读书人比较尊重，对目不识丁、不识之无者，不免有点鄙夷。

读书和人的生命相关

关于读书,我们现代人当然也有很多理解,也可以从很多方面去谈。其中最多的是实用性,比如要考个证买点参考资料,又比如孩子要考试买点辅导材料,怎么装修买本书来看看,怎么炒股买本书来学学,怎么养宠物买本书来了解一下,怎么当个合格的经理人买本书无师自通……这都是些实用性的书,读它们是为了达成某种实用的目的,不是为了自身的教养。还有第二类读书纯粹是为了消耗时间,读书是为了娱乐。我们古人对这两类读书,基本上不予以考虑。第三种是无聊才读书,那更是不在考虑的范围内。真正的读书,对个人来说,应该是有助于提高和完善的;对文明来说,应该是有利于促进和发展的。

所以,我讲"读书与人生",实用的书和无意义的书,我都不谈。

读书应该和我们的生命相关。今天的我们能否将读书看作人生必要的功课,甚至和吃饭、喝水一样,只要我们还有一口气,就要读书?王元化先生晚年得了青光眼,不能再看书了,他几次和我说,像我们这样的人,不看书,活着还有什么意思？后来，实在没有办法，在复旦找了几个研究生，给他念书。在他看来，不看书就等于生命的结束。这是我亲眼见到的，真正的读书人应该有这样的风范。

活到老，学到老，那是一辈子的事情。很多人，本科、研究生毕业以后，这辈子再也不买书了，甚至还有很多人抛售自己大学四年读过的书，不会想到要把这些书留下来，因为这些书记录着我们生命的轨迹。现代社会，很多人比拼自己在戈壁滩能不能坚持下来，还没见过有人比拼谁能先把黑格尔的《精神现象学》啃下来。太多的人在比力气和耐力这些外在的东西，比内在智慧和教养的人却很少。

重视的是肌肉不是大脑，问题在哪里？为什么越来越多的观众喜欢看小鲜肉？在我看来，责任不在于他们本身。中国的古人认为读书是我们自我完善必不可少的途径。有一句话叫"学坏容易学好难"。喜欢肌肉和小鲜肉，与人类生理本能结合得近，所以很容易；但追求道理，却稍微远一点，也更加难。30年前，"文革"以前的那些世界名著重印，我记得那会儿的上海人是彻夜排队购买，下着雨，还继续排，一直排到了新华书店旁边的小弄堂里。现在还有这样的情景吗？要让一代人一夜不睡觉去排队买书，那是祖宗几千年留下来的功德才造就了这样一代中国人；而隔夜排队买股票，不需要教都会。这样一对比，就知道，我们古人为什么把读书看得如此重要，因为这是一件困难的事情，并不简单。为什么有这么多人喜欢看手机，不喜欢看书？还是在于人的惰性远远大于他的自觉性。这就是我说的第一点，人身上有惰性和阴暗面，读书却可以让我们自我完善。

第二点，虽然不是每个读书人都讲道理，但读了书至少可以让人懂得什么是对的，什么是错的，这一点在今天依然很有意义。比方说，我们司空见惯的一件事情，马路上车是不让人的，都是人让车。这个问题的实质就是不想讲道理。不想讲道理的结果是什么呢？就是只相信法了，倘若法律规定，车不让人，罚款 50 元一次，那就会让人了。讲道理没用，人民币有用。请问人格和自尊心到哪里去了？在我看来，一个人有自尊心和人格，体现在他能够按照道理去做事情。

第三点，文明要代代相传，要通过读书。如果不读书的话，我们的文明就得不到传承。我们人类读书不只是为了个人，是为了大我，是为了祖先辛辛苦苦积攒下来的基业——无形的、文明的、精神的、文化的基业——不至于在我们这些不孝子孙手里失传。

第四点，认识世界。认识世界有多种方法，但我们现代人还仅仅停留在经验范畴里去认识世界，讨论为何要到人迹罕至的地方去旅行，这没有问题。但是作为一个个体，即使穷尽一生之力，用脚去丈量世界，一双肉眼所能认识的世界，最终也只是沧海一粟；而读书，可以让我们对过去、现在、未来，对宏观世界、微观世界，有全面的了解。你说，哪种认识世界的方式更全面、更深刻、更重要呢？我们中国人以前有句话"不出门而知天下"，指的就是这个。德国哲学家康德，一生没有离开过自己的出生地柯尼斯堡。有一次，一个意大利人慕名去拜访他，谈起了罗马，康德谈到了罗马的很多情况，意大利人大为吃惊，以为他去过意大利，其实不然，康德知道的这些关于罗马的情况都是从书上看来的。但这还不是最关键的，最关键的在于，通过读书能够掌握前人千辛万苦达到的智慧。书看得少了，我们对这个世界的理解就会非常肤浅。现在的资讯、出版那么发达，我们比任何一代的古人和前人都具有更有利的条件去了解人类的文明和世界。我们为什么不去做呢？孔夫子那个时代的中国人看到的世界可能还不大，继承的知识还不多，但孔子会要求学生尽可能多地去了解世界，"一事不知，儒者之耻"。孔子说自己没有别的优点，最大的优点就是活到老学到老，所以才会有"学而不厌，诲人不倦""发愤忘食，乐以忘忧，不知老之将至云尔"这样的话。天天读书，成了他主要的生活方式，连自己一天天老了都不知道。读书就是他生命活动的主要形式。

第五点，读书人和不读书的人不一样。孔子就要求自己的学生"文质彬彬"。他有一个学生叫子路，非常勇敢，但是不怎么读书。有一次卫国国君想请孔子去从政，子路问老师，去了卫国之后第一件事会做什么？孔子就讲了非常哲学的一个话题"必也正名乎"。子路根本跟不上老师的思路，他认为当时卫国的问题是父子两人在争夺王位，请孔子去是要他拿出一个具体的方案，"正名"这件事情怎么会扯得上呢？缓不济急么。所以孔子批评他"野哉，由也"。不懂装懂乱说一气，就是"野"，没文化，没教养。

现在社会上有很多学习班，教人们衣服如何搭配、身材如何保持等，但这些都是外在的东西，却没有看到一个人给人的第一印象是语言。卓别林身高不到一米六，可是你们觉得他丑吗？他只要一说话一表演，便让人完全忘了他的外在，觉得他的魅力是挡不住的。"言谈举止"，"言"是第一位的，只是我们现在不讲究这些了。但这些还都是外在的，还有内在的素养。

一个人书读得多了，他对世界的占有才更丰富。中国自古以来讲究怎样活一辈子。但一辈子如何更丰富、更充实、更值得？毫无疑问，能够最大程度地掌握人类所创造的文明，这一辈子才会值得。如果只会背"床前明月光，疑是地上霜"，却不明白它的好处，便是人生的损失。

短短二十字的唐诗，你若读懂便会对人生有深切的感受，有时会莫名感动，它给予你的审美享受也绝不是外在的物质所能相比的。但这些感动需要长期艰苦的努力才会有，一要读，二要想，三要有好老师，四要有好的朋友，才能得以进入这个世界。冯亦代先生是研究英美文学的专家，20世纪80年代，金斯伯格（Irwin Allen Ginsberg，1926—1997）到中国来访问，冯亦代先生全程陪同。金斯伯格对他说："中国是诗歌大国，能否介绍几首唐诗？"冯亦代先生第一首介绍的是"床前明月光，疑是地上霜"，因为他认为这首诗最简单，可是他忘记了诗中"月光"与"思乡"的关系意象是中国诗特有的，如果不在这个文化世界长大对此是无感的，尤其翻译成英文更是没有诗意。果然，金斯伯格无动于衷。第二首是杜牧的《赤壁》，欣赏这首诗要懂得三国的背景，没有中国历史知识的人很难读出所以然。而第三首诗选对了，贾岛的《寻隐者不遇》："松下问童子，言师采药去。只在此山中，云深不知处。"他刚翻译完，金斯伯格的眼泪就掉下来了。贾岛的这二十个字把人性深处最不易表达的东西写出来了，恰到好处。背出来只需两分钟，读懂它却需二十年，要有自己的人生经验与体悟才能享受。

阅读经典的重要性

人生需要读书,而读什么书非常重要。我经常与学生讲,北京养画眉鸟的老先生在画眉鸟改嗓的时候是不会放鸟出去的,因为一旦学了野鸟,它的嗓子就再也改不过来了。所以读书伊始,开口奶就不能吃坏,一旦吃坏就与学了野鸟一样,这辈子再难进入文明正脉中去了。

读书明理、自我完善、传承文明、认识世界以及提升自身修养,正因为有了这几条,才要读书。那么接下来的问题就是要问读什么书? 在我看来,读书,还需着重于读经典。人类千辛万苦留下的这些宝贝,是人类文明得以在此星球上延续的定海神针,是无穷智慧的结晶。如果经典被遗忘,那人类必将灭亡。如今社会对待经典的态度值得检讨,其中主要是对"经典"一词的用法太任意。这个词是沉甸甸的,如果乱用此概念,那说明我们的敬畏之心荡然无存。人可以因很多外在的手段被封为大师泰斗,但包装终究会脱落,总有一天如同笑话。林肯说:"你可以在一些时候欺骗一切人,你也可以在一切时候欺骗一些人,但是你不可能在一切时候欺骗所有人。"营造或运作,出不了一个真正的大师,而经典更是如此。经典需要五十至一百年以后的人来评定，因为经典需要时间跨度。

什么是经典？刘知幾的《史通》说："自圣贤述作，是曰经典。"经典有一个基本要求，必须是圣贤写下来的，有人格的品质、学问的品质、智慧的品质、地位的品质才能够称为经典。英语当中相当于汉语"经典"的有两个词：一个是"canon"，一个是"classic"。"canon"一开始指的是基督教的教规，后来延伸为一般人类行为的准则和规范，最后延伸为公认的千秋万代得以相传的著作。"classic"原指第一流、高质量、堪称典范、具有持久重要性的著作。这些定义与中国人所谓的"经典"是重合的，因为"经"与"典"都有常道与典范的准则意义。经典，必须能够代代相传，所以我们现在没有资格说哪部电视剧是经典，这需要让子孙们来说。后代人生活在不同的文化环境、经济条件与社会状况下，能够打动他们甚至让他们激动不已的，才是经典。我未曾想过90后的孩子听《论语》还会泪流满面，一般人认为喜欢奥特曼、变形金刚一代的孩子怎么会欣赏孔夫子，但孔夫子的确在2 500多年后还能感动后来的人，感动信息社会与后工业时代的人，这才是经典。

有人提出经典必须具备如下四个特点：

第一，经典应该具有内涵的丰富性，比如贾岛的二十字诗，内容丰富，至少能够讲一堂课；第二，经典应该具有实质的创造性,比如《易经》《诗经》《史记》《论语》;第三,经典应该具有时空的跨越性,中国的能够打动西方,西方的让中国人读,照样服帖得五体投地;第四,经典应该具有无限的可读性。这当然说得都不错,但还不够。

经典的好处是永远读不完。西方有位哲学家说过,他读康德的《纯粹理性批判》,每读一遍就像从未读过,这本书属于世界上最难读的书的前几位。我每教一次也都好像第一次读一样。再比如《论语》,我每次教也像第一次读一样,它具有无限的可读性。古人云:"诗无达诂。"意思是说诗和理工科的题目不一样,理工科的题目是有标准答案的,而读诗歌却与你的阅历、文化程度、修养以及审美境界有关,所以诗是常读常新,并没有标准答案的。读经典是极有趣味的事,每一次读都感觉收获无穷。康德与黑格尔的书读至第六第七遍时,你还会觉得好像没有读过一样,又看出一些东西来了。所以,经典具有无限的可读性。

英国诗人 T. S.艾略特在《什么是经典作品》中说,假如我们能够找到一个词能够充分表现经典的含义的话,那就是"成熟"。这个定义很有创造性。什么叫经典?两个字,成熟。因为经典作品只可能出现在文明成熟的时候,它一定是成熟心智的产物,赋予作品普遍性的正是这种文明以及诗人自身广博的心智。中西方的古代经典集中出现在2500多年前，这不是偶然的。那时中华文明和古希腊文明都达到了成熟。汉语在那个时候成熟了，诗歌中的很多词语变成了朗朗上口的成语，流传几千年，就是因为语言运用得特别好，是中国古代汉语成熟的表现，而诗人本身心智成熟，所以对那个时代成熟的文字及语言得心应手。

如果问俄国人俄语谁写得最好？他们一定会说第一是普希金，第二是托尔斯泰，因为到了他们手里俄语才真正成熟了，所以难以超越。而德语谁写得最好？我问过很多德国的同行，答案是歌德、海涅和尼采，他们德语的写作能力今日都无人能超越。而中国，杜甫对汉语的掌握可谓出神入化。我1997年到1998年在德国教了一年书，带的唯一一部书是《杜工部集》，因为杜甫在哪里，中国就在哪里，他对汉语的成熟掌握如同神一般，而他的心智也是超一流的成熟，所以两个成熟加在一起才有这样的天才。

多方面的成熟才是经典的标志，也是经典得以产生的条件。经典在一定程度上是对人类经验的高度总结，这样才能对后世有指导性的意义，成为超越时空的教诲与训导。一个90后的孩子说，孔子说的话就是我们心里想说的话，就是这个道理。

　　文明如果不成熟，人类就没有足够的材料去总结；心智如果不成熟，人类就无法进行这样的总结；语言如果不成熟，人类就无法表达这样的总结。所以经典永不会耗尽。只有成熟的语言才能曲尽其妙地表达永不枯竭的丰富性，经典之所以对人类世世代代都有重要意义，是因为它包含了深刻的思想，而深刻的思想只有在文明成熟以后才会产生，只有成熟的文明才会有深刻的思想，粗陋的语言根本无法表达深刻的思想。所以，经典意味着成熟。

　　经典具有无限的可能性，经典一定是一本人们可以常读常新的书，用当代意大利作家卡尔维诺的话来说，经典就是每次重读都像初读那样带来发现的书，当然这也要求读者是有思想、有发现能力的人。对于没有思想、没有发现能力的人，经典当然也是不存在的。所以，经典对读者也是高要求的。任何的经典，我的看法都是活在当下的，对于一个真正有思想及发现能力的人来说，所有的经典都是他那个时代的经典，只有思想能力孱弱、缺乏想象力的人才会把《论语》《史记》看作是过去时代的古书。也没有一个好学深思者会认为《荷马史诗》表达的是虚构的希腊神话而不是复杂的人类经验。没有一个真正用思想读书的人会认为先秦思想家和古希腊哲学家只属于先秦和古希腊而不是我们的同时代人。

　　据说日本人在 2000 年时，制定了一个诺贝尔计划，到 2050 年要拿 50 个诺贝尔奖，到 2016 年，他们已经得了 20 余个，而中国在自然科学方面只有了屠呦呦一个，还是在实际应用方面。日本人得诺贝尔奖不是撞大运，他们已经有一个可持续发展的机制。2014 年，名古屋大学的两位教授得了诺贝尔物理学奖，这两位教授的老师是 2008 年得的，老师的老师是 2002 年得的，传代了。日本获得第一个诺贝尔物理学奖是 1949 年，在日本广岛还是一片废墟的时候得的，获奖者叫汤川秀树。他在自传中写道："我之所以发现介子源于我十六岁时读《庄子》时受的启发。"我们会想《庄子》与高能物理学有什么关系，《庄子》会对研究高能物理学有什么帮助？

　　我想说明的是，经典的意义是超出它表面范围的，而且经典永远是活在当代的。无视经典、小看经典、不读经典、忘掉经典是自己把自己害了。经典著作并不是单纯的书，而是人类经验不可分割的基本组成部分，它们与人类一起生活。

　　另一方面，阅读经典是人类成长的基本方式。孔夫子教学只教"六经"，而两千多年中国读书人主要也是读经。爱因斯坦说他经常会拿出康德的著作来读。我们每次阅读，经典都会展现出新的深度与广度。如果一个人每次读到的都是第一次读到的东西，那么这个人就是没有思想和生命活力的读者。经典是意义的源泉，思想取之不尽、用之不竭，所以朱熹尽几十年之力著《四书集注》。经典是无法一览无遗的，是随着我们的理解与领悟力以及问题意识的提高而不断产生新的意义，博大精深，不可方物。

科林伍德说，当我们读一本书的时候首先要知道这本书是讲什么的、要回答什么问题。所以理解文本的首要前提是要提出问题，然后把文本视为问题对我们的回答。因为提出问题就是打开了意义的各种可能性，文本的意义是永无穷尽的，一代代人会提出不同的问题，并以不同的方式去理解。而读者不能随便提问，很显然，如果要向经典文本提问，首先要读懂它在讲什么。

任何对经典的评论都无法代替对经典本身的阅读。任何关于经典的二手著作永远只有次要意义。经典本身是泉眼，我们的种种解释是从泉眼中产生的泉水。并不是所有对经典的解释都是合理的，但不合理的解释毫不影响经典的地位。坚持了，自然而然就能读懂了。因为经典早已成为我们历史经验的一部分，所以未必始终让我们觉得出乎意料或始料不及。相反，卡尔维诺说："一部经典不一定教导我们一些不知道的东西；有时候我们在一部经典作品中发现我们已经知道或总以为我们已经知道的东西，却没有料到我们所知道的东西是那个经典文本首先说出来的。"真正深刻、独特和意想不到的地方是我们读经典的共同经验，尤其是中国儒家的经典，往往看上去不像西方哲学那么莫测高深和不知所云，实际却不然，如果我们用心研读的话还是可以发现许多意想不到的东西的。

另外，不要带着一个具体目的去读经典，阅读经典本身就是目的。不能把经典作为一个需要我们从外部加以征服的客体来对待，而应该把阅读经典作为丰富我们思想、经验的必然的途径，作为我们生命不可或缺的一部分来对待，让它最终融入我们的生活和生命本身。西方人说，哲学是一种生活方式，孔夫子也说过"知之者不如好之者，好之者不如乐之者"。为什么他认为读书的最高境界是让我们感觉到快乐？因为读书本身就是目的。读书不仅是为了求道，生命通过得道而完善、丰富、提高，进而融入宇宙天地，这种快乐是不可言喻的。我认为一个人大彻大悟的时候就是读完了一本经典的时候。

有人问我，什么是性灵？我认为，不具备性灵的人看到菊花认为菊花能治病或者把菊花放在房中很有品位，而有性灵的人不仅会看到审美的愉悦，更有做人的激励，最后会有认同感。同样，不具备性灵的人喝茶，也会讲究茶器、茶叶与气氛，可他不懂喝茶最高明的不在茶，而在茶之外，是精神上的轻松与通透。

经典之所以能够融入我们的生命,构成内在的骨骼,是因为真正的经典不论内容如何,总是和宇宙、人生有关,构成我们安身立命的依靠。卡尔维诺说"经典可能是一本与古代护身符不相上下的书",是不可离身的。我们对任何经典表达的思想不一定都要双手赞成;相反,即便对经典有最高敬畏感的人也会有不同意或不喜欢的经典。我可以不喜欢经典作家,但是我必须要读经典。即使是我们不喜欢的经典,那也是我们经验的一部分,是与我们息息相关的,所以我们才那么急切地要去反驳。

人类的文明在一定程度上是由经典构成的,世界各民族精神文化的基石都是他们的经典。比如希腊文明,如果离开希腊神话、希腊悲剧和希腊哲学是无法想象的。讲中华文化精神世界,离开《道德经》《庄子》《十三经》就无从谈起。经典是人类对世界及自己理解的集中体现,经典帮助我们理解我们是谁和我们所达到的位置。经典既是文明的基石也是文明的坐标,我们对自己时代文明的种种认同、批判和反对很大程度上是基于经典这个坐标,而我们对自己的认识不能没有这个坐标。我们究竟是谁? 我们现在怎么样? 去向何方? 基本是根据此坐标来判断的。

有了经典，我们的品位就会提高，我们的眼界就会放宽，我们的生活会变得无比丰富。我们每个人都有喜怒哀乐，但进入经典后这些会变成审美的一部分而化解。但如何进入经典世界去？这又是一个很重要的课题。

本文系张汝伦教授 2017 年 4 月 22 日在新华·知本读书的演讲，刊发时经作者审定，原文载《书城》2017 年 6 月号

从艺术哲学得到解放

——关于艺术哲学的对话

张汝伦　赵穗康

张汝伦：我不知道赵老师对今天的对话是怎么定位的，但我认为讲座和对话是不同的。讲座，是演讲者把自己准备好的内容跟听众讲；而对话其实是讲者把心里想的一些话跟听众说。讲座是有预想的，预先有一个方案，对话却没有。问我今天和赵老师想讲什么？不知道。按照伽达默尔的对话理论："对话不一定有主题，主题是随着对话自身的展开而展开。到最后，说话的不是两个对话者，而是对话本身。"

但我和赵穗康的对话，作为一个活动总要有个名称，所以叫"艺术哲学"。这个名词通常是体制性的学术工业下的一个名目，英语叫"philosophy of art"，从很多的字典上、工具书上都可以查到它的意思，是以艺术为对象进行哲学思考、哲学反思的一门学科。类似这样的学科在哲学系还有道德哲学、政治哲学、经济哲学、社会哲学、历史哲学，等等。但我不是这样来理解"艺术哲学"的。

黑格尔在《精神现象学》里用过一个词"艺术宗教"，是将德文中的艺术（kunst）与宗教（religion）连在一起组成新词"kunstreligion"。所以今天我一定不会用"philosophy of art"，而是模仿黑格尔的做法，用"艺术哲学"这术语来表明艺术和哲学两者应当是一体的，而不是二分的。很多人觉得哲学是人类的精神活动，也是一门学科，艺术也是一种精神活动，应该也可以是一门学科，两门学科是不搭界的。做哲学研究的人，会写一些艺术方面的论文，或者写一些艺术哲学的文章；研究艺术的人，平时会看一些哲学的文章，或者在发表言论时开口海德格尔闭口尼采、胡塞尔之类的。但是总体上来说，很少有人认为，艺术和哲学是一回事儿。如果有人说这是一回事儿，大家都会笑他，觉得他根本不懂何为艺术，何为哲学。

西方很多一流的思想家，维特根斯坦、海德格尔、杜威等，都说过类似的话："哲学是一种生活方式"，"哲学是一种基本的存在方式"。不是说一个人在学校里写书、教书、写文章,他就是在研究哲学,更不一定有资格被称为哲学家。照中国人的传统则更不用说,儒家的一个基本要义是"知行合一",一个人有了"知"却不能"行",那就等于不知。所以,如果儒家能够延续到今天,知道这一说法,他们一定会赞成说:"我早就说过了,哲学是一种生活方式,因为你必须去做。"为什么现在传统哲学不昌,就是因为研究者们不认为这是他们行为方式必须遵照的准则,而认作是他们的饭碗,可以从中获取物质财富上的利益、社会声望上的成功,他们的生活方式和研究对象是分开的。海外新儒家的一个代表人物就曾公开地说:"儒学是我的职业,不是我的生活方式。因此做人的方式是不一定与儒家合拍的。"那我就搞不懂了,儒家讲"功夫论",讲"修身进德",《大学》里讲"自天子以至于庶人,壹是皆以修身为本",怎么到了今天就不是了呢?

中外哲学家,都把哲学看作是一种生活方式。我自己是认同这一点的。我并不是因为进了哲学系才开始研究哲学,而是在我接触了哲学以后,决定了我之后的人生为何要这么过,进不进哲学系倒无所谓了。我对哲学的认识,就是我的生活方式。这样的生活方式并不是说我在生活中处处都讲求逻辑推理、讲求概念分析,所谓把哲学作为人生的一种方式,是在更深刻的意义上的。

那么艺术是不是一种生活方式呢？在我看来，艺术也是一种生活方式。所以伟大的艺术家，都把艺术当作自己的生命。那么赵穗康老师是不是伟大的艺术家？我们现在不能说，因为伟大不伟大是由历史来说的。但是，赵老师每天早上要弹钢琴，不弹琴就会生病，一般人很难理解这一点。所以哲学和艺术不是两门学科，也不是两个职业，而是两种特别的、基本的人类存在方式。今天的人类，除了面对资本的重新塑造和压迫之外，还有人工智能让我们心甘情愿地缴械投降，把人类具有的特点完全抵押给它。唯有一点：人工智能决定不了我们如何理解这个世界，决定不了我们如何理解人生，同时它也决定不了在这两个理解基础上，我们对世界、人生的种种审美体验。

所以我觉得，艺术与哲学可能是人类得救的最后希望。因为艺术不能按照逻辑推理来进行。计算机的程序可能可以画一幅画或写一首诗，但那不是艺术。因为计算机做出来的那个东西，最缺乏的是美感、崇高感，这些编不进程序。此外，例如康德的思维、黑格尔的思维、老庄的思维，谁能够通过编程让计算机比老庄想得更高深，比黑格尔想得更复杂，比康德想得更崇高吗？人工智能只能模拟人类低层次的思维方式，因此我认为艺术与哲学是人类最后得救的希望。当然,这里我说的是真正的哲学,而非学术工业生产的哲学,艺术也是真正的艺术,而不是艺术市场上的艺术。所以今天我最想讲的是,艺术与哲学对于现代人类的解放意义。

赵穗康：张老师把我要说的都说了,所以我只能补充。

人最本质的问题,在于人之有限与自然之无限的冲突和关系。尼采说他三岁时想到这个问题,一身冷汗,之后就成了哲学家。人类文明关键的根源,就是要与自然"达成协议"(make a deal),我们必须承认自己的有限,认可自己是无限之中一个部分,这个关系不随我们主观意志改变。

所有人类文明都是思考这个问题的结果,哲学是,艺术也是。人文的历史、科学、宗教都是关于人,都是有限的人试图克服和超越有限自我的努力。所以刚才张老师提到那位学者说儒学是他的职业,不是他的人生。他没意识到自己不切实际,因为这是不可能的,我们人生整个活动,包括吃饭、睡觉、思维,都在处理我们和自然的关系。在无限的自然面前,所有大我、小我都在里面。在我看来,争论这个问题,其实没有意义。

如果哲学是关于"真正的生活"(true living),那么艺术也不止关于审美，更是关于"真正的生活"。事实上，任何一种职业、学科都是通过一个媒介来感知什么是"真"，如何与自然"达成协议"。

艺术的风格和潮流重要，但对艺术家来说又没有那么重要。史学家和学术工业总要标签某个艺术家属于哪一个流派，但是如果去问艺术家本人，几乎没有一个艺术家会承认自己从属某个流派。这方面我可以举出很多例子。

所以艺术真正的内涵是认识自己，探索"真正的生活"。我讨厌学术工业，分门别类的学位制度简直就是荒唐，通过学业，它把人归类到一个阶层体系里面。张老师说艺术要救人类，我感同身受。小时候我觉得艺术很了不起，长大以后，客观一点，自认艺术只是一个选择，不要艺术也可以生活，但是后来，我又觉得艺术可以拯救人类。举个例子，现在所有学院都做一件事，就是在"对"和"错"之间犹豫选择，好的学生就是在对和错之间作了"对"的选择，在考场里面成为精英。但是这个"精英"的头衔给你下了圈套和陷阱。这话不是我说的，是乔姆斯基（Noam Chomsky）说的。一个人因为选择对和错的机械界限而得意，幸运让他变为社会的精英，但是机械的界限也就因此埋下负面的种子。

但是艺术不同，艺术可以将错就错，可以用自己的手和肌肤体验摸索。我在复旦讲课，开门见山，告诉学生我没什么可教，没有什么信息。有些学生觉得我从国外回来没带什么新的东西，所以并不稀罕。现在信息社会，信息有用，但又没有那么重要，我要做的就是将信息表皮洗掉，学生才有可能进入事物的内涵。课上我更多讲解自己的经历和体验，甚至我的错误。我讲自己错误，不是告诫学生不要犯错，而是让学生看到，通过错误可以达到更有意思的思维平台，所以我鼓励学生犯错。

如果艺术可以拯救人类，关键就在艺术可以犯错。我常说，现在的人离自然很远，非常干净，非常完美，就像包在一层薄薄的塑料里面。很多年前，国内有家电影制片厂拍摄纽约市垃圾回收的纪录片，他们在纽约拍片的时候，我是联系人。经历了纽约整个垃圾回收过程之后，我变成了环保主义者。我们现代人把厨房厕所弄得这么干净，但是我们却对厨房和厕所的管道一无所知。我们从超市大包小包把东西买回来，但是它们又是怎么出去的呢？不知道。我觉得这是一个非常可怕的现象，暂时不说技术的问题，只要人还活着吃喝拉撒，那么他就不可避免面对自然，人就必须接受和泥土的交道和关系，从这个角度，艺术让我们打开今天生活舒适便利的枷锁，直接接触人性原始的本能，从而通过人类基本的共性，找到人类共同的语言。当然，若是以后有一天我们不需吃食，只靠摄入化学药剂存活，我现在的话等于白说。

可能大家知道，哲学英语是"philosophy"，拉丁文由"philo"（loving，爱）和"sophia"（knowledge，wisdom，智慧）两个部分组成。philosophy有学习、思考和探索的意思。知识分子，英语叫"intellectual"，中文的知识分子是一种阶层，但英语的intellectual是种行为。拉丁文intellegre、intellectus、intellectualis有阅读、思考、辨别、选择的意思。阅读和思考是一种关闭的状态。我们现在听音乐像在听朗诵，是被动的；而过去的人听音乐是在"阅读"，是主动的。主动阅读思考和被动聆听讲座朗诵最大的区别在于：阅读可以自己和自己争执，可以停下来思考。由此，智慧能从"读"和"思"中产生，阅读和思考是一种反观，不仅反观自己的思想，更是反观自己作为人的存在，所以是reflection。

有人问乔姆斯基，他的intellectual定义是什么？他说："你以为麻省理工学院里的教授都是intellectual吗？他们不是，他们只是书库。"intellectual有一个非常重要的定义，那就是独立思考的能力。"一个大学教授虽然掌握很多信息，可以传授很多知识，但也可能只是一个书蠹虫而已；但是一个管道工，只要他会独立思考，可能知识不如大学教授那么丰富，但他就是 intellectual。"

张汝伦：继续来谈谈"艺术哲学"。

我先不说很多大哲学家对艺术都有非常精深的品位、修养和思考；我也不说很多伟大的艺术家，说出的很多话，实际上也就是哲学，比如中国的石涛，西方的瓦格纳、马勒，等等。在中国古代，文史哲不分家，古人并没有把文学与我们后来的哲学分开。相反，诗在我国古代的学术传统中，一直占有非常高的地位。马一浮先生甚至认为，中国的人文学术教化，诗教第一。所以，研究中国古代哲学应该从《毛诗大序》开始，而《诗经》本身也可以作为一个哲学文本来读。当代哲学家也都喜欢把《诗经》中的"於穆不已"挂在嘴上。其实，西方哲学一开始也是把哲学与艺术（诗）视为一体，并非要到尼采和海德格尔，才将诗歌与哲学打通。现在有人从他们那里发现"诗化哲学"，其实这本是我们中国哲学的特色。从孔夫子到王船山，中国伟大的哲学家哪一个不是对诗下了非常大的功夫？他们并不认为，诗是诗，是一种文艺；而是认为诗就是经，就是哲学的一部分。《道德经》基本上就是哲学诗；而《庄子》则是最漂亮、最深刻的散文诗。哲学与诗（艺术）浑然一体，不仅中国如此。在西方的哲学史著作中，有些德国哲学家甚至认为西方哲学不是起源于泰勒斯的那句话"水是万物的本源"，而是起源于荷马史诗和赫西俄德的《神谱》。当然，后来的柏拉图的对话、奥古斯丁的《忏悔录》既是经典的哲学著作，也是西方文学史上的经典著作。到了近代，这样的例子还是能举很多，如卢梭的《爱弥儿》、尼采的《查拉图斯特拉如是说》等。

实际上，哲学与艺术，存在着内在的关联，合则两利，分则两伤。现在的哲学研究，做得越来越学术工业化，越来越没有想象力和创造性，越来越不感性，越来越离开日常实践、人生百态。其中主要的问题在于，离哲学的艺术本性太远了。而另一方面，艺术越来越空洞，也同样越来越没有想象力和创造性，几乎没有思想，在很大程度上就是一种商业行为。这里最根本的问题在于，艺术家们认为艺术纯粹是技巧和形式，跟思想何干？汉斯利克（Eduara Hanslick, 1825—1904）就代表着这个对音乐思考的转折点，他认为音乐纯粹是一个形式的问题、技巧的问题，跟思想没有关系，跟情感也没有太大的关系。从表面上看，现代性将哲学与艺术彻底区分，实际上它们却共有同样的毛病。将来有没有这样一种可能，艺术家和哲学家，不把对方看作完全从事另外一种职业的人，而是在根本的问题上存在共同追求的人？在哲学界，这个问题不是太大。因为哲学，尤其是西方哲学，认为艺术是摆脱自己的局限、框架乃至陈规的途径。比如海德格尔，后来他为什么要用诗歌的语言来表达自己的思想，就是因为觉得用传统西方命题式的语言来表达思想是有很大限制的。

当然，哲学和艺术的关系并非那么简单，并不只是向艺术借用语言的关系，可能还有更深层次的东西可以借鉴。比方说，哲学丧失很久的感性的纬度，今天如何来恢复。尽管我们现在受了法国哲学的影响，研究"身体"（body），可是研究"身体"的文章恰恰没有"身体"，把"身体"作为一个纯粹抽象的理性概念来研究，这是一个极大的讽刺。再回头看看柏拉图、奥古斯丁、庄子，他们的哲学是怎么写的，甚至宋明理学家是怎么写的？相当感性。这是在现在的哲学家中很难看到的。

现在人们往往将"知情意"分开讲，反映了人类近代以来三种能力的分裂。哲学和艺术应该携起手，恢复它的统一。其中当然还有一个宗教的问题，暂且不谈。哲学和艺术这两个领域，或者说这两种人类的精神活动，如果说真能彼此不分，携起手来的话，那真是不得了。石涛的《苦瓜和尚画语录》、刘勰的《文心雕龙》、司空图的《二十四诗品》，只有浅人才会觉得这只是文学理论作品，而非哲学作品。反过来说，中国很多古代哲学家的著作，也未尝不能被当作艺术作品来看，比方说庄子、嵇康的文章，等等。当然真正要做到这样很难，这需要哲学家有艺术素养，真正像艺术家那样看这个世界、思考这个世界；另外一方面也要求艺术家像哲学家那样来整全地、形而上地看这个世界，思考这个世界。这样的哲学家、艺术家现在还有没有？

这是我一直在思考的问题，我也想听听穗康兄的看法，你对这个问题是怎么看的？

赵穗康：说起学术工业，我想起卓别林，在我看来他是一位哲学家。他在《摩登时代》里的表演，把我们今天的问题全说了。我们都是工业革命的螺丝钉。虽然工业革命为我们今天的生活提供了很多便利，但同时留下不可回避的后遗症，这个后遗症的严重后果，现在不得不用我们自己的身体去消化解脱。

张老师刚才说我有个怪癖，走到哪儿都带个电子琴，其实这一点不怪，也不神秘，更不是滥情。西班牙大提琴家卡萨尔斯（Pablo Casals，1876—1973）是个非常朴实的人，且具极高的人文修养。他说他每天早晨都要虔诚地去上一所特别的"教堂"，那就是在琴上弹一首巴赫的平均律洗濯精神。匈牙利出生的英国钢琴家安德拉斯·席夫（András Schiff）也说，每天早上要弹巴赫的平均律，他说这是精神洗澡。这事我有深切体会。我之前写过一篇文章,讲现在的社会环境,一个人整天被社会踩,踩到心理最底层,最后好像整个人都成了垃圾。但是当我在琴上听巴赫的时候,感觉自己就在云间空中。艺术把人的精神提升起来,让我们超越局部的周围和有限的自我。

再说哲学与艺术的关系,中国传统文化里面,古代很多诗人和哲学家都是融会贯通的能人,譬如张老师刚才说的王船山。很多中国哲学精神,我都是从诗话里面学到的。古代的诗话中讲究"境界",这看上去是审美问题,其实是一个哲学问题。打个比方,宋朝有人提出焦点透视的绘画规律,但是不能接受,因为中国传统哲学观念和焦点透视的审美角度不合,因为这样的绘画不是超越自然的审美而是描绘自然的审美,所以中国绘画还是坚持散点透视。这当然不是说焦点透视不好。我说这个例子的目的是要告诉大家,艺术、宗教和哲学,以及人类所有的文明都和"人"和"文"有关,都是通过不同的途径去谈同一个问题。

但是今天的社会是工业社会,是产品和消费,是个巨大流水线的机制。学生就是学术工业流水线上的产品,学院不断制造机械的标准:通过某个课程,经过某种学习,学生可以达到如何一个标准。这些都是为了社会工业体系在服务,这是学术的产业化、思维的工业化。我一直告诫学生，不要为了眼前暂时的一点小利，为了学位、为了晋升、为这个那个，以自己的努力压迫自己。阶层的阶梯无穷无尽，问题是你们这些年轻人，有没有胆量、有没有能力，在利益面前说不。

前几天和张老师聊天，我提到美国大学教师的招聘和升级采取投票制度。我们系里最近招了两位教授，表面上完美无缺，文凭合格，经历丰富。其中有一位，面谈表现无懈可击，但我隐约觉得表面的完美是个问题。在最后评委讨论时，我表达了这一疑虑，其他几个评委都以为我疯了。但是后来事实证明我的怀疑不是没有道理。我雇人不看简历，不看推荐信，也不看申请信，我知道自己无能，常常连面谈都会犯错，只有和我共事一段时间我才知道。这说明什么？人要接触，只有人，人是关键的关键。大家真的不要迷信完美。欧仁·德拉克洛瓦（Eugène Delacroix, 1798—1863）说，好画里面要有败笔。卡萨尔斯一次在录音室录音，录音师听完录音后对卡萨尔斯说："大师，这个作品录得很好，但是里面有一个地方拉错了音。"卡萨尔斯说："真的吗？""是的，我们是不是重录一下？"卡萨尔斯回答说："这太好了，这就证明我不是上帝！"

同事说我感情用事，过于相信感性，我说不是我的固执，而是我的相信。我没有办法让你赞同，但你也别想叫我迎合大众潮流。现在很多人明哲保身，外表裹着一层完美的塑料薄膜，里面却是一个胆战心惊的可怜虫。我想一拳打下去，把里面赤裸的人打将出来。一个赤裸的人，犯错误不完美，但是能够自我批评自我调整，这个人就厉害了。我觉得一个人重要的不是学历，也不是所学的知识，而是犯错的时候，能够不断调整，这是解决问题的能力，这是艺术。我过去一直不理解为什么运动是门艺术，但是后来通过自己溜旱冰的经验，发现灵机一动的必须。以任何球类运动为例，一个球过来，运动员要在零点几秒之内发明（invent）即时的动作，这就是艺术。

我没理论，说的都是感性，但是，我觉得在感知感性里面都是理论。

还有一个现象，正如张老师讲的，现在很多哲学家都是文化评论家和艺术批评家，比如福柯、德里达、鲍德里亚、利奥塔、本杰明（Walter Benjamin，1892—1940）等。他们的思维角度绕过传统理论的构架，通过创意的"破绽"消化理论局限的单一，编造完全不同的观视角度和文化图案。如果说历史上曾经有人觉得哲学是个单独学问的话，在今天就是一个笑话。所以现在艺术家要学的东西很多，做一个艺术家必须先是哲学家、文化批评家。而今天的哲学家也是，你说翁贝托·埃科（Umberto Eco，1932—2016）是小说家还是哲学家和文艺批评家？阿多诺(Theodor Adorno, 1903—1969)自己作曲，三分之一的著作和音乐有关。再倒回去说，现代概念艺术之父杜尚(Marcel Duchamp, 1887—1968)，今天的概念艺术是什么？哲学。

张汝伦：我插一句，我曾经有一个学生写了一本很有分量的书《维特根斯坦与杜尚》，这是真正懂杜尚的作品。曾经有一次，我问他写作进度怎么样了。他说，写不下去了，写到杜尚艺术创作的哲学根据是什么，为什么要这样做的时候，写不下去了，原始的资料太少，他必须从其他所有的留给后人的文字资料中得出一个比较可靠的结论来。但现在很多艺术评论是凭感性、凭印象，然后再从国外评论杜尚的书中拿一点现成的结论。这是一个值得我们注意的事情，等到一个国家公众失去了正常的辨别能力的时候，这个国家的文化，恐怕就没有了。

赵穗康：张老师说得好。我这次来复旦第一堂课讲"形式"，有位学生提问，问我是否反对杜尚和勋伯格(Arnold Schönberg, 1874—1951)。我说这是撞到枪口上了，学校教基本的知识分类和概念，到了学生手里就是随砍随套的武器。说艺术形式就是反对概念艺术，说感性就是反对理性，这不是学术工业？在纽约有人评论我的作品，说我是在概念艺术里面批评概念艺术。现代艺术有两条平行交错的线，一条是杜尚，批判的艺术；一条是塞尚，艺术的艺术。看似两个完全不同的理论，但是两条线实际搅在一处。概念艺术家约瑟夫·科苏斯(Joseph Kosuth)说对他影响最大的是抽象表现主义的巴尼特·纽曼(Barnett Newman, 1905—1970)。表面上，极少主义(Minimalism)是"为艺术而艺术"形式主义流派，但是骨子里面是批判的概念，这种趋向到了极少主义晚期，和法国解构的哲学思潮搅在一起，完全就是概念的形式主义。所以，"概念"是艺术的角度，而非艺术的种类。现在的批评家，用分门别类的概念去套艺术家，因为这样简单，就像套餐。但是原创的思维就是为了摆脱现成的观念，所谓的原创是反思破入的心态，是自我矛盾的悖论，可以一个角度坚持一种主义理论，另一个角度浸在完全不同的风格流派里面，正是这种矛盾的错差构成一个非同一般的平台。很多有意思的艺术家和哲学家，常被称为跨越时代，但是其实没有，而是"矛盾"双重的原创游离不定，不是我们单一逻辑可以解释，不是点和线的时间可以标明。

张汝伦：历史上，比方说《拉奥孔》《汉堡剧评》，或者近代以来许多经典性的文学批评、艺术批评的文章，为什么值得看？用哲学的话语讲，好的批评一定是"回到事物本身"的。我们只要把美国哈佛大学的宇文所安写的对初唐诗《春江花月夜》的评论和闻一多先生《唐诗杂论》里对那首诗的评论对比一下，马上可以明白。后者有事物本身，前者没有事物本身。

　　我们读国外文学杰作时，有一个深刻的印象，就是那些文学巨著往往可以作哲学著作来看，而那些伟大的作家，其实也可以把他们看成哲学家。埃斯库罗斯、索福克勒斯、塞万提斯、但丁、拉伯雷、莎士比亚、歌德、席勒、托尔斯泰、陀思妥耶夫斯基、卡夫卡、帕斯，等等，这样的伟大作家举不胜举。我们中国的文学家为什么不行？没哲学！写出《大河湾》的 V. S. 奈保尔，2015 年到上海书展来，记者采访他时，他谈到时间的概念，完全是在哲学意义上来谈。他认为，人类经验中时间的概念很重要，他作为一个小说家，力图在作品中反映自己对时间的理解。赵穗康老师在复旦的第一堂课中介绍了九个人，这些一流的人物都是文艺复兴意义上的全人，或者我们中国人讲的通儒。音乐家阿尔诺德·勋伯格的文学造诣很高，奥地利现代文学著名的散文家克劳斯（Karl Kraus）曾经说："我的文学写作就是从勋伯格那里学的。"非常之人方能行非常之事。中国古人讲"道通为一",只有把所有的东西都学通了,大师才会出现。我们现在为什么不出大师?不是中国人笨,而是我们太谨慎了,不愿意"越轨"。

真正的艺术让我们破掉很多东西。比方说,一个人能够把《二十四诗品》读通,他的思想就会变得开阔;去读不好读的《苦瓜和尚画语录》,就会发现自己思想中原来那种工具理性,慢慢地被它颠覆了。这些改变是不容易的,也是老师没办法教的。但是老师可以给你指条路,就看你愿走不愿走。赵穗康的第一堂课讲得很好,是个很好的提醒。我们为什么没有大师?不是偶然的现象,它有内在的原因。内在的原因就是眼光不远、眼界不宽。所以,希望我们的学生,一是要打开思路,以创造性人才的标准来要求自己;二是被不被人承认其实无所谓,真正有意义的是,你是否给这个世界提供了一些留给后人的好东西,就像前人为我们留下了那些好东西。他们没有必要宣传自己,更没有必要包装自己。石涛不是院士也不是教授,但是我们今天觉得他这座高峰,很难超过;朱熹一辈子不得志,受压抑,可是我们觉得这样的人现在不太可能再有了。人的肉体总是要腐烂的,活得再长,和历史比起来,也是比较短暂的。真正永恒的是给人类作出贡献。只要在这世界上还有人,朱熹的作品永远会有人读,石涛的作品永远会有人读，这个不容易。

所以我很感谢穗康兄，他用他收集的材料，来给我们提了这样一个问题。对于今天关于"艺术哲学"的对话，我本来还摆脱不了教授的习气，想从什么叫艺术、艺术的定义、中国人怎么教艺术的、西方人怎么教艺术的开始讲，后来想想，我这样讲一点意思都没有，也不需要这样讲。艺术真正的精神，两个字，和哲学真正的精神一样——自由。突破一切成规，这是我们今天最缺乏的。

赵穗康：张老师讲的是宏观高度，我讲自己的故事。我觉得我们中国最大的问题是人太实际，太聪明。我们把中国最好的传统丢了，然而，西方人自己继续发展的同时，在捡我们的古董。张老师常说西方科学家研究我们的古代哲学，但是倒过来，中国的数学家去研究柏拉图的情况很少。我非常喜欢中国人传统思维和审美里的"不隔"，诗话里面经常提到，王国维不厌其烦，"不隔"就是赤子之心。

张老师提到跨界，昨天我在给学生看我二十年前的作品，那时候还没有跨界这个词，但我不知不觉"跨"了，因为我在音乐和艺术中看到同样的东西。所以觉得没有什么特别，一切都是自然而然，我没"界"可"跨"，因为本来就没有"界"，界都是人为限定的标志。

中国人的功利在我们血液里面。以前我在学校读书的时候,学油画专业,但我不务正业,看杂书,常去琴房弹琴。班上有位国画专业的同学,很有才能,又有名师指导,是嫡系一线的传承,一次他看了我的画笑我:"赵穗康,你东学西学,自己不知自己要什么,几年以后我们都成功了,不知那时你在哪里。"现在人说我有才,是个"跨界"的艺术家,但我知道自己很笨,喜欢东西很固执,当初真的不知什么是跨界。昨天有位学生问我怎么没有界限的感觉,什么都敢做。但我并不觉得有应该和不应该的界限,也许有做得了和做不了的区别。我不顾不隔,只是朝吸引我的方向走去,我有时很傻,但也许正是我的傻,让我无意跨越了很多原本应该阻止我的障碍。这是不顾不拘不隔心态的好处。现在我讲跨界,我的第一堂课提到很多"跨界"的人,我好像生来就对"不务正业"的人有兴趣。一个人能够这样界限全无,无需智者超人,只要一点不隔不拘的心态。事实上,这也是不得而已,那么多的大师堵在我们面前,夹缝之间也过不去,所以只好旁边绕道,重新开路。要画的都画了,要做的也都做了,我假借其他媒体,利用音乐其他可能,另辟蹊径。跨界不是主动的策略,是顺其自然的旁敲侧击,所以没有必要把跨界放在时髦的风头,更没有地位的高低之分。

现在大家都谈跨界，把跨界提到理论高度就很可怕。但是我告诉你们，所有那些数学家、物理学家、化学家，他们没有艺术的跨界理论，可是他们知识广泛，他们从不同角度折腾自己，他们进出自由，跨界自然而然。

我的艺术专业训练过分，它像一个暴君，整天管我。所以通过音乐，我从业余角度来看视觉艺术，这样把我从自己的枷锁里面拯救出来。反过来，我从造型角度听音乐，尽量保持音乐上的"业余"好奇。然而这个问题又要倒过来说，任何一门专业都是自己的特殊，譬如哲学有它自己的门道，视觉艺术有它自己的技艺，音乐艺术更有自己的技术理论，但是，这些特殊和技术并不阻碍我们超越技术的本身。这是一个矛盾，一个人磨刀霍霍练一辈子功，练到临死之前最后一刻，练技的目的是为了忘掉技术。这听上去很矛盾，但事实上一点也不。以前有一个朋友对我说，他没有才气，因为他知道的技术太多，这个道理说得没有道理。

很多人说我说话自相矛盾，是的，我就是矛盾的集中。论技术，我真的还算可以，系里有人碰到技术问题都来问我。但是，学生都说我是一个概念抽象的老师。其实这就是张老师讲的，局部与宏观的关系。我教学生画人体动态的时候，要求

80％集中精力画画,20％跳出自己,远远看着自己在干什么。在我看来,这是一个有独立思考能力的人的基本要素——在局部巨细的同时,又能宏观脱己。

我劝学生埋头苦干,不要担心那么多的技术问题,不要玩弄概念术语,也不要云里雾里,什么艺术的概念、艺术的心灵。你要傻乎乎地掉进去,又要若即若离的不在里面,就像和尚敲木鱼,敲得认真就是因为没有目的。如果一个人没有这种出入自由的心态,不能时在具体之中,时在具体之外,人生就没趣味。我教学生自学的方法,教他们自己找到自己途径,自己完成自己。艺术就是认识自己的过程,微观宏观同时并存,近者缠绵爱恋之纠缠,远者逍遥洒脱之无常。艺术是人生,哲学也是人生,思维更是艺术的人生。

张汝伦:我讲的也不一定是宏观的。有些哲学系的同学,有时候会觉得自己是哲学系的学生,所以要谈一些宏大叙事。其实并不是这样,搞哲学的人同样要对一些细节的东西很注意。一个人如果不注意细节的话,对他说的话别人也许会提出很多的质疑。但这个注意又不等同于学术工业的注意,要掉书袋显博学,注明版本出处,这是哪里来的,那是哪里来的,其实不需要。比如熊十力、黑格尔、康德、海德格尔、尼采，他们的著作基本很少提来路和出处的，但是他们的思想有没有来路？来路太多了。一个人如果从生下来就认为自己很伟大，前人的东西一概不看，他也就无法成为伟人。伟人在对传统的理解上，往往特别卖力，下的功夫特别多。但是最后真正要到写的时候，就得心应手了，让人看不出来处，这就是我刚才说的大家。像朱子这么一个了不起的人物，他说过的很多话，直接就是程子讲过的，张载讲过的，周敦颐讲过的。他拿来也不会有人说他有剽窃嫌疑。我们的古人认为学术乃天下之公器，既然是真理，为什么别人可以说，我不能说。

宏观的东西，不是要讲一些伟大的空话，而是说要关心世界和人类的根本问题，对世界和人类的重要，有一个根本性的看法。中国的一流小说家和西方的一流小说家比起来差很多，就是在这方面有欠缺。我们很难找到可以与《战争与和平》《卡拉马佐夫兄弟》《浮士德》相提并论的巨著，这几部书的作者是把整个宇宙、整个人类放在自己的视野中，去思考善与恶、正义与非正义、压迫与反抗、自由与奴役、战争与和平这些全人类都面临的问题。他们试图在一个非常深的角度去考虑这些问题。同样写男女私情，把《安娜·卡列尼娜》和中国类似的小说对比，就知道对人类感情把握的深度和广度之间的差距。中国人也是人，人类有的感情，中国人也会有。我们的

《诗经》、唐诗、宋词里面对于人类感情的描述,对人的复杂性的描述,以及对宇宙人生的形上思考,那真是达到了极高的高度,可是后来就不行了。所以,不是说我们中国人没有,我们是有的,只不过后来没有继续从根本上去思考这些问题。帕斯捷尔纳克的《日瓦戈医生》,真是写得"哀而不伤,怨而不怨",达到了孔夫子提出的最高审美境界,我每次看都会被他的隐忍和克制感动。正是因为作者的隐忍和克制,读者会感受到其中有一种撕心裂肺的力量。

所以,我在想,宏观视野,是我们无论做哪一类工作,都必须具有的。比方说,王国维先生,现在很多人崇拜他的考证,但是我更崇拜的是他看大历史的宏观眼光。比方说《殷周制度论》,他是站在中华文明史的高度和深度来看待这段历史的,但是又落实到具体的材料。然而,对于这些材料他不纠缠于细节,他着重的是"解释"。这是我们后人所没有的,也因此再没有人写出《殷周制度论》这样站在相当历史哲学高度的论文。我们现在总是斤斤计较于某个字、某个制度名物的琐细考证。已经有人指出,王国维对每个字的考证,都是有他对宏观的理解的,这也就是刚刚赵穗康讲的,对于大问题的思考——为了解决这个大问题,我来考证这个字,而不是单就这个字进行考证。

赵穗康：在《艺术作品的本源》和《形而上学导论》里面，海德格尔两次提到凡·高的《一双鞋》，这是一个很好的例子，不管他的角度多么不同，海德格尔从哲学的高度下来，再从具体的里面出去，两次的角度非常不同，结论的正确与否并不重要，都是假借阐述他的想法理论。

张老师刚才讲的话，让我有点安慰，我没好好读过书，中文英文都没基础，一本"文革"时期小小的《新华字典》、一本英汉字典就是我的基础教育内容。我写文章，常常先有一个奇怪的想法，一个几乎不切实际的宏观，然后开始东捡西捡，找东西来支撑自己的想法，捡的过程就是文章发展的过程。但是我心虚，因为捡的地方没有界限范围，要说音乐，例子却在绘画里面，要说绘画，例子却在电影里面，而且偶然捡来的例子不是课堂上面久经考验的典型标准。现经张老师一说，我侥幸自己又是一次歪打正着。

我常把艺术从创意的角度来看，很多艺术家只有艺术没有创意，他们在艺术上做"小学"，在规则里面做注解。人类文明总是不断创造一些审美规则，而他们就是游戏规则的熟练工匠。但是，创意的自然不隔具备自己的原创能量，创意不是一种能力，而是一种打开的心态（open-ended）。创意是人性的本能，每个人都有，即使不是艺术家，比如理查德·费曼

（Richard Phillips Feynman，1918—1988），他是物理学家，也是一个艺术家。创意的心态让你自由自在，因为你无所顾忌，你的心灵没有遮拦，奇奇怪怪的想法随进随出，你可以选择、判断甚至犯错，你可以歪打正着、将错就错，你可以调整玩耍，然后横空打开一个洞口窗户。我每次写文章都要修改多次。一次我想，为什么不能一次搞定？但是后来发现这样不行，因为每一次修改，我不是把文字改得更好，而是把文字破坏调整到一个不同的平台，找到一个能够把它改得更好的破口。而且，后面的修改，又是一个调整和破坏的过程，又是一个不同的平台，在不断打破调整的过程之中，我的文思渐渐出来。也许是我无能，没有一挥而就的才情，最后写下的文字，完全不是开始的模样。我的艺术作品也是，必须在不断破坏的过程之中不断再生。也许这是一种胆量，走独木桥的胆量。人说艺术家在悬崖边缘跳舞，讲的就是这种危险的兴奋刺激。

我发现所有的哲学家、物理学家、艺术家、有创意的人都这样。我经常讲到毕达哥拉斯，不是因为他的伟大，毕达哥拉斯老是在走独木桥，他的宇宙观和音乐有关，他的数学理论和几何造型有关，他的理念都有感性的直接来源。根据记载，他第一个提出音响震荡的规律。毕达哥拉斯听到铁匠打铁，觉得这个声音应该和发声的规律有关，但他不久又发现自己的错误,发声的规律和铁锤的锤击重量无关。正是这个错误的桥梁,让毕达哥拉斯进入另一个层面的探索,最后发现,发声的规律是和音响在空气里面震荡的频率有关。我们说他是个天才,因为他不怕犯错,而且不拘不隔执着不渝。

类似的例子无数,关键在于要有这种宏观具体的、独立不依的创意心态,要做到这样需要信念,需要时间,很长的时间。举个例子,贝多芬有23部奏鸣曲,最后6部境界非常高,他自我否定,把前面建筑的大厦统统打掉,而且达到不仅只是音乐上的境界,更是人文意义上的境界——贝多芬与莫扎特不同,他是个平凡的人,写过平庸固执的作品,这不是对他的批评而是对他的敬仰。贝多芬的伟大在于用他自己一生,证明了一个人可以依靠自己人性的创意能量,通过不断的解构建构,最后建造一座超越自己物身的精神大厦。他最后6部奏鸣曲就是那座大厦的一个部分。后人需要丰富的人生体验才能理解。刚才说到的钢琴家安德拉斯·席夫,当他看到自己学生在弹贝多芬的111号奏鸣曲时说,贝多芬到晚年才写这个作品,不说贝多芬的伟大,一个人努力一辈子达到的境界,你怎么能轻易随便表演?我也是很晚才敢在音乐会弹奏这个作品,"You should be afraid",他说这话的时候,恭敬得像个小学生,我听了很感动,但是年轻人没有听懂,吃惊他会这样说,好像是在打压学生的自由。其实当然不是,安德拉斯·席夫是在强调弹奏贝多芬音乐里面的人文涵养。中国有一个词叫熏陶,也就是说,涵养是长时间烟熏陶冶出来的。

安德拉斯·席夫的故事不是不让学生去做,不给学生自由,而是让学生知道要进步先得退步,要向上先得向下,学习必须沉下去,只有下去,才能了解知识之海有多深。我非常喜欢的指挥是富特文格勒(Wilhelm Furtwangler, 1886—1954),他是德国音乐的巨人,但是自称音乐面前的"仆人"。他的音乐超越自我平庸的局限,他的音响具有虔诚的宏伟,宏大然而亲切体贴。有人觉得音乐只是指挥家手中的素材,大师指点在上,音乐发声在下。但是事实正好相反,音乐当前,我们都是"小人"——富特文格勒永远看着上面,看着天上的神光,所以他的作品之宏大超越音乐家的富特文格勒自己。这并不是我个人的品位,指挥家里还有很多我喜爱的人物,但是富特文格勒的心态,让其他人很难超越,原因在于他在音乐下面祈祷,你可以说他浪漫、夸张,可以拿他与截然相反的托斯卡尼尼(Arturo Toscanini, 1867—1957)相比,然而,技术风格并不重要,重要的是音乐面前,富特文格勒始终是个"小人",一个和音乐一样伟大的"小人"。

张汝伦：时间差不多了，我再为大家补充一个关于毕达哥拉斯的史实。在我们的印象中，他恐怕是西方最早的理性主义哲学家，据说他发明了毕达哥拉斯定理，用数的比例来解释音乐和宇宙天体之间的关系等。但是大家忘记了，他还是巫师，是一个宗教领袖，他会作法。

在我们接受的教育里认为，巫师就不会是个理性主义者，理性主义者就不会装神弄鬼。不对的。人类的精神领域有不同的层次，牛顿四十岁以后绝不涉足物理学的研究，而且跟别人说："我四十岁以前的工作都没有意义。因为宇宙的最高秘密只有上帝才知道。比方说你是个力学家，力（force）这个概念我只会用，但是什么只有上帝来回答。"1960 年代人们发现了他几十万页的手稿，四十岁以后牛顿在研究什么呢？巫术、神学、形而上学。前年，上海艺术人文频道引进了 BBC 拍的一部关于牛顿晚年生活的传记片 *Isaac Newton: The Last Magician*，翻译成中文应该是《牛顿，最后的巫师》，结果翻译的人觉得牛顿怎么会是巫师，所以就翻译成了《牛顿，最后的魔术师》。这不是一个翻译问题，而是一个认识问题。

所以，请大家一定要解放思想，人类有很多东西，可能比人们告诉我们的更为复杂。那么，如何做一个有想象力、有创造力的人？第一，怀疑，怀疑自己所有学到的东西，怀疑现在流行的很多观点,怀疑自己的成见;第二,博学、慎思、明辨;第三,要学会把看上去不合逻辑的、看起来不可能的东西联系在一起想。

归根结底,客观的知识忘掉了可以再学,暂时还没有的知识以后也可以再学,唯独一个人的创造性思维的能力,没有了就是没有了。

本文原载《书城》2017 年 9 月号

文人结社与晚明文化生态

樊树志

晚明文人结社，固然与科举考试有着密切的关系，但是他们目光犀利，切磋学问的同时，更关注现实的政治问题，探寻解决之道。

一、关于文人结社之风

文人结社之风，兴起于晚明。顾炎武在《日知录》中说：士人相会课文，建立文社，是万历末年的新事物。亭林先生关于文社的说明很确切，因为他本人就是文社的一员，朱彝尊《静志居诗话》说，顾炎武"早年入复社"，与昆山同乡归庄齐名，都"耿介不混俗"，所以有"归奇顾怪"的说法。

晚明的文社，与前朝的诗社不一样。诗人结社宋元时代就有,明朝趋于极盛;至于文社,始于天启四年常熟的应社。对晚明文人结社素有研究的谢国桢认为,应社的起源可以追溯到万历末年苏州的拂水山房社。但是嘉靖万历时代的常熟人赵用贤说,早在嘉靖年间常熟就有文人结社的记载。

以上几种说法,时间先后有所出入,大体而言,最早或许可以追溯到嘉靖年间,但是高潮确实是在天启、崇祯年间。所以我们说,文人结社之风,兴起于晚明。

为什么晚明会出现文人结社的风气?我以为,最重要的原因是,明中叶以来,在思想解放潮流的冲击下,文人逐渐形成自觉、自主的思想,追求结社自由、言论自由。正德嘉靖时代的王阳明,提倡"学贵得之心",主张以自己的心得来判断是非,不必按照孔子或朱子的是非标准来判断是非。黄宗羲认为,王阳明的思想,经过他的弟子王畿、王艮的发挥而风行天下,到了再传弟子颜山农、何心隐一派,"非名教之所能羁络","诸公掀翻天地,前不见古人,后不见来者"。

王畿最能领悟王阳明思想的真谛,始终坚信"学须自证自悟,不从人脚跟转",才有出息。如果不能自证自悟,一味追随前贤的脚跟转,人云亦云,重复前贤的语录,或者执着师门权法,不敢超越,就没有发展,没有创新。王艮强调"以悟释经",

按照自己的领悟来解释儒家经典。耿定向把他的思想概括为"六经皆注脚"——儒家经典不过是自己思想的注释。顾宪成把王门后学的这种思想，概括为"六经注我，我注六经"。他的本意是批评王门后学的流弊——"孔子大圣一腔苦心，程朱大儒穷年毕力，都付诸东流"。其实"六经注我，我注六经"的意义也正在此，挣脱传统思想的枷锁，获得每个人自觉自主的思想。

晚明文人结社，固然与科举考试有着密切的关系，成员为了考取举人、进士而互相切磋，不少人也陆续中举人、成进士。但是他们目光犀利，看到了科举考试八股文的弊端，力图跳出来另辟蹊径。在一起切磋学问的同时，更关注现实的政治问题，探寻解决之道。

这是晚明文人结社最大的特点。谢国桢甚至认为，晚明文人结社成为一种社会上的政治运动。他在《明清之际党社运动考》中说："结社这件事，本来是明代士大夫以文会友很清雅的故事。他们一方面学习时艺，来揣摩风气；一方面来选择很知己的朋友……所以明季几社的成立，他们只师生通家子弟，在一块结合，外人是不能参加的。后来才门户开放，'社集之日，动辄千人'。不意一件读书人的雅集，却变成了一种社会上政治的运动。"

二、"济世安邦"的几社

名闻遐迩的松江文人结社——几社,成立于崇祯初年。明末清初,松江人李延昰《南吴旧话录》中专门有一卷介绍著名的文社,除了拂水山房社、几社,还有"十人社""六人社""十八子社",大多活跃于嘉靖、万历之际。几社延续了十人社、六人社、十八子社的传统,与邻近的常熟应社、太仓复社遥相呼应,以文会友,不满足于科举制艺的训练,冲破学问的藩篱,急切地大声发出声音,触及时事,试图纠正时弊。

几社的文集《几社壬申合稿》,汇集了陈子龙、夏允彝、徐孚远等十一名成员的文章,谈的是历史,落脚点是当时的朝政利弊。例如夏允彝写的《拟皇明宦官列传论》,重点是在抨击天启年间魏忠贤阉党专政,其后果是:在内分散相权,在外管制将权。他所处的崇祯时代何尝不是如此!李雯写的《朋党论》,现实针对性更加明显。天启年间魏忠贤专政,把反对派官员一概扣上"结党营私"的帽子,编造《东林点将录》《东林党人榜》之类黑名单,整肃数以百计的"东林党人"。崇祯初年,皇帝朱由检拨乱反正,清查阉党逆案,但并不彻底,阉党余孽时时刻刻都想翻案。深受皇帝信任的内阁首辅温体仁推行

"没有魏忠贤的魏忠贤路线"，起用逆案中人，排挤正人君子，打出的旗号就是反对"朋党"。李雯对于这些事情记忆犹新，于是乎写了《朋党论》。在他看来，既然小人用"朋党"之名来整君子，而皇帝是非不分，一概打击"朋党"，其结果必然是"小人受其福，而君子蒙其祸"。何况当时有人指责几社也是"朋党"，李雯当然要辩个一清二楚。

几社诸君子在历史上留下的最为辉煌的一笔，毫无疑问是崇祯十一年编成的五百卷巨著《皇明经世文编》。由几社的台柱——陈子龙、徐孚远、宋徵璧——主编的这部巨著，震惊文坛，并不是它的资料宏富，而是它的立意高远。在王朝走向末路的危急关头，把本朝两百多年来有识之士的经世致用文章汇编在一起，供当朝执政者借鉴。正如主编陈子龙在序言中所说，编辑此书的宗旨，不仅仅是"益智"，更重要的是"教忠"——担负起天下的兴亡之责。松江知府方岳贡指出，三位主编陈子龙、徐孚远、宋徵璧"负韬世之才，怀救时之术"，决定了本书的特色与众不同——"关于军国，济于时用"。应天巡抚张国维的观点与方岳贡相同，称赞三位主编"以通达淹茂之才，怀济世安邦之略"。近代学者朱希祖为该书写的跋文，赞扬几社诸子不沾沾于功名利禄，"精深博大，超出于诸书之上远甚"，尤为可贵的是，它是痛斥"浮文无裨实用，泥古未能通今"的发愤之作。可见几社追求的是"实用""通今"的境界,这与沉迷于背诵子曰诗云的腐儒,有天壤之别。

复社成立以后,几社和其他文社都以团体成员加入,成为复社联合体的一部分。不过他们的活动是有分有合的,复社的活动并没有取代其他文社自身的活动。崇祯年间复社的名声很大,几乎掩盖了其他文社,但是几社在松江的活动依然有声有色,从最初的十几人发展到上百人,后来还分出许多分社,活跃于松江地区。

三、作为文社联合体的复社

狭义的复社,是众多文社之一;广义的复社,是众多文社的联合体。朱彝尊说,"复社始于戊辰(崇祯元年),成于己巳(崇祯二年)"。崇祯二年,复社发展为众多文社的联合体。加入联合体的文社有:常熟的应社、松江的几社、浙东的超社、浙西的闻社、江北的南社、江西的则社、山东的邑社、山西的大社、湖广的质社等。

崇祯二年,在苏州府吴江县召开的尹山大会,是复社成为文社联合体的标志性事件。复社领袖张溥宣布办社的宗旨:当今世风日渐衰微,士子不通经术,满足于道听途说，一旦进入仕途，上不能"致君"——辅佐皇帝，下不能"泽民"——恩泽人民，结果是"人才日下，吏治日偷"。有鉴于此，期待与四方有识之士共同努力，兴复古学，务为有用，所以命名为复社。

参加尹山大会的人员来自全国各地，据日本学者小野和子统计，南直隶（相当于现今江苏、安徽）235人（小野和子统计为234人，其中江苏府为90人；但笔者反复核对，江苏府实为91人，南直隶人数应为235人），浙江168人，江西123人，湖广（相当于现今湖北、湖南）64人，福建40人，山东20人，广东14人，河南8人，山西4人，四川3人，贵州1人，共计680人。这是具有划时代意义的事件，改变了先前文社局限于一隅之地的状况，形成全国性组织，其影响力超越文化层面，渗透到政治领域。复社成员大多游走于学术与政治之间，这种特质是以前文社所不具备的。

崇祯三年的金陵（南京）大会，崇祯六年的虎丘（苏州）大会，规模与影响更加扩大。崇祯三年，适逢应天乡试，江南士子前往金陵参加考试，复社成员杨廷枢、张溥、吴伟业、吴昌时、陈子龙等，都高中举人，复社声誉迅速高涨。在这种背景下，金陵召开第二次大会具有别样的意义。次年京师会试，吴伟业、张溥金榜题名，皇帝钦赐吴伟业回乡完婚，张溥回乡葬亲,皇恩浩荡之下,复社在苏州虎丘召开第三次大会。陆世仪《复社纪略》描写虎丘大会的盛况堪称空前:"癸酉(崇祯六年)春,(张)溥约社长为虎丘大会。先期传单四出,至日,山左、江右、晋、楚、闽、浙,以舟车至者数千人。大雄宝殿不能容,生公台、千人石鳞次布席皆满。往来丝织,游于市者,争以复社命名,刻之碑额。观者甚众,无不诧叹:以为三百年来从未有此也!"岂止是三百年来所未有,简直堪称空前绝后。复社的社会影响已经超越了一般文社,成为栖身于民间的政治文化力量。据日本学者井上进统计,复社鼎盛时期,总人数有 3 043人,遍布全国各地,主要集中于太湖周边的苏州府、松江府、常州府、镇江府、嘉兴府、杭州府、湖州府,有 1 226 人;其中又以苏州府最多,有 505 人。

虽说当时文社很多,但跨地域的全国性文社,闻所未闻。谢国桢感慨道:"复社的同志,本来仅集合太仓等七郡的人物,后来由江南而蔓延到江西、福建、湖广、贵州、山东、山西各省,吴应箕编《复社姓氏录》,其孙吴铭道又为《续录》一卷,著录复社同志共 2 025 人,那真可以说是秀才造反了。"秀才造反云云,似乎言过其实,他们想的是如何"补天",而不是"拆台",怎么会"造反"? 后来改朝换代之际,许多复社成员都为反清复明而殉难,便是明证。

四、对复社的"谤讟"

　　复社声誉蒸蒸日上，张溥、吴伟业等人没有料到，复社从此卷入政治斗争的漩涡，而且是最高层的权力之争。内阁首辅周延儒与内阁次辅温体仁的矛盾逐渐激化，他们互相倾轧的第一回合，围绕着崇祯四年的会试展开。按照惯例，会试的主考官应由内阁次辅担任，内阁首辅周延儒为了扩大自己的势力，破例担任主考官。科举考试的惯例，考生与主考官之间形成"门生"与"座主"关系，一直维系到官场，结成派系。进士及第的复社君子张溥、吴伟业等人不由自主地成了周延儒的门生。

　　崇祯六年，温体仁抓住机会，把周延儒赶下台，顺利升任内阁首辅。为了把周延儒的复社"门生"拉到自己麾下，他想出绝妙主意，指使他的弟弟温育仁，在虎丘大会时申请加入复社，遭到张溥严词拒绝。恼羞成怒的温育仁依仗兄长的权势，雇人编写《绿牡丹传奇》，讽刺挖苦复社。基于这样的背景，社会上关于复社的流言蜚语沸沸扬扬：士子们都以太仓两张为宗师，称呼张溥为西张夫子，张采为南张夫子；把两张的家乡太仓称为"阙里"，与孔子故里相提并论，而且仿效孔庙规格，太仓也有类似孔庙的建筑,供奉西张夫子、南张夫子,他们的弟子享受配祀的待遇,有"四配""十哲""十常侍"。

这样的流言蜚语难以置信。在当时的政治体制下,简直是胆大妄为的僭越,以张溥、张采的人品节操与学识涵养,断然不可能容忍或指使这种咄咄怪事。细细阅读《复社纪略》就可以发现,谣言的来源就是对复社怀恨在心的宵小之徒(化名为嘉定徐怀丹),捏造了一篇声讨复社十大罪状的檄文。所谓张溥、张采自比孔子,把太仓自拟为阙里,以及类似孔庙的规格等,其源盖出于此。陆世仪把它定性为"谤讟",所谓"谤讟"就是诽谤、怨言的意思。吴伟业写的《复社纪事》明确指出:"无名氏诡托徐怀丹檄复社十大罪,语皆不经。"同样荒唐的谣言,竟然说张溥的一封介绍信,就可以决定士子科举考试的命运,甚至可以私下拟定等第名数,"发榜时十不失一"。稍有常识的人都知道,那个时代科场舞弊屡见不鲜,都是偷偷摸摸干的,如此光天化日之下公开操纵考试,简直是天方夜谭。毫无疑问,这也是"谤讟"。奇怪的是,谢国桢先生却信以为真,指责复社"借着民众的势力,来把持政权,膨胀社中的势力。因此复社本来是士子读书会文的地方,后来反变成势利的场所"。原因在于,没有看清"谤讟"背后的真相,问一个为什么。复社领袖张溥不过是小小的庶吉士,张采不过是小小的知县,不可能神通广大到"把持政权"的地步，千万不要把宵小之徒的谣言当成事实真相。

五、"朝廷不以语言文字罪人"

复社成员大多是生员或举人，少数精英分子通过科举考试进入官场，由于他们的言论文章影响很大，内阁首辅温体仁的反感由之而生，视其为政敌，必欲置之死地而后快。逮捕钱谦益与诋毁复社两件案子，几乎同时而起，看似巧合，实质有着内在联系。在温体仁看来，从东林到复社，一脉相承，钱谦益是东林巨子，复社则号称"小东林"。温体仁和刑部侍郎蔡弈琛、兵科给事中薛国观策划，对东南诸君子下手，崇祯十年终于抓住了机会，买通常熟知县衙门的师爷张汉儒，诬陷早已罢官回乡的钱谦益58条罪状，温体仁随即下令逮捕钱谦益，同时发动对复社的攻击。吴伟业一语道破："(钱谦益)银铛逮治，而复社之狱并起。"

在温体仁的亲信刑部侍郎蔡弈琛的指使下，太仓市井无赖陆文声向朝廷上书，诋毁复社领袖张溥、张采"倡立复社，以乱天下"。苏州府推官周之夔向朝廷上书，诬蔑复社"紊乱漕规"，并且把先前流传的谣言，一并作为罪证。

崇祯十年六月，温体仁罢官而去；八月，钱谦益案件得以平反，复社一案自然不再追究。但是事情并未了结。此后担任内阁首辅的张至发、薛国观，继承温体仁的衣钵，依然把复社看作仇敌。张溥病逝以后，张采担当起辩诬的重任，他写了长篇奏疏，向皇帝申辩复社的真相，指责陆文声、周之夔"罗织虚无"，徐怀丹"假名巧诋"，表示愿意与他对簿公堂，"倘其人乌有，则事必诬搆"。地方官的调查，也肯定了对复社的"谤讟"毫无根据，复社不过是一个文社而已。

崇祯皇帝明白了真相，下达圣旨："书生结社，不过倡率文教，无他罪，置勿问。"御史金毓峒、给事中姜埰陆续为复社昭雪，崇祯皇帝再次下达圣旨："朝廷不以语言文字罪人，复社一案准注销。"

复社终于从皇帝那里讨回了公道，以前强加于它的种种诬陷不实之词，诸如"操纵朝政""把持科场""横行乡里""自拟阙里"等，统统都是站不住脚的。崇祯皇帝对于文人结社的宽容态度值得称道——"书生结社，不过倡率文教"；"朝廷不以语言文字罪人"，为文人结社提供了宽松的文化生态，复社在明末十几年的辉煌，于此可以获得索解。

后期复社最辉煌的业绩，莫过于《留都防乱公揭》。崇祯十一年，复社人士趁金陵乡试的机会，在冒襄（辟疆）的淮清桥桃叶渡寓所,召开大会,通过了复社成员吴应箕、陈贞慧起草的《留都防乱公揭》,在这份檄文上签名的有142人,领衔的是东林书院创办者顾宪成的孙子顾杲,以及惨遭魏忠贤迫害致死的黄尊素之子黄宗羲。《留都防乱公揭》声讨阉党余孽阮大铖妄图推翻阉党逆案,重登政治舞台的图谋。它伸张正义,宣示君子与小人不共戴天的浩然之气。阮大铖慑于清议的威力,不得不躲进南京南门外的牛首山,暂避锋芒,派出心腹到处收买"公揭"文本,孰料愈收愈多,传布愈广。彷徨无计之时,他想到了刚刚来到南京的侯方域(朝宗),企图利用这一人脉,来缓和与复社的紧张关系,不惜用重金撮合侯公子与秦淮名妓李香君,作为交换条件。侯方域与李香君婉言谢绝,大义凛然,令后人赞叹不已,孔尚任《桃花扇》写的就是这一段历史。

晚明思想解放的潮流培育了一大批文化精英,他们通过结社与言论,力图挽狂澜于既倒,在历史上留下了浓墨重彩的一笔。这样的现象,以后不曾再现,因而更加值得怀念,值得研究。

本文原载《书城》2016年6月号

1590 年代的朝鲜战争

樊树志

看了题目中的"1590 年代",也许有的读者会发出疑问,是否"1950 年代"的笔误? 非也,在下写的真是 1590 年代的朝鲜战争。

16 世纪的东北亚是一个是非之地,中国、日本、朝鲜之间的关系错综复杂。明万历二十年(1592)至万历二十六年(1598),日本统治者丰臣秀吉发动了侵略朝鲜的战争,持续七年之久。

由于立场不同,各方对这场战争的称呼截然不同。

日本方面大多称为"文禄·庆长之役"（按：文禄、庆长是日本的年号），例如池内宏写的《文禄·庆长之役》(1914)、中村孝荣写的《文禄·庆长之役》(1935)、石原道博写的《文禄·庆长之役》(1963)，当然也有日本学者直呼为"朝鲜侵略"的，例如冈野昌子写的《秀吉的朝鲜侵略和中国》(1977)。

朝鲜方面则称为"壬辰丁酉之倭乱"（按：壬辰即万历二十年，丁酉即万历二十五年），强调的是本国军民如何抗击倭乱，直至取得胜利。

明朝皇帝应朝鲜国王请求，出兵援助，对这场战争的称呼自然不同。例如茅瑞徵《万历三大征考》称为"东征"；谷应泰《明史纪事本末》写这场战争的始末，题目是"援朝鲜"；张廷玉奉敕纂修的《明史》则称之为"御倭""救朝鲜"。

本文不再沿用上述称呼，径直写作1590年代的朝鲜战争。

一、"假道入明"的"大东亚构想"

丰臣秀吉是尾张国爱知郡中村人，在织田信长部下转战各地，称羽柴氏。1583年，出身寒微的秀吉被天皇任命为"关白"（辅佐大臣），赐姓丰臣。经过多年战争，丰臣秀吉统一全国,逐渐形成野心勃勃的"大东亚构想",第一步就是吞并朝鲜。

据日本学者研究,丰臣秀吉出兵朝鲜之目的,是利用朝鲜为跳板,"假道入明",侵占中国,实现其"大东亚构想"。铃木良一援引"前田家所藏文书",披露了丰臣秀吉在日本天正二十年(1592)的一封信,其中提及构建以北京为首都的"大东亚帝国"的梦想,现在已经众所周知。三田村泰助认为,丰臣秀吉征服明朝的构想,客观背景是东亚局势的变化导致明朝国际地位低下,主观背景则是丰臣秀吉统一全国后出现的战争体制。丰臣秀吉出任"关白"后,在书简中署名时,常用假名(日文字母)书写"てんか",这个词不仅意味着"殿下",还具有"天下"的意思,野心勃勃地想统治世界。中田易直认为,丰臣秀吉在推进国内统一政策的过程中,已经显示出强硬的威胁外交倾向。天正二十年(1592)的"唐入"(按:意为侵入中国)图谋,是其吞并全世界计划的一部分。天正十九年(1591)敦促吕宋岛朝贡的文书,反映了这种外交性格。其中说:"自壮岁领国家,不历十年,而不遗弹丸黑子之地,域中悉统一也。遥之三韩、琉球,远邦异域款塞来享。今也欲征大明,盖非吾所为,天所授也。"

这个意欲雄霸天下的丰臣秀吉,中国史籍称为平秀吉。

谷应泰《明史纪事本末》这样介绍他：

> 平秀吉者，萨摩州人仆也。始以鱼贩卧树下，有山城
> 州倭渠名信长，居关白职位，出猎遇（平秀）吉，欲杀之，
> （平秀）吉善辩，信长收令养马，名曰木下人。信长赐予田
> 地，于是为信长画策，遂夺二十余州。会信长为其参谋阿
> 奇支刺杀，（平秀）吉乃统信长兵，诛阿奇支，遂居关白之
> 位，因号关白，以诱劫降六十六州。

与谷应泰同时代的历史学家万斯同所写的《明史》，对平
秀吉的描写更为详细：

> 秀吉，太清平盛家奴。一日贩鱼醉卧树下，遇旧关白
> 信长出猎，欲杀之，秀吉口辩，留令养马，曰木下人。因助
> 信长夺二十余州。会信长为参谋阿奇支刺死，秀吉统信
> 长兵，诛阿奇支，遂居关白之位。诱六十六州，分为二关，
> 东曰相板，西曰赤门，各船数千艘。后遂废倭王山城君，
> 自号大阁王，改元文禄，以义子孙为关白。关白如汉大将
> 军，大阁如国王，上又有天王（天皇），自开辟以来相传至
> 今，不与国事，唯世享供奉而已。每年元旦，王率大臣一

谒天王(天皇),他时并不相接。秀吉筑城四座,名聚快乐,院内盖楼阁九层,妆黄金,下隔睡房百余间,将民间美女拘留淫恋。尝东西游卧,令人不知。

就是这样一个为明朝士大夫所蔑视的人,一时间把东北亚搅得四邻不安。万历二十年(1592),丰臣秀吉派遣小西行长、加藤清正、黑田长政等将领,号称率领二十万大军出征朝鲜。日本军队的兵力配置,径直称为"征明军力编制",以朝鲜为跳板,觊觎中国的图谋昭然若揭。具体兵力如下:

第一军,小西行长等,一万八千七百人

第二军,加藤清正等,两万两千八百人

第三军,黑田长政等,一万一千人

第四军,岛津义弘等,一万四千人

第五军,福岛正则等,两万五千人

第六军,小早川隆景等,一万五千七百人

第七军,毛利辉元,三万人

第八军,宇喜田秀家,一万人

第九军,羽柴秀胜等,一万一千五百人

四月十三日,日军在朝鲜釜山登陆,然后分兵三路,向北直指京城。中路小西行长,东路加藤清正,西路黑田长政,势如破竹向北进袭。据朝鲜柳成龙《惩毖录》记载，天下太平二百年之后，突遇战争，君臣束手无策，百姓逃亡山谷，守土者望风投降。朝鲜国王沉湎于享乐，疏于防务。日军从釜山登陆二十天后，就攻陷了王京（汉城），俘虏了两名王子及陪臣。国王从王京逃往开城。日军迫近开城，国王北渡大同江，逃往平壤。八道几乎全部沦陷，国王向明朝求援的使节络绎于道。

李光涛《朝鲜"壬辰倭祸"酿衅史事》写道：

> 丰臣秀吉事先已明示动兵日期，作为试探朝鲜态度之计，可噬则噬，可止则止。然而朝鲜方面犹欲苟冀无事，唯以迁就弥缝为国策，勿致生衅。这样的措置，直与睡熟了一般。因而丰臣秀吉愈加生心，知道朝鲜易与，说道："是何异断睡人之头乎？"由这一句话，可见其时朝鲜不免有些处置失策了。

据日本学者研究，丰臣秀吉获悉已经攻占朝鲜王京的消息，把征服明朝提上了议事日程，提出了二十五条所谓"大陆经略计划"，其要点是：拟把天皇移行至北京，日本的天皇拟由后阳成天皇的皇子良仁亲王或皇弟智仁亲王出任，丰臣秀吉自己拟移驻日明贸易要港宁波。

　　五月上旬,辽东巡抚郝杰(字彦甫,号少泉,山西蔚州人)向兵部报告:据朝鲜国王咨称,本年四月十三日,有倭船四百余只,从大洋挂篷,直犯朝鲜,围金鱼山镇地方,本镇将领等督兵交战,贼势方炽,镇城外人家尽被烧毁。兵部把这一军情奏报皇帝,皇帝当即指示:"这倭报紧急,你部里便马上差人,于辽东、山东沿海省直等处,着督抚镇道官,严加操练,整饬防御,毋致疏虞。"

　　对于突如其来的形势剧变,有些官员疑惑不解,甚至怀疑其中有诈。朝鲜李朝《宣祖实录》的有关记载耐人寻味:

　　　　壬辰五月戊子……时变起仓卒,讹言传播辽左,煽言朝鲜与日本连结,诡言被兵。国王与本国猛士避入北道,以他人为假王,托言被兵,实为日本向导。流闻于上国,朝廷疑信相半。兵部尚书石星密谕辽东遣崔世臣、林世禄等,以探审贼请为名,实欲驰至平壤,请与国王相会,审其真伪而归。

　　　　六月癸巳,天朝差官崔世臣、林世禄等,以探审贼请道平壤,上以黑团接见于行宫。先问皇上万福,仍言彼邦不幸,为贼侵突,边臣失御,且因升平既久,民不知兵,旬日之间连陷内邑，势甚鸱张。寡人失守宗祧，奔避至此，重劳诸大人，惭惧益深。

盖是时天朝闻我国尝有与倭通信之事，且因浙江人误闻贡骗（与日本）等语，不知其为倭买去而诈言其受贡也，方疑我国之折而为倭。及闻关白平秀吉大起兵侵攻朝鲜，以为我国之向导。

这种疑虑并非空穴来风。据日本学者北岛万次说，1590年（万历十八年，宣祖二十三年，天正十八年）十一月，丰臣秀吉在聚乐第接见朝鲜通信使一行。通信使祝贺丰臣秀吉统一全国，丰臣秀吉则想把他们当作服属使节，让他们带回的"答书"，明确提出要朝鲜国王充当"征明向导"。丰臣秀吉通过各种途径篡夺日本国王的权位，阴谋席卷琉球、朝鲜，吞并中国。同年十一月，明朝确认丰臣秀吉"征明计划"的真实性，加固了沿岸的防备。

在朝鲜战争爆发的初期，由于得到确切情报，不少官员已经洞察丰臣秀吉"假道入明"的图谋。

山西道御史彭好古在奏疏中明确指出，日本出兵朝鲜，目的是"坐收中国以自封"。他说："倭奴紧急，患在剥肤，正壮士抚膺之秋,臣子盱食之日。据报四百余船,即以最小者概之,已不下十万余众。以劲悍之贼,起倾国之兵,度其意料,必置朝鲜于度外,而实欲坐收中国以自封也。然不遽寇中国,而先寇朝鲜者,惧蹑其后也。且以十万之众,势如泰山,朝鲜国小,坐见臣服,然后横行中国,何所不适哉!诚使以朝鲜为后援,以诸岛为巢穴,东风顺则可径达登莱,稍转南则可径达永平,再转而东则可径达天津,又再转而东南则可径达两淮。并力入犯,难与为敌。"因此,他提出了上中下三个对策:"今日御倭之计,迎敌于外,毋使入境,此为上策;拒之于沿海,毋使深入,是为中策;及至天津、淮扬之间,而后御之,是无策矣。"

兵科给事中刘道隆也指出,日本此举图谋"先并朝鲜,而后犯中国"。他说:"往者倭奴入寇,多在东南财赋之地,故乘风寇掠,满欲则归。今先并朝鲜,而后犯中国,且以大兵直捣西北之区,则其志不在小矣。倘朝鲜不支,必乘胜图内。而我之势分力寡,恐难为敌。兵法曰:以虞待不虞者胜。安可坐视以望其侥幸耶!"

礼科给事中张辅之说:"即今朝鲜不守,祸切震邻,倭船四百,众可十万,朝鲜财物不饱其欲,必不安于偏舟海岛之间。"

辽东巡按御史李时孽说:"倭寇猖獗,万分可虞。先是,许仪后传报,倭奴先收高丽,再议内犯。今已破朝鲜,盖凿凿左验也。"

这是日本侵略朝鲜初期，明朝官方的反应，预判日本如此兴师动众，绝不会以吞并朝鲜为满足，进犯中国才是它的根本目的。随着事态的进展，越来越多的官员认识到这一点。以"经略"名义东征的宋应昌在给部下的书信中说："关白（秀吉）本以庸贩小夫，袭夺六十六岛，方虚骄恃气，非唯目无朝鲜，且不复知有中国。观其遣巨酋行长等辈，率领兵众，夺据平壤、王京，分兵旁掠八道，为窥犯中原之本。"工科给事中王德完在一份奏疏中说："倭奴兴兵朝鲜，原欲入犯中国。许仪初寄书内地云'关白（秀吉）欲上取北京，称帝大唐'；又云'（关白）善诈和假降以破敌国'。即遐迩市井之人，且有先知矣。"

由此可见，丰臣秀吉发动朝鲜战争之目的，意在"假道入明"，是确凿无疑的。但是，为什么日军六月十五日攻占平壤以后，不再北上？市村瓒次郎《东洋史统》分析日军攻占平壤后不再北进的原因，首先是日本海军的失利，朝鲜海军在李舜臣指挥下，在巨济岛玉浦冲之战、闲山岛之战大败日军。据《惩毖录》记载，李舜臣发明的龟甲船，外层包裹铁甲，前后左右布满火炮，横冲直撞，行动自如，日本兵船一碰上龟甲船，立即粉身碎骨。其次是朝鲜各地义兵蜂起，庆尚道、忠清道、全罗道、京畿道等地的官吏、军人、学者纷纷组织义军，抗击日军,使日军深感兵力不足,捉襟见肘。

但是这些都不足以扭转战局,朝鲜形势岌岌可危。

二、"朝暮望救于水火中"

万历皇帝朱翊钧接到朝鲜国王派官员送来的报告,得知朝鲜国王处境危险,存没未保,向兵部发去谕旨:"朝鲜危急,请益援兵,你部里看议了来说。王来,可择一善地居之。"这是皇帝首次就朝鲜战争表态,要求兵部筹划出兵援助,接纳朝鲜国王避难等事宜。

根据皇帝的指示,兵部于七月十八日召集五府、九卿及科道官会议,商量对策。各位高官的发言,由兵部尚书石星根据记录整理后,呈报皇帝。这个会议纪要的调子可谓五花八门。

定国公徐文璧等元老说:"倭克朝鲜,出师备援允为良策,但缓急之间须酌时而行之。"意思是,出兵援朝应当选择恰当时机,不可冒失。

吏部尚书孙鑨、吏部侍郎陈有年、陈于陛说:"征倭大臣之遣,诚攻心伐谋上策。但我师地形未习,馈运难继,未可轻议深入。"作为主管人事的高官,这三人似乎不主张贸然出兵。

户部尚书杨俊民说:"江海辽阔,险夷难测,刍饷艰难,莫若焕发纶诏，宣谕朝鲜臣民，号召义兵光复旧国。该国素无火器，闻山东巡抚制造殊多，相应颁给。"作为主管财政经济的高官，首先考虑的是一旦出兵，粮饷供给颇为困难。不如提供一些火器，帮助朝鲜义兵光复旧国。

刑部尚书孙丕扬说："沿海督抚宜增备倭敕书，令其画地分防。顺天十路有游兵营，保定六府有民奇兵营，山东有备倭卫。再选曾经倭战之将，令其教习水战。"只字不提出兵援朝，倾向于防守，加强沿海各地的防卫，准备打击从海上入侵之敌。

都察院左都御史李世达谈得最为具体详细，颇为深谋远虑："大臣征倭，义不容已，但揆时度势，施为宜有次第计。倭奴劫掠已满，不久必归，若仍在平壤等处，似宜只遵前旨行，令辽左督抚镇将先发去兵马二支，或再添一支。择谋勇将官多裹粮饷，径入其境，协同彼中各道勇将精兵，相机戮力，共图剿杀。或就近伏兵要害，击其惰归，宜无不胜。即果使倭奴窃据朝鲜两都，住而不起，而国王既来内附，彼中无主，人心无所系属，似必先宣谕国王，令彼中忠义陪臣急择本王子弟宗族之贤者，权署国事，多方号召各道豪杰，戮力勤王，亟图恢复。然后我乃选遣大将，率领精兵，水陆并进，务求殄灭，谅亦无难。又须先将应用兵马、船只、刍饷作何处备，必皆充裕，乃可遣将。

而今之计,唯宜亟行辽左镇抚,多差得当人役,速诣朝鲜,侦探倭奴去住消息,不时驰报,以为进止。"他认为征倭援朝是义不容辞之举,做好兵马、船只、刍饷等准备工作,对敌情有充分了解之后,派遣大将率领精兵,入朝作战,务求歼灭倭奴。

大理寺卿赵世卿说:"朝鲜恭顺有年,一旦倭奴蹂躏至此,即遣官帅师征讨,以存亡国,以固藩篱,亦自长策。但倭奴新破朝鲜,中情遽难尽知,遣官征讨未可轻议。"他赞同发兵征讨,但目前情况不明,不可轻举妄动。

吏科都给事中李汝华等说:"大臣深入征倭,地形不习,兵饷难继,势必不可遣。"他们的意见很干脆,不同意发兵征讨。

河南道御史傅好礼等说:"倭奴不图金帛子女,窃据朝鲜,似有异志。矧关白以匹夫窃国,又兼并多国,遂破朝鲜。此亦劲敌,宜遣文武大臣经略,不宜据议征讨,深入彼境。等因为照,以全取胜者帝王之兵,推亡固存者天朝之谊。"他们的观点有点犹豫不决,主张派遣文武大臣前往"经略",但不赞成深入朝鲜"征讨"。

对于以上各位大臣的发言,兵部尚书石星作如下总结:"顷该朝鲜奏报倭势猖獗,臣等职在本兵,义当扑灭。况已陷我恭顺属国,撤我密迩藩篱,封豕长蛇,宁有纪极!若令深根固蒂,必至剥床及肤。臣等初议,特遣文武大臣称兵征讨,不独彰我字小之仁，且以寝彼内犯之念。兵贵先声，意盖有在。至于道途难知、刍饷难继，诸臣所议固为有见。念国王方寄命于我，望救甚切，彼为向导，道途不患难知；彼资粮饷，军需不患难继。又该臣等曾遣精细人员深入平壤，目睹倭奴招抚人民，整顿器械，名曰二十万，实亦不下数万。似此情形，宁容轻视！但辽东抚镇业发兵往应，特遣文武似应有待，以辽镇足以当之也。今据诸臣所议，言人人殊，均之忠于谋国。内如宣谕朝鲜，号召义兵，犹为振亡首策。乞赐焕发纶音，驰使面谕朝鲜国王，传檄八道陪臣，大集勤王之师，亟图恢复旧业。我则增遣劲兵，共图歼灭。"石星的态度十分明确，应该发兵征讨，所谓道途难知、刍饷难继之类困难是可以克服的。但是似乎有些轻敌，以为只要辽东总兵就足以完成东征的任务。

根据廷臣的商议，以及兵部的意见，皇帝最后拍板，决定东征御倭援朝。兵部遵旨发兵，由于对敌情估计不足，只派辽东游击史儒率领一支兵马前往平壤，人生地不熟，又逢连日淫雨，史儒兵败阵亡。辽东副总兵祖承训随后带领三千兵马，渡过鸭绿江前往增援，又遭惨败，祖承训只身逃回。初战不利，与兵部尚书石星的轻敌有很大关系。

朝鲜国王立即向明朝皇帝发来乞援奏疏，恳乞大振兵威，刻期剿灭。他把此次倭寇侵略朝鲜的始末作了简要回顾，然后说："臣窃念守藩无状,致覆邦域,失守祖先基业,栖泊一隅。钦蒙皇上仁恩,不问失职,反加存恤,遣馈银两,发兵应援,前后宠恩稠叠汪濊,自惟流离危迫,何幸得慈母之依,翘望阙庭,唯知感激流涕而已。臣仍念小邦将卒初败绩于海上,再败于尚州,三败于忠州,四溃于汉江,遂致京城不守,平壤见陷。国中形势尽为贼据,散漫猖獗,日肆杀掠。小邦疆土殆无一邑不被祸者,海隅黎民久荷皇灵,休养生息,乃今骈罹锋刃,肝脑涂地,惨不忍言。"最后,他提及此次明军平壤战败,表达了"朝暮望救于水火之中"的迫切心境:"日前,辽东将官祖承训等仰遵明旨,援兵救援小邦人民,咸幸再苏。不意天不助顺,辱及骁将……自夏徂秋,贼锋环逼,危亡莫保。西向引领,日望天兵早至,各道士民闻恩旨已降,欢欣奋跃,朝暮望救于水火之中。"

初战失利的消息传到京师,朝野为之震动。兵部恳乞皇帝迅即派遣大臣经略征倭事宜:"近得辽东镇臣禀报,倭寇朝鲜,所过伤残已亲见,国王复自平壤避出,及其臣民流离之状,所不忍言。关白(秀吉)燃悍,业必据为巢穴,以图我犯,若使入堂奥而复御之,则已晚矣。今宜大加征讨,预伐狂谋。伏乞圣明轸念社稷生灵安危大计,特遣素有威望、通晓兵事大臣一员,经略倭事,统领蓟昌保定南北兵马,直抵朝鲜,深入境内,大申挞伐之威。一以遏其猖狂，复存下国；一以阻其内讧，固我门庭。"皇帝接受兵部的建议，任命兵部右侍郎宋应昌（字时祥，号桐冈，浙江杭州人）为备倭经略，下达圣旨："宋应昌便着前往蓟保辽东等处经略备倭事宜，就写敕与他，钦此。"同时任命正在宁夏平叛战场的总兵李如松，提督蓟辽保定山东军务，刻期东征。宋应昌接到圣旨，立即表态："臣本书生，未娴军旅，过蒙皇上特遣经略，臣遽承之，曷任悚惕。臣切计之，倭奴不道，奄有朝鲜，诡计狂谋，专图内犯。辽左、畿辅外藩与之比邻，山海关、天津等处畿辅水陆门户，俱系要地……顾今天下承平日久，军务废弛，人心习于治安，玩愒已极，不大破拘挛之见，则国事终无可济之理。"看来他对经略备倭事宜的前景并不乐观。

宋应昌受命后，即去山海关整军备战，声称平日讲求一字阵法，用兵一万，须造车三百六十辆，火炮七万二千门，弓弩二万七千副，毡牌各二千面，弩箭数百万支，火药铅子难以计数，此外还要轰雷、地雷、石子、神球、火龙、火枪等火器，以及军中一应所费，请皇上指示兵部，给予钱粮，制造备用。又请抽调"文武具备，谋略优长"的兵部职方司主事袁黄、武库司主事刘黄裳二人，作为军前赞画（参谋）。调动两名官员赞画军前，是不成问题的；成问题的是一下子要制造那么多的武器装备，似乎有寻找借口的嫌疑。

御史郭实抓住把柄，弹劾宋应昌出任经略不称职。宋应昌乐得顺水推舟，于九月初七日请求辞职，理由是，既然被人怀疑"不知兵"，何以号令将士。他说："今臣未拜朝命，知臣者目臣为不知兵，则三军之士惑而不受令矣。臣又闻之兵法曰：疑志者不可以应敌。臣今内惭无实，外虑人言，不一心矣。以不一心之将统不受令之师，未有能济者……臣以无我之心从虚内照，经略责任在臣实不能堪，台臣之论原非谬也。"皇帝马上下旨："倭奴谋犯，督抚各守防虏地方，战备一无所恃，且沿海数百里不相连属，一旦有警，深为可虞，特遣经略专任责成。郭实如何又来阻挠？"

九月十三日，宋应昌再次请辞，又被皇帝驳回："宋应昌已奉命经略，只为郭实一言，遂畏避不肯前去，沿海边务责成何人？浮言反重于朝命，国纪何在？倭报已紧，宋应昌可即择日行。九卿科道依违观望，今亦不必会议。郭实怀私妄奏，阻挠国是，着降极边杂职用。再有渎扰的，一并究治。"

皇帝已经发话，"再有渎扰的，一并究治"，宋应昌不敢再辞，很快领了敕书，起程赶往辽阳，履行经略的职责。一面督责沿海地方官整军备战，一面向朝鲜国王发去公文，回应"朝暮望救于水火之中"的呼声。这篇由辽东总兵转交朝鲜国王的公文写道：

> 圣天子赫然震怒，命本部以少司马秉节钺总权衡，爰整六师，大彰九伐。谋臣如雨，运筹借箸者接踵而来；猛士如云，齿剑淬刃者交臂而至。已行闽广浙直集战舰，合暹罗、琉球诸国兵，掩袭日本，以捣其巢。复调秦蜀燕齐敢战之士，并宣大山西诸镇雄兵，深入朝鲜，以殪其众。龙骧虎贲，长驱鸭绿江头；雷厉风飞，直抵对马岛下。合先行会本王，以便合师夹击……今天兵将至，恢复可期，宜收集散亡，召募勇敢，屯刍粮，扼险隘，察敌动止，相敌情形。伏天兵克日渡江，或用奇，或以正，或分道，或夹攻，务灭丑奴，廓清海岳。

三、"爰整六师，大彰九伐"

宋应昌的公文写得气势如虹，"爰整六师，大彰九伐"，"龙骧虎贲，长驱鸭绿江头；雷厉风飞，直抵对马岛下"。落实到具体行动，却十分谨慎。因为他这个经略大臣可以支配的军队数量有限，已经赶到辽东的有蓟州镇兵七千五百名（马步各半），保定镇兵五千名（马步各半），辽东镇兵七千名（马兵），大同镇兵五千名(马兵),宣府镇兵五千名(马兵)。合计二万九千五百名。

尚未赶到的有蓟州镇兵二千九百名,山西镇兵二千名,刘綖部川兵五千名,杨应龙播州兵五千名,延绥入卫兵三千名。合计一万七千九百名。全部到齐也不过四万七千四百名。而提督李如松的主力部队还没有赶到,入朝作战的条件还不成熟。宋应昌不断催促李如松尽快赶来,十月十七日写信:"昨已亟趋辽阳,督促兵马,整饬战具,以候大将军之至。"十一月二十三日写信:"诸凡将兵、粮食、战具,一一整饬,专候大将军驾临,以图进取。"

在此期间,宋应昌所做的是大战前的准备工作。颁布军令三十条,主要是激励士气,严肃军纪。其中第一条宣称:"南北将领头目军兵人等,能有生擒关白(平秀吉),并斩真正首级来献者,赏银一万两,封伯爵世袭;有能生擒倭将平行长、平秀嘉、平秀次等,及妖僧玄苏,及斩获真正首级来献者,赏银五千两,升指挥使世袭。"第二条:"中军旗鼓等官差传本部号令,因而误事者,斩。"第三条:"前锋将领遇有倭中通士说客至营,或拿获奸细,即时解赴本部军前,听指挥发落。有敢私自放归,及容隐不举者,副将以上按军法参治,参将以下,斩。"第四条:"各营将领有不严束兵士,谨防奸细,以致漏泄军机者,自参将以下，斩。"第五条："将士经过朝鲜地方，务使鸡犬不惊，秋毫无犯，敢有擅动民间一草一木者，斩。"第六条："官军有狎朝鲜妇女者，斩。"如此等等。

宋应昌之所以如此严厉，因为他是皇帝特遣的钦差大臣，奉有圣旨"将领以下听节制，违者以军法从事"，且有皇帝赐予的尚方剑，可以便宜从事。黄汝亨《寓林集》，有他的"行状"，特别提及这一细节：

> 诏拜公兵部右侍郎经略蓟辽山东保定等处防海御倭军务，有旨："宋某忠勇任事，又经特遣，这事权都专责任，他督抚毋得阻挠，将领以下听节制，违者以军法从事。"……有中使（太监）数辈来凝视公良久去。俄而持尚方赐出："赐经略宋某白金百两、大红苎丝四表里。"公叩首谢，惊喜俱集。中使耳语曰："上命视先生福器如何？我辈道报先生风姿雄伟，须眉面目英英逼人。圣情欣悦，特有此赐。"公感极泣下，誓以身报国，即仗钺出都门。盖壬辰秋九月杪也。然是时经略创设，部署未定，一切甲兵、糇粮、军器仓卒未备。公从空中辟画，事事皆办。

十二月初三日、初四日，先发吴惟忠领兵三千，又发钱世祯领兵二千,渡过鸭绿江,驻扎于义州、定州,等待李如松到达,发起攻击。

十二月初八日,李如松赶到辽阳,与宋应昌会合,相互誓约"彼此同心,勿生疑二"。两人面议,将东征军士分为三支:中协、左翼、右翼。中协由中军副将都督佥事杨元率领,左翼由辽东巡抚标下副总兵都督佥事李如柏率领,右翼由协守辽东副总兵张世爵率领。十二月十三日,兴师东渡,直趋平壤、王京。

此次东征,适逢平定宁夏叛乱,兵力难以集中,兵部尚书石星对东征取胜没有把握,寄希望于"招抚",得到内阁辅臣赵志皋的支持。所谓"招抚"云云,讲得冠冕堂皇一点,就是不战而屈人之兵。为此,石星派遣市井无赖出身精通日语的浙江人沈惟敬,以游击将军头衔前往平壤,探听虚实,进行游说。关于沈惟敬其人,沈德符《万历野获编》如是说:

> 沈惟敬,浙江平湖人,本名家支属,少年曾从军,及见甲寅(嘉靖三十三年)倭事。后贫落,入京师,好烧炼,与方士及无赖辈游。石司马(兵部尚书石星)妾父袁姓者,亦嗜炉火,因与沈(惟敬)善。会有温州人沈嘉旺从倭逃归,自鬻于沈(惟敬),或云漳州人,实降日本,入寇被擒脱

狱。沈（惟敬）得之为更姓名，然莫能明也。嘉旺既习倭事，且云关白（秀吉）无他意，始求贡中国，为朝鲜所遏，以故举兵，不过折柬可致。袁信其说，以闻之司马（石星）……司马大喜，立题授神机三营游击将军。

十一月，沈惟敬接受石星的秘密使命前往朝鲜义州，表面上是"宣谕倭营"，进行"招抚"，实际上是寻求和平谈判的可能性。到平壤城北降福山下后，立即与日军将领小西行长会谈。小西行长对沈惟敬诡称："天朝幸按兵不动，我亦不久当还，当以大同江为界，平壤以西尽归朝鲜。"两人达成休战五十天的口头协议。朝鲜国王接见沈惟敬，向他表示："小邦与贼有万世必报之仇，前日坚守五十日之约，以待天兵，今反有意许和。以堂堂天朝，岂和小丑讲和乎？"沈惟敬置之不理，仍与小西行长会谈，对他说："尔国诚欲通贡，岂必假道朝鲜？敕下廷议，若无别议，必查开市旧路（按：即宁波市舶司），一依前规定夺。"李如松认为沈惟敬的做法有"辱国辱君"之罪。

李如松接到沈惟敬的报告：倭酋小西行长愿意接受封贡，请退至平壤以西，双方以大同江为界。李如松不信此言，怒斥沈惟敬险邪，要将他斩首处死。参军李应试说，正可将计就计，出奇兵袭击。

经略宋应昌对顶头上司石星的"招抚"主张,不便反对,只能保持一定的距离,可用则用。在他看来,兵不厌诈,只要能完成"经略"的使命,把倭奴赶出朝鲜,使用什么手段都可以,当然包括与战争并行不悖的"招抚",这是他与石星的不同。因此他对于沈惟敬并不信任,多次提醒李如松谨防沈惟敬。在一封信中说:"许掌科书来论沈惟敬事,极诋其诈,与门下、鄙人意适相符。此人遨游二国间,须善待而慎防之。门下驭之必有妙算,不佞谆谆似为赘词。"在另一封信中说:"沈惟敬随带布花(棉布棉花)卖与平壤倭贼。但倭贼所缺者布花,今以此物与之,是借寇兵而资盗粮也……前者本部面审(沈)惟敬,见其言语错乱,疑有未尽之情。今果若此,因小事而误国事,罪莫甚焉。仰平倭提督即将沈惟敬、沈加旺俱留于营中,仍于紧要去处严加盘诘,不许沈惟敬并家人金子贵与倭传报一字。"

宋应昌的折中态度,与他的赞画袁黄有很大的关系。袁黄,初名表,字坤仪,苏州府吴江县人,后入籍嘉兴府嘉善县。万历二十年出任经略帅府的赞画,收罗奇士绍兴人冯仲缨、苏州人金相为幕僚。沈惟敬与小西行长谈判"封贡罢兵",袁黄与冯仲缨、金相颇有异议。潘柽章为袁黄立传,记录了三人关于此事的评论,意味深长。请看:

袁黄问："倭请封,信乎?"

冯仲缨答："信。"

又问："东事可竣乎?"

答："未也。"

再问："何谓也?"

冯仲缨答："平秀吉初立,国内未附。(小西)行长关白(秀吉)之嬖人,欲假宠于我以自固,故曰信也。(李)如松恃宠桀骜,新有宁夏功,加提督为总兵官,本朝未有也。彼肯令一游士掉三寸之舌,成东封之绩,而束甲以还乎? 彼必诈(沈)惟敬借封期以袭平壤,袭而不克则败军,袭而克则败封。故曰东事未可竣也。"

金相也插话："袭平壤必克,克必骄,必大败,败封与败军两有之。"

袁黄说："善。"

冯、金二人对沈惟敬的看法,对李如松将计就计攻克平壤的预判,为后来的事势所证实。宋应昌策划平壤之战,正是出于这样的考虑。他后来向朝廷报告自己的意图,就是利用沈惟敬与小西行长谈判为掩护,发动突然袭击,一举拿下平壤。他在奏疏中写道:"先是,沈惟敬七月内奉本兵尚书石(星)令,至倭营探听。十月内,自倭中回,见本兵,本兵具题,发臣标下听用。(沈)惟敬至山海关见臣,备言倭酋(小西)行长欲乞通贡,约六十日不攻朝鲜,以待回音。今已及期,愿请金行间,使(小西)行长收兵等语。臣默思军前诸务未集,乘此足可缓倭西向,复有本兵亲笔手书,嘱臣给发(沈)惟敬银一千两,臣遂照数牌行中军官杨元付(沈)惟敬前去……适(沈)惟敬复自倭中归,执称(小西)行长愿退出平壤,以大同江为界。臣姑然之,将(沈)惟敬发提督标下拘管,不许复入倭营,令随提督齐至平壤。(李)如松默听臣言,止许(沈)惟敬差家丁往见(小西)行长,约一二日内退出平壤。时(小西)行长尚在踌躇,家丁未及回话,而我兵已薄城下,出其不意,乘其不备,是以平壤遂捷,开城复收。"他把这种策略称为"始事讲贡计破平壤"。战事正是这样进行的。

兵不厌诈。一向骁勇善战的李如松,此番要尝试一下智取的谋略,事先派人与小西行长约定,即将抵达平壤附近的肃宁馆,举行"封贡"大典。

万历二十一年正月初四日,李如松率军来到肃宁馆,小西行长特遣牙将二十人迎接封贡使节。李如松突然喝令拿下,捉住三人,其余牙将逃回。小西行长大惊,以为是翻译没有把意思转达明白,再派亲信小西飞前往说明。李如松为了迷惑对方,对他们抚慰备至。正月初六日,李如松率军抵达平壤城下，小西行长在风月楼瞭望，派部下夹道迎接。李如松命令将士整营入城，对方看出破绽，登城拒守。一场决战不可避免。

宋应昌事先对副将李如柏、李如梅布置了攻城的战术：查得平壤形势，东西短，南北长。倭奴在平壤者闻我进兵，彼必婴城固守。我以大兵围其含毬、芦门、普通、七星、密台五路外，当如新议，铺铁蒺藜数层，以防突出死战。其南面、北面、西面，及东南、东北二角，各设大将军炮十余位。每炮一位，须用惯熟火器手二十余人守之，或抬运，或点放，炮后俱以重兵继之，防护不测。每门仍设虎将一员守之，一有失误，即时枭首。止留东面长庆、大同二门为彼出路。须看半夜风静时，乘其阴气凝结，火烟不散，先放毒火箭千万枝入城中，使东西南北处处射到。继放神火飞箭及大将军炮，烧者烧，熏者熏，打者打。铁箭铅弹两集，神火毒火熏烧，其不病而逃者，万无是理。若逃，则必走大同江，俟半渡，以火器击之，又伏精兵江外要路截杀之，必无漏网。

正月初八日黎明，攻城激战爆发。战争之惨烈前所罕见。茅瑞徵写道："倭炮矢如雨，军稍却，李将军手戮一人。我师气齐，奋声震天。倭方轻南面为丽兵，（祖）承训等乃卸装，露明盔甲，倭急分兵拒堵。李将军已督杨元等从小西门先登，李如柏从大西门入,火药并发,毒烟蔽空。方酣战时,吴惟忠中铅洞胸,血殷踵,犹奋呼督战。而李将军坐骑毙于炮,易马驰,堕堑,鼻出火,麾兵愈进。我师无不一当百,前队贸首,后劲已踵,突舞于堞,倭遂气夺宵遁。"乘着夜色逃跑的日军,退保风月楼。夜半,小西行长提兵渡过大同江,退保龙山。

此战斩获首级一千二百八十五颗,烧死、溺死无算。裨将李宁、查大受率精兵三千埋伏于江东僻路,斩获首级三百六十二颗。明军乘胜追击,李如柏收复开城,黄海、平安、京畿、江源四道相继收复。送给朝廷捷报称:本月初六日,至平壤城下。初八日,登城克捷,斩获倭级一千五百有余,烧死六千有余,出城外落水淹死五千有余。

从平壤撤退的日军,以及各地分散日军,全部向王京(汉城)聚集,约有十几万之众。提督李如松过于轻敌,带领三千人马前往王京打探地形,在碧蹄馆落入日军的包围圈。正当千钧一发之际,杨元、张世爵率领援军赶到,击溃日军,李如松突出重围。碧蹄馆之战,明军锐气受挫,李如松感叹众寡不敌,向朝廷请求以他人代替自己。

在这种形势下,宋应昌决定休整军队,向困守王京(汉城)的朝鲜军民发去"招降免死"文告,发动分化瓦解的心理攻势:"示谕朝鲜王京等处被倭所陷军民男妇等知悉:尔等苦倭荼毒逼胁，勉强顺从。今天兵见在征剿，一战遂取平壤，杀掠倭奴殆尽。平壤军民来降者不下万余，随送尔国王处复学安插。今攻取王京等处在即，尔等被倭所陷者速当反邪归正。执此免死帖，前来军前投降，免死仍与安插。"他还向朝鲜国王发去咨文，希望他密切配合，号召军民里应外合："今平壤既复，大兵已进，当倭奴窜伏之时，正人心鼎沸之日。王速出令宣布军民人等，谕以世受先王恩泽，一旦被倭摧陷垢辱，苟有人心，急宜奋发。在王京者候天兵攻进，或献城门作为内应。其在各道者，或统义兵助斩倭级。其亲戚故旧在于王京者，相与密约内应，并为间谍，协助王师，懋建勋业。"

在宋应昌看来，北山高昂，俯视王京，如果顺着山势而攻，可一举而下，要求兵部尚书石星调兵增援。然而石星一味依赖"招抚"解决朝鲜问题，用"封贡"作为交换条件，促使日军撤退。黄汝亨写道："公（宋应昌）披图熟计谓，北山高逼王京，依山顺攻，可一鼓而下……而本兵（兵部尚书）密令（沈）惟敬议款，恶公转战，所调兵悉令支解：李承勋兵留山东，陈璘兵夺蓟镇，沈茂兵中途遣还浙。公拊臂叹曰：'令我以疲卒当锐师，抑徒手杀贼耶！'"

面对顶头上司石星的压力，宋应昌的选择是有限的，只能把沈惟敬正在进行的"议款"（和平谈判）作为辅助攻战的手段,同时加大军事进攻的气势。最为关键的一招,就是用猛烈的炮火烧毁王京城南的龙山粮食仓库,迫使日军无法长久盘踞王京。这一招非常成功,正如黄汝亨所说:"公(宋应昌)又念倭不退王京,则朝鲜必不可复。而王京城南有龙山仓,朝鲜所积二百年粮食,资以饱倭,则倭必不退。乃夜令死士以明火箭烧龙山仓十三座,粮尽,倭大窘,乃弃王京去。"黄汝亨说得过于简单,促使日军"弃王京去",仅仅火烧粮仓是远远不够的,自然还少不了有关"封贡"的和谈。万斯同说:"二十一年春,师久无功,(小西)行长复请(封贡)于(沈)惟敬。帝从群议,不许。(石)星令(沈)惟敬阴许之。大学士赵志皋助(石)星于内,(宋)应昌附和于外,要以献王京,返王子陪臣,即如约。"事情的经过当然复杂得多。

四、"就其请贡行成之机,可施调虎离山之术"

兵部尚书石星企图用"封贡"促使日军撤退,得到内阁辅臣赵志皋的支持,宋应昌则在外与之附和。不过宋应昌与石星是有区别的,仅仅把"封贡"当作"调虎离山之术"。他后来在奏疏中解释,之所以这样做的原因,是迫不得已的:

继而倭奴并集王京，合咸镜、黄海、江源等道之众，据报实有二十余万。我兵不满四万人，转战之后，士马疲劳，强弱众寡既不相当，雨霪泥泞，稻畦水深，天时地利又不在我，是以暂为休息。唯广布军声，扬言臣与（李）如松前后统兵不下数十余万。多行间谍，发免死帖数万纸，招出王京胁从之人，以散叛党。修筑开城城垣，以示久住。令死士夜持明火飞箭射烧龙山仓粮，以空积储。又时时添兵运饷于开城间，以示不久必攻王京之意。于是王京倭奴既畏我已试之威，又不识我多方之误，复致书与（沈）惟敬，仍欲乞贡退归。臣复思就其请贡行成之机，可施钓（调）虎离山之术，随即听从。

宋应昌把这种调虎离山之术，当作不战而屈人之兵的手段，多次向部下阐明。在给参军郑文彬、赵汝梅的信中说："兵家用间，当在敌处两难之际。今倭奴欲守王京，则惧我兵火击；欲归日本，又畏关白（秀吉）族诛，正进退维谷时也。乘此机会，陈以利害，诱以封爵，啖以厚赍，无不乐从者。"在给提督李如松和赞画刘黄裳、袁黄的信中说："当其进退维谷之时，伸以甲兵挞伐之势，长驱直捣，谁云不可？但事忌已甚，谋贵万全。故平壤捷后，本部既檄提督间说（小西）行长诸酋，招之来降,待以不死,阴图关白,永绝祸根……况平定安集,圣哲所先;间谍行谋,兵家不废……仰平倭提督即便一面会同刘、袁二赞画,一面转行沈惟敬等,前赴倭巢陈说利害,开谕祸福,令报关白,使之反邪归正,与朝鲜无相构怨,彼此罢兵,永为盟好。仍复许以奏闻朝廷,遣官册封,永为属国。倘使听从,则在中国彰神武不杀之功,在日本有受封之荣,一举三得,诚计之善者。"几天之后又说:"昨闻平行长移书沈惟敬,恳求封贡东归之意,似乎近真。故不佞特意宣谕,开其生路,既不伤上天好生之德,亦不失王者仁义并行之道。此谕幸门下即发王京倭,如听从,亦不战而屈人之兵矣。"他发给平行长(即小西行长)的"宣谕"这样写道:

朝鲜为天朝二百年属国,义所当恤,即覆载内有此凶残,王者耻之。以故我圣天子震怒,特遣司马重臣发兵百万,援彼小邦,用彰天讨。兵压平壤,政所以除暴救民。故直斥沈惟敬通贡乞哀之说,一意进剿。不逾时而斩获焚溺者无算,驱兵长进开城八道等,势如破竹,天朝神威亦稍见矣……汝等果能涤志湔非,尽还朝鲜故土,并还两王嗣以及陪臣等,归报关白,上章谢罪,本部即当奏题,封尔关白为日本国王,汝辈速宜束装回国。

万历二十一年四月八日，双方在汉城府龙山和平谈判，达成以下四点协议：

一、返还先前加藤清正俘虏的朝鲜王子与陪臣；

二、日军从王京(汉城)撤往釜山浦；

三、布阵于开城的明军，在日军撤出王京的同时撤退；

四、明朝派遣使节赴日本谈判有关"封贡"的相关事宜。

四月十九日，日本放弃王京南撤。二十日，李如松率军进入王京。王京收复，国王向宋应昌表示感谢："此缘天声震迭，凶丑丧魂，不敢保聚负固抗拒。王师拯小邦水火之中，措生灵莫居之地，义系存亡，恩浃民心，君臣上下感激无已。"同一天，宋应昌向国王发去回函，表示即将前往王京，筹划善后。信函写得颇有一点文采："本部拟于五月二日自新安馆东发，历平壤以至王京。诵麦秀之歌，则欲谒箕贤之墓；悲草露之泣，则欲吊战场之魂。赈济流离，抚恤士卒。历形胜，由目击以实耳闻；观民风，思心契，以合神会。少图善后之计，协助鼎新之基。务使天造东藩，从兹虎踞，明月沧海，永息鲸波。然后振旅而旋，方敢与王相遇，敬瞻丰度，庶慰积怀。"几天之后，又致函国王，请他速发兵符，号召全罗、庆尚、忠清各道水陆军兵，协助天兵夹剿倭贼。

五月初六日，宋应昌向内阁辅臣赵志皋、张位及兵部尚书石星报告："幸仗洪庇,已得王京,而调兵前后截杀,倘再得成,又何贡事足言哉! 近贼于十九日尽离王京,日行止三四十里。二十九日才到尚州,未及一半,且又住下。至五月初三日尚未起身过河过江,随后尽毁船只桥梁,恐我兵追袭故也。若我兵亦不使骤进,缓缓尾后,只当护送,以安其心。"这些话是讲给主张"封贡"的赵志皋、石星听的,宋应昌自己却另有打算,指示部下趁机歼灭日军有生力量,阻止其重返王京。他对新近入朝增援的总兵刘綎说:"国王固已催促汉江以东各路搬运粮草,以济我兵。但残破之余,未知果能集否? 不可不深虑也。本国龟船甚利,且发杠瓜子炮,比中国所制更奇。已于三月预设一千余只,并水兵万余,俱集海口,专俟倭归出港,遇其船或撞碎,或烧毁,使其前不可过海,后不可返王京。我兵则须俟其粮尽力竭,一鼓灭之,谅无难者。"宋应昌担心日军的撤退并非真心,关照李如松与朝鲜军队前后夹击:"近倭奴假贡请降,非出真心。本部明知其诈,将计就计,欲诱离王京,无险可恃,庆尚、全罗官军前途邀截,我兵从后追袭,前后夹攻,大加剿杀。"直到五月二十七日,得知日军已经退至釜山,朝鲜全境业已恢复,他还不放心,关照李如松,纵令倭奴全部归岛,也应留兵代替朝鲜防守。

根据协议,明朝议和使节谢用梓、徐一贯前往日本名护屋

（名古屋），谒见丰臣秀吉。六月二十八日，丰臣秀吉提出议和七项条件：

一、迎明朝皇帝之女，为日本天皇之后妃；

二、两国年来因间隙而断绝的勘合贸易（朝贡贸易）应予恢复，希望官船商船往来；

三、明朝大臣与日本大名之间交换通好不变的誓词；

四、朝鲜一分为二，北部四道及京城返回朝鲜，南部四道给予日本；

五、以朝鲜王子及大臣一二人作为人质，送往日本；

六、归还去年俘虏的朝鲜二王子；

七、朝鲜大臣向日本提出誓词。

明朝使节提出三项条件：

一、返还朝鲜全部领土；

二、朝鲜二王子归国；

三、丰臣秀吉谢罪。

七月二十日，谢用梓、徐一贯从日本返回釜山，小西行长随即送出王子、陪臣及家属。大批日军乘船离开釜山回国，小西行长带领部分日军前往海中的西生浦暂住，等待谈判使节小西飞的回音。

问题在于，这一切朝廷并不知晓，一旦明白了原委，立即引起轩然大波。万斯同写道:"当是时,(石)星、(宋)应昌以封贡款倭,倭以封贡退师,而中朝犹未知也。六月,倭复送还王子陪臣,遣其将小西飞随(沈)惟敬俱来中朝,始知之。于是兵科都给事中张辅之、巡按山东御史周维翰劾(宋)应昌。应昌初抵讳言:臣许封不许贡,臣之许贡,特借以误倭,前破平壤,收王京,皆用此策,非实许也。"看来张辅之、周维翰对宋应昌有点误解。

八月初五日,宋应昌写信给内阁辅臣王锡爵、赵志皋、张位及兵部尚书石星,说明自己见解:"不佞愚见,讲贡一事,始而平壤,继而王京,皆借此一着,用以退倭。翁台尊意亦复如是。故不佞原无奏疏,前次王京塘报亦只虚虚谈及,不敢实说……今日之事,只宜借用此着,了却前件,若待实做,委为不敢。乃畏倭之反复难定,实非因人言之哓哓也。"待到张辅之、周维翰上疏弹劾,他写了洋洋洒洒的"讲明封贡疏",为自己申辩:"唯是通贡一节,臣原无成心,亦未曾轻许。特以兵家之事,虚实有隐机,经权宜互用。臣固不敢谓始事,而度其计之必行;亦不敢谓既事,而矜其术之已遂。顾廷臣之中有疑臣之迹,而以为许成;又不谅臣之心,而以为开衅。"接下来,他追述了"始事讲贡计破平壤之说""再事讲贡计出王京之说""目前讲贡退釜山之说",来证明原本是"借此一着,用以退倭",并非真正答应"封贡"。他反问道："若谓臣真许其贡，则倭出王京之时，何以令大兵尾进？何以调朝鲜兵船？何以屡檄将领，不曰坐困以逼其归，则曰剿杀以灭其类？何以不奖（沈）惟敬之功劳，而责（沈）惟敬之罪过？"

其实"封贡"的始作俑者是兵部尚书石星，遭到弹劾后，一面请求罢官，一面为自己辩解。他的辩解没有宋应昌那样理直气壮，把宋应昌比作胡宗宪，把沈惟敬比作蒋舟，显得不伦不类："自御倭朝鲜以来，所有一应攻取计划，皆臣与经略宋应昌，或面相计，或书相达。近日议论愈多，观听愈淆，其势必至尽没将士血战之劳，大陷经略叵测之谋，臣之狗马愚衷，亦且死不瞑目。臣见往者胡宗宪有平倭大功，卒挂吏议，身且不免；谋士蒋舟等亦各以罪重谴。臣不及今一言，窃恐（宋）应昌之复为（胡）宗宪，而沈惟敬之再为蒋舟。将使用间机宜，为世大忌，文网过密，展布愈难，尤臣之所大惧也。"他既要揽功，又要推卸责任，一则说："经略（宋）应昌以挞伐为威，以许贡为权，冀成功，无嫌诈计。而其遣使行间，臣（石）星实与之谋。"再则说："夫通贡屡奉明诏，孰敢轻许！即封号亦未尝轻假也。（小西）行长尚在西浦，关白未具表文，计出要求，未可遽听。"

皇帝对宋、石两人的申辩，明确表态："朕以大信受降，岂追既往！可传谕宋应昌严备，劝彼归岛，上表称臣，永为属国，仍免入贡。"

皇帝表示不追究既往,可是兵部职方司主事曾伟芳仍然不肯罢休,继续追究既往。在他看来"款贡"一无是处,主张"款贡"的大臣是首鼠两端:"臣窃睹倭奴款贡之害,三尺竖子类能言之。乃疆场当事诸臣犹踌躇四顾而不能决,非谓不款则倭不去乎?臣则曰款亦来不款亦来……今称克开城,复王京,还王子陪臣,以议款故,则彼又何威我慑我,而能就我束缚,守我盟誓哉?且以沈惟敬前在倭营见与为媾,咸安随陷,晋州随拔,而欲恃此许贡以冀来年之不复攻,则速之款者速之来耳。故曰款亦来。夫不款无忧其不去,则何必借款以市其去。款之难保其不来,则何必重款以饵其来贡之当绝。此两者足以观矣。今不料绝贡之无关倭之去来也,而首鼠两端,阳讳阴设,内自树疑,以外招众口,窃为首事者惑焉。今日之计,以中国而守中国则易,以中国而为朝鲜守则难。欲不留兵,将前功尽弃;欲宿重兵,则师老力困,祸无已时。"又说:"宜敕责朝鲜国王,数以荒淫沉湎、失守社稷之罪,朝廷已为若靡金数十万,恢复境土。今以俾汝,若不亟图,天且厌弃。如果不可化诲,其子光海君珲颇堪托国,俾自处分。"

皇帝对他的观点颇为赞同,朝鲜应该自己加强防守,至于更换国王,则以为不可。几天后,他致函朝鲜国王,就此次战事表明态度：

> 尔国虽介海中，传祚最久……乃近者倭奴一入，而王城不守，原野暴骨，庙社为墟。追思丧国之因，岂尽适然之故！或言王娱玩细娱，信惑群小，不恤民命，不修军实，启侮诲盗，已非一朝，而臣下未有言者。前车既覆，后车不可不戒哉……大兵且撤，王今自还国而治之，尺寸之土，朕无与焉。其可更以越国救援为常事，使尔国恃之而不设备，则处堂厝火，行复自及。猝有它变，朕不能为王谋矣。

既然皇帝主张"朝鲜自为守"，兵部尚书遂有撤兵之议。宋应昌忿然力争说："吾官可去，兵必不可撤！"立即上疏讲明理由："臣以兵力倦而姑听封贡，权也；守朝鲜全（罗）庆（尚）以备倭，俾不敢生心窥我，经也。臣能逐倭于朝鲜之境内，不能逐倭于釜山之海外。倭今日以畏威遁，他日必以撤兵来。且夷心狂狡，未可据封贡为信。"他已经预料日军他日必定再来，但是朝廷不听，还是下达撤兵命令。宋应昌愤懑不已，突然中风，决定向皇帝乞骸骨归乡。皇帝恩准：宋某东征劳苦，既有疾，着还朝调理，经略职务由蓟辽总督顾养谦代理。回京后，他多次上疏乞休,终于回到家乡杭州,高卧西湖,绝口不谈东事。

五、"秀吉妄图情形久著,封贡亦来"

皇帝给朝鲜国王的国书中,流露了即将从朝鲜撤军之意。蓟辽总督顾养谦(字益卿,号冲庵,南直隶通州人)上疏,力主从朝鲜撤军,皇帝当即批准。万历二十一年十二月,皇帝正式下令撤军,要顾养谦代替宋应昌前往朝鲜处理撤军事宜,蓟辽防务暂令顺天巡抚代管。

兵是撤了,至于是否要同意日本的"封贡"请求,朝廷一时议论不决。多数官员持反对态度,吏科给事中逯中立态度最为鲜明,直斥兵部尚书石星以"封贡"误国。他说:"自东倭未靖,而请封请贡之说兴也,中外诸臣言者甚夥,其揣情形析利害者亦甚备,虽三尺竖子亦知其不可矣……顾是说也,宋应昌始之,顾养谦成之,本兵石星力主之。沈惟敬密计于倭,刘黄裳昌言于朝,请封易而为请贡,请贡易而为开市,开市易而为和亲。顷已专意请封,业已奉有明旨矣。臣窃惟贡不可许,而封亦不可许也。是东征诸臣误本兵,而本兵因以误国也。"接下来,他分析封贡的危害:"自倭奴狂逞,盘踞朝鲜,我皇上宵肝而忧，为之遣将出师者，计年余矣。蹂躏我属国，戕杀我士卒，靡费我金钱，是中国之仇也，而臣子之羞也。今不思灭此朝食，而反欲宠以封号，金册银章，赫奕岛外，此可令四夷见乎?"他毫不客气地批评石星："当事者以冥冥决事，不曰选将，不曰练兵，不曰沿海修备，而今日议封，明日议贡。倭盘踞于釜山，为敢取之计;我冀望于侥幸，为苟且之谋。倭以款要我，而操术常行于款之外;我以款自愚，而智虑常陷于款之中。排盈廷之公论，捐战守之长策，阻忠臣义士之气，为逃责议功之资。此人臣之利，非国家之福也;且夕之谋，非久远之计也。"

刚刚受命出任朝鲜经略的蓟辽总督顾养谦，是支持石星的，他主张"封"与"贡"不可以分割，要么都批准，要么都拒绝。其实他是主张既批准"封"又批准"贡"的。皇帝要兵部会同九卿科道研讨此事。

参加此次会议的工科给事中王德完，写了一份非正式的会议纪要，从中可以大体了解当时会议的情况。

王德完责问石星："外传总督(顾养谦)贻书，有贡市禁绝，能以身任等语，信然否?"

石星答："难必，倘强索贡市，只革其封号便是。"

王德完又问："釜山倭户肯尽数归巢否?"

石星答："难必。"

王德完又问:"特遣辽东巡按亲至釜山,查看倭户有无归去,可行否?"

石星答:"不可。"又说:"倭得封,即飏去不吾犯也。"

王德完反问:"倭即犯,胡以卒应?"

石星答:"吾与总督、巡抚三人当之。"

王德完反唇相讥:"何足当此? 三人即捐躯,其为二祖八宗之神器何?"并追问石星:"辽左战士有几?"

石星答:"不过二千有零。"

王德完问:"二千之卒何足御数万之倭?"

与会的其他大臣说:"吴惟忠、骆尚志南兵暂留辽左,不宜速撤。"

石星说:"业已先奔。"

其他大臣又说:"刘綖兵撤回,亦要留住辽左。"

石星说:"川兵难久,不如募土著,倭虏皆可挞伐。"

王德完描述道,对话至此,"臣以为本官或自有主见,及叩其所以,茫如捉影捕风",无怪乎与会大臣"相与咨嗟叹息"。

王德完对石星所说"倭之封而不贡,倭之去而不留"云云,给出这样的判断:"毫无足凭,何能轻信"。他列举大量事实,揭穿石星所说"只封不贡",并非真相。比如,在沈惟敬答倭书中写道"既许尔乞降封贡",显然"封贡已兼言之"。比如,倭国的表文写道"比照旧例"，"永献海邦之贡"，明白直言"既封且贡"。所以他责问石星："何谓一封即可了事？"兴言及此，令人发上指。

石星把九卿科道会议情况报告皇帝，对于多数官员反对封贡，耿耿于怀。他说："一意罢款，两言可决。但三旨许封，岂宜失信。况督臣（顾养谦）有言，若不与封，则小西飞无词以复（小西）行长，（小西）行长无词以复关白（秀吉）。此其说诚为有据。"他主张，由朝廷出具敕书，由小西飞递交丰臣秀吉。敕书内容大略谓："封已许定，断在不疑。但釜山非封命所出之途，留兵非叩关乞封之礼。且表文要约未明，难以遽受，宜即归谕关白，更具表文，备开釜山之倭尽数撤回，永不侵犯。"然后派遣正副使节，从宁波旧道，附关乞款。如果译审无诈，朝廷也派正副使节前往日本册封。皇帝鉴于多数官员反对，下达了"未可轻拟"的圣旨："朝廷降敕，事体重大，未可轻拟。还行与顾养谦，一面谕令倭众归巢，一面将倭使赍来表文，验其真正与否，如果倭情真心归化，表文是实，即与奏请，候旨处分。"

尚书陈有年，侍郎赵参鲁，科道官林材、赵完璧、徐观澜、顾龙、陈惟芝、唐一鹏等，陆续上疏反对封贡。

在众多反对封贡的声音中，福建巡抚许孚远（字孟中，号敬庵,浙江德清人)的议论最有针对性,也最为知己知彼。他之所以反对封贡,是基于派赴日本的密探提供的情报作出判断——即使"封贡"也难以遏制日本对朝鲜的入侵。

此事说来话长。万历二十年十二月,许孚远出任福建巡抚,下车伊始,就有两名指挥使级别的军官沈秉懿、史世用来参见,称是兵部尚书石星命他们秘密前往日本,"打探倭情"。许孚远鉴于沈秉懿年老,而史世用体貌魁梧,举止倜傥,便选用史世用作为密探。万历二十一年四月,史世用扮作商人,秘密到泉州府同安县,搭乘海商许豫的商船,前往日本萨摩州,同行的还有海商张一学等。六月出发,七月初四日抵达日本庄内国内浦港,得知萨摩州首领滕义久同中国商人许仪后随关白丰臣秀吉去名护屋(名古屋)。名护屋是关白屯兵发船进攻朝鲜的基地,史世用与张一学分别潜入名护屋,一方面寻觅许仪后,一方面察看关白居住的城堡,刺探其动静起居。八月二十七日,许仪后随史世用来内浦与许豫会见。九月初三日,许豫与史世用带了绸缎等礼品,会见日本人幸侃,由许仪后翻译。九月十九日,大隅州正兴寺和尚玄龙来内浦,会见许豫,问道:"船主得非大明国福建差来密探我国动静之官耶?"许豫回答:"是,尔国侵伐高丽,杀害人民,我皇帝不忍,发兵救援。近闻差游击将军来讲和好,我福建许军门听知,欲发商船前来贸易，未审虚实，先差我一船人货来此，原无它意。"玄龙将信将疑。十一月，滕义久、幸侃又派黑田前再次试探后，准许许豫将购买的硫黄二百余担运载回国，并将滕义久文书一封，转交许孚远。

万历二十二年正月二十四日，许豫回国，把刺探所得报告许孚远。许孚远把情报归纳为七点：

探得关白姓平，名秀吉，今称大阁王，年五十七岁，子才二岁，养子三十岁。关白平日奸雄，诈六十六州，皆以和议夺之。

前岁侵入高丽，被本朝官兵杀死不计其数，病死与病回而死者亦不计其数。彼时弓尽箭穷，人损粮绝，思逃无地，诡计讲和，方得脱归。

关白令各处新造船只十余，大船长九丈，阔三丈，用橹七十支；中船长七丈，阔二丈五尺，用橹六十支。许豫访诸倭，皆云候游击将军和婚不成，欲乱入大明等处。

日本六十六国，分作二关，东关名相板关，西关名赤间关。内称有船数千只，限三月内驾至大溪点齐，莫知向往何处。又点兵十八岁至五十岁而止，若有奸巧机谋者，虽七十岁亦用之。

日本明治时期《朝鲜征伐记》写本

日本长岐（崎）地方，广东香山澳佛郎机每年至长岐买卖，装载禁铅、白丝、扣线、红木、金物等货。进见关白，透报大明虚实消息，仍夹带倭奴，假作佛郎机番人，潜入广东省城，觇伺动静。

关白奸夺六十六州，所夺之州，必拘留子弟为质，令酋长出师以侵高丽，实乃置之死地。各国暂屈，仇恨不忘。及察倭僧玄龙与许豫对答语气，滕义久等甚有恶成乐败之意。许豫于写答间，亦微有阴诱之机。

浙江、福建、广东三省人民被掳日本，生长杂居六十六州之中，十有其三。住居年久，熟识倭情，多有归国立功之志。

十月十五日，许豫同伙商人张一学、张一治，把关白城堡侦探事情开报，许孚远加以整理，排除与许豫相同的内容，归纳为以下十一点：

平秀吉始以贩鱼醉卧树下，有山城州倭酋信长，居关白位，出山畋猎，遇平秀吉冲突，欲杀之。平秀吉能舌辩应答，信长收令养马，名曰木下人，又平秀吉善登高树，呼曰猴精。信长渐赐与田地，改名森吉，于是助信长计夺二十余州。信长恐平秀吉造反，嘉奖田地，镇守大堺。有倭名呵奇支者，得罪信长，刺杀信长，平秀吉统兵乘势卷杀参谋，遂占关白职位。今信长第三子御分见在平秀吉部下。

征高丽兴兵，平秀吉有三帅，名曰石田、浅野、大谷，大小谋议俱是三帅。

平秀吉发兵令各州自备粮船干米，船运络绎接应，家家哀虑，处处含冤。

丰护州酋首柯踏，统兵在朝鲜，闻大明助兵，丧胆逃回，平秀吉探知，剿杀一家，立换总督。

兵入朝鲜，在内浦港抽选七十人，近回者止二十人。日向国有大船装倭三百，近回者止五十人，损失甚多。

萨摩州乃各处船只惯泊之处，今从此发，有往吕宋船三只，交趾船三只，东埔船一只，暹罗船一只，佛郎机船二只。兴贩出没，此为咽喉也。

器械不过黄硝、乌铅为害，硫黄系日本产出，焰硝随处恶土煎炼亦多。唯乌铅乃大明所出，有广东香山澳发船往彼贩卖，炼成铅弹，各州俱盛。其番枪、弓箭、腰刀、鸟铳、铁牌、盔甲，诚亦不缺。

城池附在山城州，盖筑四座，名聚乐映淀，俱在大堺等处。每城周围三四里，大石高耸三四重，池河深阔二十余丈。内盖大厦楼阁九层，高危瓦版，妆黄金。下隔睡房百余间，将民间美丽女子拘留淫恋。又尝东西游卧，令人不知，以防阴害。

日本有罪，不论轻重，登时杀戮。壬辰年，一以是六十六州水陆平宁，任其通行贸易。

平秀吉丙戌年擅政，倭国山城君懦弱无为，壬辰征高丽，将天正三十年改为文禄元年。平秀吉号为大阁王，将关白职位付与义男孙七郎。七郎字见吉，年几三十，智勇不闻。

掳掠朝鲜人民，多良家子女，糠餐草宿，万般苦楚。有秀才廉思谨等二十余人，被掳在日本，平秀吉令厚给衣食，欲拜为征大明军师，廉思谨等万死不愿。

用现代眼光衡量，上述情报有不少属于道听途说，不够精确。但在当时信息封闭的时代，许孚远能有如此战略头脑，殊为难能可贵。

在提供上述情报之后，许孚远陈述自己的观点，作为封疆大吏，对于关系国家安危的大事，必须明确表明态度，提醒朝廷当道，平秀吉野心勃勃，即使封贡，也不能阻挡其侵占朝鲜，

进而染指中国的图谋。他在奏疏中特别强调,绝不可小觑平秀吉,此人有奸雄之智,有攻伐之谋,有窥中国之心:

> 看得平秀吉此酋,起于厮役,由丙戌(万历十四年)至今,不七八年而篡夺国柄,诈降诸岛,絷其子弟,臣其父兄,不可谓无奸雄之智。兴兵朝鲜,席卷数道,非我皇上赫焉震怒,名将东征,则朝鲜君臣几于尽为俘虏,不可谓无攻伐之谋。整造战舰以数千计,征兵诸州以数十万计,皆曩时之所未有。日夜图度,思得一逞,不可谓无窥中国之心。

他提醒朝廷衮衮诸公,千万要警惕平秀吉"凭其破朝鲜之余威,思犯中国"的野心。因此他认为当朝大臣的封贡方案,无论从哪一个方面来看,都是不可取的。

其一是,若册封平秀吉为国王,将置山城君于何地:

> 窃谓日本有山城君在,虽其懦弱,名分犹存。一旦以天朝封号加之僭逆之夫,且将置山城君于何地?崇奸怙乱,乖纪废伦,非所以令众庶而示四夷也。

其二是,企图依赖封贡求得日本退兵,迹近于幻想:

平秀吉无故兴兵,声言内犯,陷我属国,东征之师相拒日久,损失亦多,碧蹄战后,暂退釜山,尚未离朝鲜境上。而我以细人之谋,听其往来讲封讲贡,若谓朝廷许我封贡则退,不许我封贡则进,要耶非耶?近朝鲜国王李昖奏称,倭贼方于金海、釜山等处筑城造屋,运置粮器,焚烧攻掠无有已时,至称屠戮晋州,死者六万余人,尚可谓之退兵乞和耶?

其三是,平秀吉豺狼之暴狐兔之狡,变诈反复,毫无信义可言:

(小西)行长、小西飞诸酋慑于平壤、王京之战,未能长驱直入,而又兵入朝鲜者死亡数多,恐无辞于秀吉丧师之戮,则亦姑假封贡之说,以绐秀吉而缓其怒。是以沈惟敬辈侥幸苟且之谋,得行乎其间。若我经略、总督诸臣不过因(沈)惟敬辈而过信(小西)行长诸酋,而错视平秀吉。不知秀吉豺狼之暴狐兔之狡,变诈反复,必不可信义处者也。

其四是,平秀吉狂谋蓄积已久,封贡不足以厌其意:

平秀吉狂谋蓄积已久，一封必不足以厌其意。要而得封，必复要而求贡求市，得陇望蜀，凭陵及我，朝廷又将何以处之……今当事之议，欲令倭尽归岛，不留一兵于朝鲜以听命。顾彼方进兵攻掠，肆无忌惮，又安肯收兵还国，幡然顺从？揆情度势，臣等恐其不能得此于彼也，即使暂时退兵，旋复入寇。败盟之罪又将谁责耶？议者多谓封贡不成，倭必大举入寇，不知秀吉妄图情形久著，封贡亦来，不封贡亦来，特迟速之间耳。

许孚远的奏疏写得有理有据，建立在知己知彼的基础上，预见到"即使暂时退兵，旋复入寇"。同时代人对此给予很高的评价，孙镛说："时倭挠朝鲜，浪传乞封，本兵议许之，众论不然。方纷纭未定，然其端原自闽发之。公(许孚远)至福建，密募死士，往彼国侦焉。已而侦者来，悉得彼诡谋，并诸岛酋相仇状。疏闻于朝，谓发兵击之为上策，御之中策，不可轻与封。本兵至胶执，见之亦悚然。至亲见司礼道其实，谓即切责某数语，罢封贡最善。"叶向高说："时平秀吉猖狂岛中，滨海岌岌，朝议主封贡。先生(许孚远)侦得其情形，具言：其废主僭位，六十六州劫于威，上下怨毒，势必败。堂堂天朝奈何假之名器，而与之市！"

在此之前，许孚远就向内阁首辅王锡爵表示了对封贡的不同看法。待到"请计处倭酋疏"呈上后，再次向王锡爵陈述自己的观点，如果实行封贡，后患无穷，悔之无及。但是，由于主张封贡的势力过于强大，他的主张虽然得到共鸣，却并未付诸实施。

福建巡按刘芳誉全力支持许孚远，再次力争。他在"侦探倭情有据"奏疏中说："据商人许豫等探称，关白名平秀吉，令各处造船千余，大船长九丈，阔三丈，用橹八十支；中船长七丈，阔二丈五尺，用橹六十支。（许）豫访诸倭，皆云候游击将军和婚不成，即乱入大明等处。"之后他又在"贼臣和亲有据辱国难容"奏疏中，斥责兵部尚书石星辱国："据新回海商黄加等投送朝鲜人廉思谨书，内开和亲一段云：往年游击将军沈惟敬进兵朝鲜时，与倭连和，约送大明王女于日本。据此以质于礼部郎中何乔远、吏科林材、御史唐一鹏之疏，若合符节……（石）星以握枢大臣，辱国至此，尚欲觍颜就列耶？"朝廷不但不予采信，反而把他贬谪为温州知府。

六、"授册封贡，可保十年无事"？

已经任命为"经略"的蓟辽总督顾养谦，是兵部尚书石星封贡主张的坚决支持者,他有一整套似是而非的怪论。

一则说国家的大患是北方的"虏"(蒙古),而不是东方的"倭"(日本):"国家患虏不患倭,倭不能越朝鲜犯中国,其势不足畏。自古御夷常以顺逆为抚剿,权恩威而用之。吾为朝鲜复疆土,归所侵掠,恩至厚。今倭且归命,宜因而听之,即不许贡,而姑縻之以封号,以罢兵为解纷,假虚名纾实祸,计无便于此者。今言者率称战守,战则不能必得志于倭;守则征兵远戍,岁耗大农金钱数十万,疲中国之力,而代受其敝,令虏得乘虚而入,非策也。臣以中国为全局,以朝鲜为局外,假令关酋(平秀吉)王,而与故王不相下,则国内乱不暇谋,朝鲜即能附众立国,必德天朝,不复有异志。此中国与属国两利而俱安之道也。"

再则说:"许则封贡并许,绝则封贡并绝。如用臣议,则谕倭众渡海,然后授册封贡,可保十年无事。如用廷议,势必弃朝鲜,画鸭绿江自守。倘既绝封贡,而又欲保朝鲜,臣不能任也。"他的这种奇谈怪论,遭到廷臣强烈反对。

迫于舆论压力,顾养谦索性掼纱帽,请求皇帝罢免。他说:"九卿科道之议,大都止绝封贡。臣当局而迷,诸臣旁观而清。又刑部侍郎孙鑛所筹划,及先后遗臣书,言之甚辨,断之甚勇。臣抚然自失,请罢免。"皇帝爽快地接受了他的请辞,下旨道："览奏，这封贡都着罢了。本内既荐孙鑛才望可任，就着前去经略，专一料理倭事。"

既然圣旨说"这封贡都着罢了"，官员们顿时缄默不言。皇帝感到奇怪，责问兵部尚书石星："朕前见廷臣争讲东倭封贡事宜，自奉旨停罢后，如何再无人言及倭事？你部里亦未见有奇谋长策来奏，不知善后之计安在？今宣捷告庙，为录前功，此事尚未完结。朕衷将此倭情细思之，或遣兵驱去，若待再来，出兵征之；我或不许贡，但许市。这三策，你部里可斟酌复奏。"

石星遵旨，在"三策"之外另提一策：立即着手册封日本国王事宜。其实是老调重弹："事唯决断乃成，人唯专责乃效。今督臣职在封疆，唯以战守为急，议及封事，未免迟回不决。往返商议，便是春汛，再致他虞，谁任其咎？臣既力担封事，遑恤其他，自当吃紧决策，以收完局。为今之计，宜选将二员，一责令赍执檄文，驰赴辽阳地方，即为小西飞伴入山海关前来；一责令直抵釜山，宣谕(小西)行长等，作速率众起行，以表恭顺之心，以俟封使之至。封事既定，则夷使即可遣行。封使既行，釜(山)倭报退，则各回营理事。"皇帝看他说得头头是道，当即照准："有不奉旨阻挠的，奏来拿问。但有腾架浮言，败坏封事，着厂卫衙门多差兵校，严行缉拿重治。"与此同时，朝鲜国王也致信皇帝，请求允许封贡，以保危邦。皇帝指示兵部："倭使求款，国体自尊，宜暂縻之。"有皇上的圣旨，石星立即派官员赶赴辽阳，伴送小西飞（小西行长的家臣内藤如安）前来北京。同时派官员赶赴釜山，通知小西行长做好准备，一俟封事既定，马上从釜山撤退。

十二月，日本使节小西飞抵达北京，石星优待如王公。阁臣赵志皋提议皇上在御门接见小西飞，皇帝鉴于"夷情未审"，拒绝接见，命令把小西飞安顿在左阙门，由有关官员与他会谈。明朝官员向他提出三个条件：从朝鲜撤兵、册封而不朝贡，发誓不再进犯朝鲜。小西飞表示接受，并且留下口词记录三条：一、釜山倭众尽数退归，若得准封，一人不敢留住朝鲜，不敢留对马岛，速回国；二、一封之外，不得别求贡市，任凭分付，并无他求；三、十六年前关白、行长杀了日本国王（意为如今日本并无国王，无碍册封）。口词记录有小西飞的签字画押："万历二十二年十二月十三日，日本差来小西飞押。"

石星一手策划的册封平秀吉为日本国王之事，于万历二十三年正月正式启动。册封诏书写道：

> 唯尔日本，远隔鲸海，昔尝受爵于先朝，中乃自携于

声教。尔平秀吉能统其众，慕义承风，始假道于朝鲜，未能具达，继归命于阙下，备见真诚。驰信使以上表章，干属藩为之代请，恭顺如此，朕心嘉之。兹特遣后军都督府署都督佥事李宗城、五军营右副将署都督佥事杨方亨，封一日本国王，锡以冠服金印诰命。凡尔国大小臣民，悉听教令，共图绥宁，长为中国藩篱，永奠海邦之黎庶，恪遵朕命，克祚天庥。

皇帝委派的正使李宗城、副使杨方亨，在沈惟敬的陪同下，经由朝鲜前往日本，册封丰臣秀吉为日本国王。不知何故，册封使节的行动十分拖拉迟缓，直到万历二十三年年底，仍旧逗留朝鲜境内，并未渡海。兵科给事中徐成楚弹劾兵部尚书石星，"东封竣事无期"。吏科给事中张正学也因"东封日久，情形可疑"，上疏弹劾石星轻信沈惟敬之言，请封日本，但是正副使节出使将近一年，"久住朝鲜，未闻渡海。顷接邸报，见东封三疏。据正使李宗城则云：（小西）行长五营尚在，（加藤）清正未行，或报阻封惧诛，或报留迎册使。据沈惟敬则云：已择十二月初六日行。凡此数语，俱涉支吾。臣切忧当事之臣轻信无赖，以误国家，损威非少"。沈惟敬所说十二月初六日起行，也是假话。到了万历二十四年三月，正副使节不但没有渡海,反而传来正使李宗城突然逃亡的消息。据邸报的消息,万历二十四年三月,"山东巡按李思孝报,沈惟敬被关白缚绑,李宗城闻知,夜即弃印逃出"。这是个误传的消息,李宗城的逃亡另有原因。据万斯同说:"二十四年,遣临淮侯李宗城、都指挥杨方亨册平秀吉为日本王,给金印。(李)宗城次对马岛,闻太守仪智妻美,欲淫之。(仪)智怒,将行刺,(李)宗城惧,玺书夜遁。"而李宗城自己的说法截然不同,逃亡是为了维护天朝使节尊严:"关白所要七事,不止一封,彼若望封若渴,何无一人相迎? 陡于三月二十八日,有被掳福建人郭续禹,以买药为名,私相求见。职招至卧内,伊谓关白虎狼蛇蝎,使臣者去,必至羁留,且将质以要索,少有不遂,定行杀害。又传,沈惟敬被关白一捆,关白云:予所要者七事,原不为封。又见近日关防甚严,情形渐异,遂于本夜捧节西还,仿古大夫出疆之义。拟至前途飞报,讵竟迷失道路,不食者六日。初八日始至庆州,理合揭报。"

李宗城说得冠冕堂皇,大义凛然,究竟孰是孰非? 看了谷应泰的记载,便可见分晓:

> 东封之使久怀观望,至是(二十四年正月)始抵釜山。而沈惟敬诡云演礼,同(小西)行长先渡海,私奉秀吉蟒

玉、翼善冠，及地图、武经……取阿里马女，与倭合。李宗城纨绔子，经行之营，所在索货无厌。次对马岛，太守仪智夜饰美女二三人，更番纳行帷中，（李）宗城安之。倭酋数请渡海，不允。仪智妻，（小西）行长女也，（李）宗城闻其美，并欲淫之。（仪）智怒，不许。适谢周梓偪隆，与（李）宗城争道，（李）宗城欲杀之。（谢）隆诛其左右，以倭将行刺。（李）宗城惧，弃玺书夜遁。比明失路，自缢于树，追者解之，遂奔庆州。

谷应泰所说是有根据的。万历二十五年三月杨方亨回京奏报出使的全过程，曾经提及"正使李宗城有被谢隆之惑，蓦然潜出"的情节。足见万斯同、谷应泰所说不虚，李宗城则谎话连篇。朝廷任用这样的人去办册封大事，其结果自然可想而知。

皇帝下令扭解李宗城至京审讯，将副使杨方亨提升为正使，任命随员沈惟敬为副使，立即前往日本。

九月一日，使节一行在大阪城会见丰臣秀吉。丰臣秀吉接受了册封诰命书、国王金印、明朝冠服，命相国寺承兑宣读诰命、敕谕。堀杏庵《朝鲜征伐记》说，当读到"万里叩关，恳求内附"时，丰臣秀吉勃然大怒。以后赖山阳《日本外史》进一步渲染夸张说,宣读诰命敕谕时,丰臣秀吉立即脱去冠服,抛到地上,并且把敕书撕得粉碎。据东京大学教授西嶋定生研究,这份敕书至今仍保存得相当完好,丝毫没有撕破的痕迹。万历帝的诰命现藏于大阪市立博物馆,敕谕现藏于宫内厅书陵部。关于诰命敕谕,关西大学教授大庭脩有详细的研究。他说,诰命是册封的辞令,写在青赤黄白黑五色云鹤纹织锦上的,其文字"奉天承运皇帝制曰"云云,及"特封尔为日本国王"云云,以楷书分五十行书写。敕谕是讲和的具体指示,记载了封秀吉为日本国王而赐予的金印、冠服,以及赐予陪臣的官职、物品,最后还附记赐予国王冠服的目录。这些冠服原物至今仍保存在京都市的妙法院。由此可见,丰臣秀吉脱冠服、撕敕书的说法,纯属虚构。

九月二日,丰臣秀吉身穿明朝冠服,在大阪城设宴招待明朝使节。表面上看似乎取得了预期的结果,其实不然。册封事件从万历二十三年正月启动,直至万历二十五年正月,册封使节才回到朝鲜釜山,延续了整整两年,有识之士已经敏感到问题的严重性。

万历二十四年十二月,兵部尚书石星奏报,册封大典已经完成,使节凯旋,釜山倭奴扫荡计在咫尺。兵科给事中徐成楚反驳道,事实恰恰相反:

《明神宗敕日本国书》
（局部，现藏于日本宫内厅书陵部）

今月初四日，接到蓟辽总督孙鑛、辽东巡抚李华龙，各为紧急倭情情事，内称：关白密谋大举，朝鲜道咨告急，求调浙兵三四千，星火前进，进驻要害，以为声援……复朝鲜既灭之余烬也，人心内震，士马外残，取之如摧枯拉朽，不但八千釜（山）倭盘踞如故，且曰将以刻下渡海大兵，以明春继进。朝鲜不支，必折而入于倭；朝鲜折而入于倭,则辽以左、山以东,可依然安枕乎?

以后事态的发展,证实了有识之士的预判,册封并不能满足丰臣秀吉的欲望,再次进军朝鲜不过是迟早的事情。万历二十五年正月,册封使节回到釜山,驻扎釜山的日军并未按照协议渡海回国。不久,朝鲜国王李昖因为"倭情紧急",请明朝援助;派遣陪臣刑曹郑其远赶来,痛哭请援。兵科给事中徐成楚根据辽东副总兵马栋正月十五日报告,有倭将(加藤)清正带领倭兵船二百余只,已于十四日到朝鲜海岸,至原住地机张营驻扎,其兵力当不少于二万余。所有防御事宜,应当及早图谋。但是昨日内阁首辅赵志皋说,封事已成,不知徐成楚何故,深自张皇启祸。皇帝命廷臣立即召开会议,研究倭情。二月间,册封使节杨方亨回渡鸭绿江,向朝廷奏报册封经过,隐约而含蓄地提请朝廷注意:"岛夷狡猾叵测,自其天性,乃受封之后,尤为责备朝鲜之语,复欲狂逞肆毒于朝鲜,亦未可知。"

三月,杨方亨回到北京,报告真实的倭情。谷应泰说:"(杨)方亨始直吐本末,委罪(沈)惟敬,并石星前后手书,进呈御览。上大怒,命逮石星、(沈)惟敬按问。"那么杨方亨讲了些什么呢?看他的奏疏题目——"直言封事颠末正欺罔绝祸源",便可知晓他要杜绝欺罔,披露真相。原来他抵达釜山时,为了提防沈惟敬泄密，在奏疏中所写的是冠冕堂皇的假话，什么"关白平秀吉感激锡予封典，怀德畏威，恪遵典制，创公馆而特迎诰敕，率臣民而远效嵩呼"；什么"日本调兵渡海之事，在朝鲜固宜提备，亦不必过为张皇，而日本既听胡搜处分，似宜量为分解"云云，并非真情实况。为什么呢？他透露其中隐情："今往返两国已历二年，目击耳闻颇真，是不敢不言之时。不但今日当言，即臣返棹之时业欲具奏，以(沈)惟敬密迩，若有一言，(沈)惟敬必知，(沈)惟敬一知，倭奴必觉。臣死不足惜，而龙节玺书，及随从数百员役，尚在虎口，万一不测，辱命之罪万死何赎！"那么抵达鸭绿江时的奏疏为何不讲呢？因为收到兵部尚书石星的信函，暗示他"一封之外，别无干预"。所以只能隐约提及"岛夷狡猾叵测"。一旦抵达京师，他再也不敢隐瞒真相，披露石星与沈惟敬联手策划的封事背后的隐情。

其一是，沈惟敬忽然借口提前前往日本，演练册封礼仪，于去年正月十五日随同小西行长渡海而去，音信杳然，人心危疑。恰在此时，正使李宗城受到谢隆追杀，突然逃亡。杨方亨向石星提醒"倭情狡诈，不敢保其无他"，请求派遣得力言官前来釜山查勘，相机而行，可封则封，可罢则罢。石星以"文臣破败封事"为借口，予以拒绝。使得他有一种"甘心为本兵鹰犬"的感受。

其二是,当初双方约定,釜山日军一个不留,始得前往日本册封。然而兵部尚书石星发来公函,要求"釜山倭户务安插得所"。石星还致书小西行长,令杨方亨或住对马岛,或住南戈崖,等候"钦补物件"。"(小西)行长乃日本之奴隶,本兵之与通书,用护封,称先锋,内有亲笔副启。"

其三是,以前所谓日本已无国王,无碍册封云云,显然是无稽之谈。杨方亨说:"又闻日本国王天正为文禄之父,一旦秀吉废其父而立其子,擅作威福,震骇国人。今天正、文禄父子俱在,而秀吉俨受王号,其篡逆之心又于此可见。"

其四是,沈惟敬其人可疑,石星却倚为亲信,由此忠心变而为昏昧。杨方亨说:"大都封事之误,误于(沈)惟敬一人。臣切睹本兵之初心,实忠于为国,但偏于所听,不能知人。沈惟敬何人?而遽任以国家大事;倭奴何人?而遽信为孝子顺孙。始则以(沈)惟敬之欺罔认为忠言,犹不失其本心之忠;继则以误就误,乃至掩耳偷铃。以(沈)惟敬之误己者,乃误国家,此本兵赤之心变而为昏昧也。"

其五是,杨方亨指责石星,"倭奴云集海隅,正宜长驱尽扫,何偏听独见,坚执许封。倭众未归,而大兵先撤。恒以省财费为言,更不知昔之所费有限,今之所费无穷"。

其六是,石星在册封使节随员中,擅自安插家人(亲信听差），且地位在其他随员之上。"本兵家人，当禁迹阃中，尚不可履武弁之门，况可以出外国，驷马高盖，博带峨冠，居诸从员之上，是何体也？意谓差官报事不实，故遣家人亲往，所报必实。竟无一字实报皇上，而仍前偏听，不知差家人之心是何心也。"

获悉这些内情，皇帝大怒，下令逮捕石星、沈惟敬，交法司审讯。

已经退休在家的前任内阁首辅申时行认为，石星、沈惟敬操纵的封事，不但误国而且辱国。他回顾道：

朝鲜有倭难，连章告急请援兵，朝议皆言可许。乃命将发兵，遣大臣经略，抽选各边精锐以往。本兵檄海上各以舟师来会，中外汹汹。余方卧家，客问余计将安出？余曰："朝鲜固属国，然国家不有其疆土，不征其租赋，与内地异……恶有以天朝戍外国者。朝鲜能自守，则吾助之兵粮，以示恤小之仁，或告谕日本使之罢兵则可耳。"已闻朝廷遣人谕倭，倭将各引还釜山，以王京及所掳王子归朝鲜，诡云欲入贡天朝，为朝鲜所遏，故兴兵伐之。于是封贡之议起矣。庙堂若有主持，许其封而却其贡，即彼遣使来，当令辽东抚臣审实代奏，而后许封。待其表文既至，而后遣使，乃不失体。今小西飞乃倭将行长一书记耳，本兵尽撤营兵，夹道陈列而迎之；请驾御午门城楼引见，亦甚亵矣。闻京师百官军民无不愤恨，而本兵扬扬自以为得策也。已又遣两使臣赍冠服以往，而关白尚不知使臣，留待半岁。本兵自遣其仆往探之，竟不得命，而讹言四起。使臣且踉跄奔还，不唯误国且辱国，可为扼腕长太息也。

可谓旁观者清，倘若当时他仍是内阁首辅，还能看得如此透彻吗？

七、"战端再起，戛然而止"

就在这时，丰臣秀吉再次发动侵略朝鲜的战争。

万历二十五年正月十五日，辽东副总兵马栋报告，倭将清正带领兵船二百余只，已于十四日到朝鲜海岸，在原住地机张营驻扎，其兵力不下两万。朝鲜陪臣向明朝痛哭求援。兵科给事中徐成楚报告，倭将清正率兵船二百余只，倭将丰茂等帅兵船六十余只，之朝鲜西生浦等处，别起倭船络绎不绝过海而来。他抨击"奸臣党蔽天听，谬为两国相争，只为礼文缺典。

不知世岂有兴师十数万，浮海数千里，争一繁文缛节"之事！

朝廷至此才知道寄予极大希望的"封事"，宣告失败，下令革去蓟辽总督孙鑛的官职，任命邢玠(字式如，号昆田，山东益都人)以兵部尚书出任总督经略，都御史杨镐(字京甫，号凤筠，河南商丘人)经理朝鲜军务，以麻贵为提督，东征援朝。

石星因"封事"误国，皇帝狠狠训斥道："倭奴狂逞，掠占属国，窥犯内地，皆前兵部尚书石星谄贼酿患，欺君误国，以致今日，戕我将士，扰我武臣，好生可恶不忠！着锦衣卫拿去法司，从重拟罪来说。"其实册封的诰命敕谕都是皇帝签署发出的，如果没有皇帝的纵容，石星何至于如此肆无忌惮。现在所有责任全推到他一人身上，法司遵旨从重拟罪：论石星大辟，妻子发烟瘴地面永戍。

石星的悲剧在于，稍有小才，而对外交国防所知甚少，只知一味投机取巧，暗箱操作。在如此重大的外交国防问题上失误，断然难逃一死。日本学者冈野昌子评论道：石星对这场战争始终缺乏信心，以兵部右侍郎宋应昌为经略，以市井无赖沈惟敬为游击将军，确立石星—宋应昌—沈惟敬路线，表面上做筹集钱粮、制造武器、征发渔船、募集士兵的军事准备，暗中进行和平折冲。当时官僚中反对"封贡"者占七八成，赞成"封贡"者不满一二成。和平交涉的结果，是日军的再度入侵。

据明朝官方的情报,此次侵略朝鲜的日军达十二万之众。其中清正一万二千,直政一万八千,行长一万,义弘一万,辉元二万,甲州太守、一州太守、土州太守、云州太守各兵六千,一政六千,隆景四千,安沽、安治四千,义智三千,广门二千。明朝方面看清了日本的野心,朝鲜灭亡势必危及中国,必须采取长期作战的战时体制,因此出动的兵力明显增加,从《明神宗实录》来看,水军与陆军合计九万人;从朝鲜《宣祖实录》来看,明军有十一万之多。需要说明的是,上述明军的数字,都是万历二十六年的统计,万历二十五年战争初期的兵力没有达到这一水平。

日军以兵力优势,很快攻破闲山、南原等地。据明朝方面记载,七月,日军夺取梁山、三浪,进攻庆州、闲山,朝鲜守将元均望风披靡,闲山陷落。闲山在朝鲜西海口,是南原的屏障,全罗的外藩。闲山失守,形势吃紧,经略下令严防王京西面的汉江、大同江,阻止日军西下。八月,日军包围南原,乘着夜色掩护,发动突然袭击。守将杨元毫无防备,听闻倭至,从帐篷中惊起,赤脚逃跑,辽兵护卫他向西奔去。当时全州有明将陈愚衷,忠州有明将吴惟忠,各自扼守要塞。而全州距离南原仅一百里,互为犄角。南原告急,陈愚衷怯懦,不发兵,听说南原已破,立即弃城撤退。麻贵派游击牛伯英赴援,与陈愚衷会合后，驻扎于公州。日军进犯全罗，逼近王京。当时明军兵力单薄，只得依靠汉江天险，退守王京一带。麻贵甚至向邢玠提出放弃王京，退守鸭绿江。海防使萧应宫坚决反对，从平壤日夜兼程赶往王京制止。麻贵发兵守卫稷山，朝鲜也征调都体察使李元翼由鸟岭出忠清道，阻挡日军。身负经略之职的邢玠向朝廷大叹苦经："朝鲜南原全州已失，倭势甚大。该国官民纷纷逃散，渐遗空城，不惟不助我兵，不供我饷，且将仓粮烧毁，绝军咽喉，反戈内向。萧墙变起，数支孤军，御倭且难，御朝鲜之贼益难。"

据朝鲜人记载，当时战况相当激烈："丁酉（万历二十五年）九月六日，天将副总兵解生、参将杨登山、游击摆赛颇贵等兵数万，迎战于湖西至境。解生等到金岛坪，巡审用武之便，分兵三协，为左右掩杀之计。陈愚衷自全州退遁，贼兵跟追，已渡锦江。上（朝鲜国王）日夜泣诉于经理（经略杨镐），慰解曰：'倘官军不利，主君宫眷可相救活。'即于麻贵领大军行至水原下寨，遣兵于葛院，埋伏于芥川上下，以为后援。贼兵自全州天安直向京城。五日黎明，田秋福向洪庆院，先锋已至金岛坪。天兵左协出柳浦，右协发灵通，大军直从坦途，锣响三成，喊声四合，连放大炮，万旗齐颤，铁马云腾，枪剑奋飞，驰突乱砍，贼尸遍野。一日六合，贼逝披靡……翌日平明，贼兵齐放连炮,张鹤翼以进,白刃交挥,杀气连天,奇形异状,惊惑人眼。天兵应炮突起,铁鞭之下,贼不措手,合战未几,贼兵败遁,向木川清州而走。"日将加藤清正损兵折将相当惨重。明朝方面报道说:"先是,倭分三路,欲拥犯朝鲜王京,解生挫于稷山,又转向东南。彭友德等又进至青山等处。倭众遂溃南遁。"这是再次开战后第一个胜仗,即所谓稷山大捷。

万历二十五年十一月二十九日,经略邢玠带着皇上颁发的犒赏银两,以及皇上钦赐的尚方剑,与监军御史陈效一起,率领增援兵力抵达王京。随即在王京召开军事会议,把全军分为三协:左协由副总兵李如梅指挥,右协由副总兵李芳春、解生指挥,中协由副总兵高策指挥。总兵麻贵与经理杨镐率领左协与右协军队,从忠州鸟岭向东安趋庆州,专攻日军加藤清正部。为了防止小西行长前来增援,命中协兵马策应左右两协,遏制全罗来援之敌。十二月二十日,杨镐、麻贵进至庆州,勘察蔚山敌情。二十三日,明军向蔚山发起进攻,先由游击以轻骑引诱日军进入埋伏斩杀日军四百余人,日军南奔岛山,构筑三寨固守。翌日,游击茅国器带领浙兵先登,连破三寨,斩杀日军六百六十一人。日军坚壁不出,等待援军。

监军御史陈效向朝廷报告蔚山大捷:"督臣(邢)玠扼守王京,总兵麻贵、抚臣杨镐先后于十二月初八等日,由王京起行,齐至庆州,定计专攻蔚山。于二十三日巳时抵巢,贼兵万余迎战。斩获倭级四百四十余颗,生擒十名。贼弃蔚山,追走争渡,溺死甚众,退守岛山新城。二十四日抚镇督率官兵攻岛山,遂破伴鸠亭、城隍堂、太和江三寨,生擒倭贼四名,斩获首级六百一十一颗,焚烧寨内铺面住房万余,仓粮牲畜尽数烧毁。二十五日,复攻岛山。城险备周,不能遽上。"

正当蔚山日军岌岌可危之时,小西行长派援军赶来解围。小西行长担忧,如果倾巢出动,釜山空虚,一面挑选铳兵三千赶来,一面虚张旗帜于江上,制造大批援军从海上赶来的假象。朝鲜将军李德馨为假象迷惑,谎报"海上倭船扬帆而来"。杨镐未加核实,来不及下令,就率先西奔,大军失去指挥,顿时溃乱。加藤清正乘机反扑,明军死伤万余。

李光涛评论道:"朝鲜君臣乃至额首称庆,认为清正不难成擒矣。孰知天不欲灭倭,譬如大兵进围蔚山别堡之所谓岛山,凡十余日,而倭众正困于饥渴交迫,清正且一再至欲拔剑自裁。不意天忽大雨,以解其危,更兼倭援大至。当此之际,杨镐仓卒撤军,结果反为倭兵所乘,不利而退。"所谓"不利而退"云云,过于轻描淡写,其实是小胜之后的大败。杨镐、麻贵奔往星州,退守王京。

皇帝接到蔚山大捷的喜讯,下令嘉奖:"东征再捷,此皆总督运筹,抚镇奋勇,以致将士争先效劳,由此奇捷,朕心嘉悦。杨镐亲冒矢石,忠尤可嘉。邢玠赏银一百两,杨镐、麻贵各八十两,再发太仆寺马价银五万两,犒赏将士。"孰料,这一嘉奖令及犒赏银两还未送到前线,就传来惨败的消息:"二十七日,大雨昼夜,二十八日,东南风大作,海上援倭俱至。二十九日,海倭寨倭上下夹攻。至戊戌(万历二十六年)新正初二等日,李如梅、李宁、卢得功、屠宽、解生、祖承训、杨登山等九员大溃,死伤官兵十七八。经理(杨)镐、总兵(麻)贵俱遁。我兵自相蹂践,死者无数,合营俱败,三日方抵中州。"有关官员纷纷指责杨镐、麻贵"以败报胜,以罪报功"。

朝鲜赞画、兵部主事丁应泰弹劾杨镐等人"贪猾丧师酿乱,权奸结党欺君",不但批判杨镐,还谴责麻贵、李如梅等将领,还牵连到内阁辅臣张位、沈一贯。他的奏疏写得非常尖锐,批判杨镐有这样的话:"抚臣杨镐,谬妄轻浮,机械变诈,既丧师而辱国,敢漏报而欺君。倭至则弃军士之命而潜逃,兵败则画屯守之策而掩罪。"谴责李如梅有这样的话:"副将李如梅,贪淫忌刻。欺罔奸谄,张虐势而凌眇将官,挟上交而淫掠属国。逗留观望,则且进且退;擅离信地,则独往独来。"谴责麻贵有这样的话:"提督麻贵,巧于避罪,而文致报章;忍于弃军,而仓皇驰马。既已损威偾事,乃复冒赏乱功,诸将拊心,三军切齿。"他还揭露内阁辅臣张位、沈一贯"交结欺蔽之状"。皇帝对此十分重视,批示说:"朕览此奏,关系军国切要重务,着五府、大小九卿、科道官,公同看议来说。"

府部科道看议的结果,一是杨镐革职,回籍听勘;二是张位罢官、削籍。皇帝圣旨说得振振有词:"杨镐乃卿密揭屡荐,夺情委用,专任破倭。乃今朋欺,隐匿军情,致偾东事,辱国损威,莫此为甚。"

战事陷入了相持局面。

不料风云突变,从日本传来丰臣秀吉于七月九日死去的消息,日军士气顿时低落,阵脚大乱。据说,丰臣秀吉的死讯是严格保密的,五大老、五奉行向在朝鲜的大名发去撤退的指令。但是为此必须向明朝方面提出撤退的名分,例如以朝鲜王子为人质,朝鲜每年向日本缴纳稻米、虎皮、豹皮、药材、清蜜等租税。中国和朝鲜似乎已经刺探到丰臣秀吉的死讯,断然拒绝日本方面的要求,出兵追击撤退的日军。追击的主要指挥者是水军将领李舜臣。他阻断了小西行长的退路。这时,釜山和蔚山的日军撤退之后,小西行长和岛津义弘的军队成了殿后。小西遭到李舜臣的袭击,岛津为了援救小西,在露梁津与李舜臣的水军展开激战。李舜臣在这场海战中中弹而死。

邢玠抓住战机,命总兵刘綎、董一元、麻贵分兵三路出击。日军各部无心恋战,纷纷渡海东归。战火终于熄灭。

如果丰臣秀吉不死,这场战争还将旷日持久地进行下去。他的死,导致日军的失败提早到来,吞并朝鲜的黄粱美梦化作泡影。

万历二十七年三月,皇帝降旨:征倭总兵麻贵班师回朝;任命李承勋提督水军,充任防海御倭总兵官,驻扎朝鲜;周于德移镇山东,为备倭总兵官。四月十五日,皇帝破例来到午门城楼,接受朝贺,并把平秀正等六十一名俘虏当场正法。闰四月初八日,皇帝为东征御倭胜利,向全国发布诏书:

> 朕念朝鲜称臣世顺,适遭困厄,岂宜坐视!若使弱者不扶,谁其怀德;强者逃罚,谁其畏威?况东方乃肩背之藩,则此贼亦门庭之寇,遏阻定乱,在于一人。于是少命偏师,第加薄伐,平壤一战,已褫骄魂。而贼负固多端,阳顺阴逆,本求伺影,故作乞怜。册使未还,凶威复煽。朕洞知狡状,独断于心,乃发郡国羽林之才,无吝金钱勇爵之赏,必尽卉服,用澄海波。

然而,在当时人看来,这场战争胜之不武,有不少负面评

论,许重熙《嘉靖以来注略》反映得比较集中。他关于此次战争收场的记述,颇有讽刺意味:

> 万历二十六年十一月,倭将各统兵归国。时平秀吉已于七月九日死,诸酋久有归志。邢玠敛军中数万金贿诸酋,随之渡海,求秀吉之子永结和好。诸酋欣然扬帆,同日南去。经略万世德自六月受命(代替杨镐),迁延不敢前。比闻倭退,兼程驰至王京,会同邢玠奏捷,遣三百人分送三酋渡海,而三酋亦遣百人送(邢)玠渡鸭绿江。(邢)玠即缚之以献俘云。

赞画(参谋)丁应泰弹劾邢玠、杨镐,言官徐观澜弹劾阁部大佬,受到高层官员打击报复。许重熙披露了一些细节:随邢玠、杨镐东征的赞画丁应泰,弹劾邢玠、杨镐"假官赍贿,随倭渡海,并无战功,伪奏肤捷"。给事中刘余泽、陈如吉诬陷丁应泰"妒功",皇帝下旨"应泰回籍听勘"。言官徐观澜弹劾阁臣沈一贯、兵部尚书萧大亨、总督邢玠、经略万世德,斥之为"四凶","党和卖国"。奏疏送到北京,被户部侍郎张养蒙扣下。徐观澜再次上疏,揭露"师中积蠹、阃外虚文弊端种种"。这是他亲自前往釜山、蔚山、忠州、星州、南原、稷山等地,"查核各处败状",收集来的证据,据实报告朝廷。沈一贯利用职权,以"回籍调理"的名义,把徐观澜罢官。

列举了上述事实,许重熙引用董其昌的评论表明自己的观点。董其昌说:

> 倭以平秀吉之死,因而惰归,非战之功也。(丁)应泰以(邢)玠为赂倭,科臣即以(丁)应泰为党倭,岂为笃论。而(丁)应泰以此永废,可惜矣!(邢)玠谓(陈)效之死为(丁)应泰所逼,不胜愤懑,以激皇怒可耳。夫御史气吞郎署,岂受(丁)应泰凌轹且死哉。即言观理,是非自见。

在班师回朝之后的庆贺声中,人们看到的是一个论功行赏的圆满结局:邢玠晋升为太子太保,荫一子锦衣卫世袭;万世德晋升为都察院右副都御史,荫一子入国子监;麻贵晋升为右都督;杨镐以原官叙用。对此谷应泰不无讥刺地议论道:"邢玠飞捷之书,杨镐冒功之举,罔上行私,损威失重。煌煌天朝举动如此,毋怪荒裔之不宾也。向非关白贯恶病亡,诸倭扬帆解散,则七年之间,丧师十余万,糜金数千镒,善后之策茫无津涯,律之国宪,其何以辞。乃贪天之功,幸邀爵赏,衣绯横玉,任子赠官,不亦恶乎!"显然,谷应泰的批评不仅针对邢玠、杨镐的"罔上行私"，而且对于"煌煌天朝举动如此"，也有所微词。谷氏虽然生于明末，但编写《明史纪事本末》已是清朝初年，敢于无所顾忌地追究神宗皇帝的过失："盖以用兵之初，神宗怒自甚锐，怒则望其速济，故必欲核其真。用兵之久，神宗忧自渐深，忧则幸其成功，故不欲明其伪。卒之忠言者落职，欺君者冒功，而所遭逢异矣。"从"必欲核其真"，到"不欲明其伪"，看似两个极端，本质却是一致的。

乾隆时刊行的《明史》，其中"日本传"的议论很有独到眼光："秀吉死，诸倭扬帆尽归，朝鲜患亦平。然自关白（秀吉）侵东国，前后七载，丧师数十万，糜饷数百万，中朝与朝鲜迄无胜算。至关白死，兵祸始休，诸倭亦皆退守岛巢，东南稍有安枕之日矣。秀吉凡再传而亡。终明之世，通倭之禁甚严，闾巷小民至指倭相詈骂，甚以嚇其小儿女云。"在民间百姓中，留下了既憎恨又恐惧的阴影。

如今再来评价这场战争，实在是一言难尽。

2016 年 12 月

本文原载《书城》2017 年 2—4 月号

在
世
界
背
景
下
书
写
中
国
文
学
史
——
从
翟
理
斯
到
王
国
维
、
胡
适

戴
燕

一

1902 年 3 月,英国剑桥大学的翟理斯(Herbert Allen Giles,1845—1935)应邀在美国哥伦比亚大学做了第一场丁龙(Dean Lung Professor)讲座的报告,他的题目是 China and Chinese(傅尚霖译作《中国与中国人民》,见其《英国汉学家翟里斯教授的生平和著作》,《国立中山大学文学院专刊》第二期,1935 年 6 月;罗丹、顾海东、栗亚娟所译题作《中国和中国人》，金城出版社，2015年）。第一讲介绍中国的语言，开始就说汉语分两种，一种是口语，一种是书面语，口语基本上三个月后就能应付日常，书面语却要活到老学到老。

对于想要认识和研究中国的西方人来说，汉语是必备的工具。翟理斯曾说如果懂汉语，西方人便能与占全球三分之一人口的中国人做生意，也能同中国建立外交关系，并且了解曾国藩、李鸿章他们何以让西方外交官相形见绌。基于这样的意识，像翟理斯这样的19世纪以来的西方汉学家，有不少首先是汉语的语言学家。他们往往会利用自己的西方语言学知识，对汉语加以描述和分析，也会编一些英汉词典，例如理雅各编有《英汉及马来语词典》（1814）、马礼逊编有《英华词典》（1817—1823）、威妥玛编有《语言自迩集》（1867）、卫三畏编有《汉英韵府》（1874），翟理斯也编过一部《华英字典》（1892）。而在卫三畏的《中国总论》（1848）等著作中也可以看到，他们对中国语言的看法，大体上是认为中文为世界上最古老的语言，单音节，没有时间性，书面文字和口语有差别。在翟理斯看来，中文的书面语两千多年来没有什么变化，可是口语里却有八大方言，现在是以北京方言为普通话即官方语言，他建议"打算学习中文的学生都应该学习普通话的口语"（罗丹等译《中国和中国人》，10—11页）。

其次,19世纪以来的西方汉学家有很多也是翻译家,如理雅各就是在王韬的协助下翻译了《中国经典》(1861—1893),包括有四书五经、《道德经》《庄子》和《太上感应篇》等;而中国文学在西方的翻译及流传,最为人熟知的应该是元杂剧《赵氏孤儿》。《赵氏孤儿》早在1732年至1733年即由耶稣会士马若瑟译成法文,因这一译本被收入杜赫德的《中华帝国志》(1735),随着《中华帝国志》很快被译成英文,它也有了英文本,随之又有了德文、俄文本,并同时有了英国人、法国人的评论。法国作家伏尔泰认为它可以"使人了解中国精神",于1755年将这一"历史悲剧"改编成《中国孤儿》在巴黎上演;1781年,歌德又据以写作了 *El penor*(陈受颐《十八世纪欧洲文学里的〈赵氏孤儿〉》,1929年《岭南学报》第一卷第一期)。与《赵氏孤儿》一样在18世纪传入欧洲的,还有清初署名名教中人所编的《好逑传》,它1719年由住在广州的东印度公司詹姆士·威尔金森所翻译,起初只是为学习中文而作的翻译练习,后经配尔西整理出版;1766年又有了法文本,然后是德文本。歌德在与席勒的通信中就提到过德文本《好逑传》,据说他还读过元代武汉臣的《老生儿》(德庇时英译,1871)以及《花笺记》(汤姆士英译,1827)、《玉娇梨》(雷慕沙法译)、《中国短篇小说集》(德庇时译法文本《今古奇观》选)等。20世纪以前，传入西方的中国文学主要是小说、戏曲，欧洲评论家对于描写中国社会生活的小说，如《幸运之盟》《玉娇梨》等较有兴趣，当儒莲将《平山冷燕》译成法文(1860)后，就有评论家称赞它的文体、结构可以媲美欧洲的任何一部小说。翟理斯也翻译过相当多的中国典籍，有如《古今诗选》(1898)、《佛国记》《庄子》，也有《聊斋志异选》(1880)，还有包括《三国演义》片段的《古文选珍》(1884)。

二

到哥伦比亚大学讲演的前一年，翟理斯应"世界文学简史"(*Short Histories of the Literatures of the World*)丛书主编艾德蒙·高斯(Edmund W. Gosse)的邀请，编写出版了一部《中国文学史》(*A history of Chinese literature*, William Heinemann & Co. 1901。参见王绍祥的博士论文《西方汉学界的"公敌"——英国汉学家翟理斯[1845—1935]》第四节《一部〈中国文学史〉》，267 页，2004 年)，这是迄今所知最早的一部英文版《中国文学史》。更为重要的是，在 19 世纪末 20 世纪初"文学史"的编写潮流中，中国文学第一次被纳入了世界文学的版图。翟理斯在《中国文学史》的初版序言中就说：这部书代表了一个新的努力方向,过去的英国读者,如果想要了解中国的整体文学(the general literature of China),即便是浅显地了解,都无法在任何一部书中得到(郑振铎《评 Giles 的中国文学史》,1922 年 9 月 21 日《文学旬刊》第五十期)。

《中国文学史》(刘帅译中文本,首都师范大学出版社,2017 年)按时代顺序分八个章节:

第一卷分封时代(前 600—前 200)从传说时期讲起,以公元前 6 世纪为研究中国文学史的起点,而以孔子为中国文学的奠基人,介绍五经四书、孙子、荀子、《尔雅》《穆天子传》,以及诗人屈原、宋玉和铭文,也介绍"与儒家分庭抗礼"的道家文学老子、庄子、列子、韩非子、《淮南子》。

第二卷汉代(前 200—200)从秦始皇焚书坑儒讲起,提到李斯、晁错、李陵、路温舒、刘向、刘歆、扬雄、王充、马融、蔡邕、郑玄等一系列作家,诗人有汉武帝、班婕妤,史家有司马迁,还有编纂词典的许慎,佛学方面则有法显、鸠摩罗什至唐玄奘。

第三卷三国两晋南北朝时期(200—600)主要介绍建安七子、曹操、曹植、竹林七贤、陶渊明、鲍照、萧衍、薛道衡、傅奕、王绩的诗,经学和一般文学则有皇甫谧、郭象、郭璞、范晔、沈约,最后是编了《文选》的萧统。

第四卷唐代(600—900)仍以诗为中心,谈到王勃、陈子昂、宋之问、孟浩然、王维、崔颢、李白、杜甫、韩愈、白居易、李贺、马自然等诗人，以及司空图的《二十四诗品》，也谈到作为学者的魏徵、颜师古、李百药、孔颖达、陆法言，有道家倾向的张志和，还有散文作家柳宗元、韩愈、李华。

第五卷宋代(900—1200)首先谈到活字印刷术的发明，史学、经学和一般文学领域有欧阳修、宋祁、司马光、周敦颐、程颢、王安石、苏轼、黄庭坚、郑樵、朱熹，诗人有陈抟、杨亿、王安石、僧人洪觉范、叶适等，但诗整体进入衰落期。有《广韵》《六书故》等几部字典，也开始出现对文学影响颇大的百科全书，如《事类赋》《太平御览》《太平广记》《通典》。又有一部神奇的法医学著作《洗冤录》。

第六卷元朝(1200—1368)首先介绍诗人文天祥、刘基，同时指出元代的诗已经不像汉族政权统治时期那样丰富，质量也有所不及，但戏剧和小说的产生，却足以作为中国文学史的两个重要领域而被铭记。戏曲有《赵氏孤儿》(纪君祥)、《西厢记》(王实甫)、《合汗衫》(张国宾)等，小说则有《三国演义》《水浒传》《西游记》。

第七卷明代文学(1368—1644)首先介绍了宋濂、方孝孺、杨继盛、沈束、宗臣、汪道昆、许獬、李时珍和徐光启，不过重点还是在小说和戏剧。小说提到《金瓶梅》《玉娇梨》《(东周)列

国志》《镜花缘》《平山冷燕》《二度梅》，戏剧提到《琵琶记》。诗
人有解缙，又有赵彩姬、赵丽华这样的妓女诗人。

第八卷清代文学(1644—1900)重点介绍了小说《聊斋志
异》《红楼梦》，也讲到康乾时代编纂的《康熙字典》《佩文韵府》
等文学大工程。学者提到顾绛、朱用纯、蓝鼎元、张廷玉、袁
枚、赵翼、阮元等，又提到道教的《感应篇》《玉历抄传》，而以
1849年阮元去世作为中国"与外国直面相对"的新阶段的开
始，这以后开始出现公告、翻译等新的文体。

整部文学史篇幅不大，点到名字的作家很多，却蜻蜓点
水，只有三言两语的介绍，占比重较大的是作品，不光有诗文，
还有戏曲和小说的节译。

三

翟理斯无疑是当时最具声望的西方汉学家，他在中国也
很有名，1935年2月13日他去世，在中国几乎就有同时的报
道。潘文夫在《英国汉学家翟理斯去世》一文中介绍他"关于
我国语文的著作"就有二十三种，又有"如老庄及我国诗文的
翻译，都是艰巨的大业"，他的代表作为"空前未有"的《华英字
典》，而他所著《中国文学史》，"亦为同类西文著作中的杰构"

（1935年4月10日《文化建设》第一卷第七期）。同年，傅尚霖撰文评介英国汉学家翟理斯教授的生平及其著作概略，说他能用"流利之标准国语谈话"，也能讲广州、汕头、厦门、宁波、上海等地方言，"对中国的文化经典，能有充分的敬重和赏识"，同时有"西方治学的科学脑想"，所以能成汉学家，而非"字纸箩中讨生活自炫深博的腐儒"，并且他"先有良好的中英文基础，进而从事编译，由编译而创作，由创作而升为教授，为教授而宣传中国文明，由其宣传而令中国文化得欧西人士普遍的鉴赏，由鉴赏而令汉学成为欧美大学中一种科学，其功非常伟大"，是"汉学史中一个不朽的人物"。（傅尚霖《英国汉学家翟里斯教授的生平和著作》，1935年6月《国立中山大学文学院专刊》第二期）赵元任晚年回忆1924年他去欧洲游学，与翟理斯有一面之缘，也表扬他是"那个时代的一位伟大的老人"，《华英字典》迄今仍是权威性的参考书。（罗斯玛丽·列文森《赵元任传》，焦立为译，157页，河北教育出版社，2010年）

而最早对翟理斯加以评论的中国人，也许要算是辜鸿铭。在用英文出版的《中国人的精神》（*The Spirit of the Chinese People*，又名《春秋大义》，北京每日新闻社，1915年首版）一书中，辜鸿铭批评翟理斯"实际上并不真懂中国语言"，也"没有哲学家的洞察力及其所能赋予的博大胸怀"。他还说翟理斯英文流畅,也能翻译中文,"却不能理解和阐释中国思想",他所有的著作,"没有一句能表明他曾把或试图把中国文学当作一个有机整体来理解的事实"。由此,他更质疑"所有外国学者关于中国学问和中国文学的研究成果缺乏人道的或实践的意义"。虽然他称赞翟理斯翻译的《聊斋志异》堪称"中文英译的模范",但又指出"《聊斋志异》尽管是优美的文学作品,却仍然不属于中国文学的最上乘之作",言下之意,便是针锋相对地批评翟理斯缺乏对于中国文学的整体认识和判断(辜鸿铭《中国人的精神》,黄兴涛、宋小庆译,《序言》4页、《一个大汉学家》122页,海南出版社,1996年)。辜鸿铭是通晓中西文化的晚清学者,在他看来,西方世界除了法国,英、美、德国人都不能理解中国文明,可是在当时,又唯有中国文明能够拯救欧洲文明于毁灭。而所谓中国文明就是"义与礼",他说中国人因此有着成年人的智能和纯真的赤子之心,中国人的精神是心灵与理智的完美结合,在文学艺术中,也是心灵与理智的和谐使人得到愉悦和满足。他还谈到中国的语言,称之为一种"心灵语言",说外国人以为汉语难学,是由于他们接受了太多的教育,受过理性与科学熏陶的缘故(辜鸿铭的论文《中国人的精神——在北京东方学会上所宣讲的论文》,载《中国人的精神》29—77页)。

如果说辜鸿铭评论翟理斯这位"大汉学家"有借题发挥之意，目的是要说明西方汉学家对中国文化的认识并不准确，评价也并不公允，那么，郑振铎的《评 Giles 的中国文学史》大概算是中文世界关于翟理斯《中国文学史》的第一篇真正的学术书评。不过，与辜鸿铭的结论一样，郑振铎也说翟理斯对中国文学"实在是没有完全的研究，他的谬误颠倒的地方，又到处遇见"，而由于他写的是第一部英文本中国文学史，他个人最近"且因研究中国文学的功绩，受了尊贵的勋位"，所以必须要加以批评，以免他"以误传误"，使西方世界对中国文学产生误会。他对翟理斯的第一个意见，就是对作家的选择"太疏略"，好些影响大的作家如谢灵运、李义山、元好问、王渔洋、方苞等都未提及。不仅如此，令人"百思不解"的是，他对李白、杜甫的关心不及司空图，他谈《红楼梦》也谈得太多，尤其奇怪的是对"事实既多重复，人物性格亦极模糊"的《聊斋志异》"推崇甚至"。总之，这部《中国文学史》"百孔千疮，可读处极少"，根源在于翟理斯"对于中国文学没有系统的研究"，"对于当时庸俗的文人太接近"。郑振铎最后表示，应该有中国人写出英文的《中国文学史》来，"矫正他的错失，免得能说英文而喜欢研究中国文学的人类，永远为此不完全的书所误"，但他又说"中文本的中国文学史到现在也还没有一部完备的"，所以"这恐怕是一种空幻而不见答的希望"。

郑振铎后来果然出版了四册本的《插图本中国文学史》(1932—1933),这一文学史,是要记述"我们往哲的伟大的精神",一方面"给我们自己以策励",另一方面,"也给我们的邻邦以对于我们的往昔与今日的充分的了解"。(郑振铎《插图本中国文学史》第一册《绪言》,8页,朴社,1932年)

四

然而,一部完备的中国文学史并不可能一蹴而就,按照批评郑振铎《插图本中国文学史》似乎连给中学生"作参考书翻一下"的资格都没有的吴世昌的说法,那必须要等到各时代的断代文学史完备以后,才可能"有像样的整部文学史出现",而比郑振铎更为理想的文学史,一个是王国维 1915 年出版的《宋元戏曲考》(又名《宋元戏曲史》),一个是胡适 1926 年出版的《白话文学史》(吴世昌评《插图本中国文学史第二册》,1933年3月《新月》第四卷第六期)。

王国维写《宋元戏曲史》,有学者认为是受了日本汉学家的影响,并通过日本汉学家间接受西方学者的启发,表现在对《窦娥冤》《赵氏孤儿》"即列之于世界大悲剧中,亦无愧色也"

这样的评价上（黄仕忠《王国维著〈宋元戏曲史〉·导读》，21页，凤凰出版社，2010年）；而更早在傅斯年的推荐评论中，则是特别强调王国维研究元曲"具世界眼光"。傅斯年说"研治中国文学，而不解外国文学，撰述中国文学史，而未读外国文学史，将永无得真之日"，王国维论元曲，"皆极精之言，且具世界眼光者也。王君治哲学，通外国语，平日论文，时有达旨"。（傅斯年《评〈宋元戏曲史〉》，1919年1月《新潮》第一卷第一号）这里所说的世界眼光，是指研究中国文学，同时了解外国文学，即是将中国文学放在世界文学范围内重新解读、重新评价。而在世界文学范围内谈论中国文学，王国维首先看到的便是"我国戏曲之译为外国文字"，很早便有《赵氏孤儿》，还有《老生儿》《汉宫秋》《灰阑记》《连环计》《看钱奴》等，"《元曲选》百种中，译成外国文者，已达三十种矣"，他自己读这些为曾经的儒硕所"鄙弃不复道"的元杂剧，"以为能道人情，状物态，词采俊拔，而出乎自然，盖古所未有，而后人所不能仿佛"（《宋元戏曲史》《余论》《自序》），因此有志于探究它的渊源、变化。

元杂剧的文学价值，王国维说在其文章自然，"能写当时政治及社会之情状"，"又曲中多用俗语"（《宋元戏曲史》第十二章《元杂剧之文章》）。这个评价，已经相当近乎西方人接受中国文学的标准：一是从文学中看到中国社会，二是从文学中学习汉语。

<h1 style="text-align:center">五</h1>

　　当王国维1913年于日本撰写《宋元戏曲史》时,胡适正在美国留学,他和赵元任都是利用庚子赔款1910年到美国的第二届留学生。赴美之前,胡适在上海的一位英文教员正是辜鸿铭的学生(胡适《四十自述》四《在上海[二]》,《胡适文集》1,北京大学出版社,2013年)。1915年,他从康奈尔大学转到哥伦比亚大学师从杜威,也跟德国籍的首任丁龙讲座教授夏德(Friedrich Hirth,1845—1927)辅修汉学(唐德刚译注《胡适口述自传》第五章《哥伦比亚大学和杜威》,《胡适文集》1,北京大学出版社,2013年)。

　　留学期间,胡适因教人汉语,总结了一个教学方法,是"先授以单简之斡子。斡子者(root),语之根也。先从象形入手,次及会意、指事,以至于谐声",这个方法,他以为"亦可以施诸吾国初学也"。这是他开始借用英文"语根"的概念来分析汉字结构,而且认为不光可以此教外国人,也可以教中国人,就是说中国人也可以接受这一分析。他和赵元任在康奈尔大学时,经常一起讨论中国语言问题。他以希腊、拉丁文来比拟中国的文言，说前者已为死文字，文言尚且在用，是半死的文字。教文言时，第一要"与教外国文字略相似，须用翻译之法，译死语为活语"；第二在童蒙阶段，应从象形指事字入手，到了中学以上再习字源学，使人由兴趣记忆字义；第三要借助《马氏文通》，以文法教国文；第四要采用标点，以求文法之明显易解及意义之确定不易。（曹伯言整理《胡适日记全编[二]》卷十一，1915 年 8 月 26 日记《如何可使吾国文言易于教授》，安徽教育出版社，2001 年）这几条，都是挪用了西方的语言分析方法。

在美国七年，让胡适在审视自己的母语汉语时，也逐渐带上了西方人的视角。1916 年，他写信给陈独秀说："今日欲为祖国造新文学，宜从输入欧西名著入手，使国中人士有所取法，有所观摩，然后乃有自己创造之新文学可言也。"（1916 年2 月 3 日胡适寄陈独秀，耿云志、欧阳哲生编《胡适书信集[1907—1933]》上，69 页，北京大学出版社，1996 年）便是非常清楚地表现了这种转变。这也是胡适与年长他三十多岁的辜鸿铭之间的很大不同，在中国与西方之间，胡适认为西方文学及文化更值得取法。但是，在对待西方汉学家的态度上，他却和辜鸿铭一样不免心存怀疑。他在英国《皇家亚洲学会报》（*Journal of the Royal Asiatic Society*）上读到翟理斯之子Lionel Giles 发表的《〈敦煌录〉译释》一文，发现它"讹谬无数",以为"彼邦号称汉学名宿者尚尔尔,真可浩叹",于是为文正之,为该会报刊载,这让他一面有"西人勇于改过,不肯饰非"的感慨,一面也得到"西人之治汉学,其用功甚苦,而成效殊微"的经验,并且相信"此学(Sinology)终须吾国人为之,以其事半功倍,非如西方汉学家之有种种艰阻不易摧陷,不易入手也"(《胡适日记全编[一]》卷五,1914年8月2日记《解儿司误读汉文》;《胡适日记全编[二]》卷八,1915年2月11日记《西方学者勇于改过》)。

就在这段时间,由于主张"文学革命",胡适提出了"历史上的文学革命"这样一个思路,其中最重要的一点,就是将中国文学的历史看成中国文学的"语言工具"变迁史,变迁的趋势是活文学代替死文学。所谓活文学,即是白话所写,死文学指半死的文言所写。他以但丁创意大利文、乔叟等创英吉利文、马丁·路德创德意志文为例,说中国文学应该是"至元代而登峰造极",因当时的词曲和剧本小说,"皆第一流之文字,而皆以俚语为之。其时吾国真可谓有一种'活文学出世'"。(《胡适日记全编[二]》,1916年4月5日记《吾国历史上的文学革命》)这恰好与撰写《宋元戏曲史》的王国维意见相近。而在与任叔永等人讨论过后,他又指出白话是文言的进化,文言的文字可读不可听,无法用于演说、讲学和笔记,白话的文字却是既可读又听得懂，"今日所需，乃是一种可读，可听，可歌，可讲，可记的言语。要读书不须口译，演说不须笔译；要施诸讲坛舞台而皆可，诵之村妪妇孺而皆懂。不如此者，非活的语言也，决不能成为吾国之国语也"。（《胡适日记全编［二］》卷十三，1916 年 7 月 6 日追记《白话文言之优劣比较》）

1922 年，胡适在当时教育部的国语讲习所讲了他的"国语文学史"，后来他自己整理修订正式出版时更名为《白话文学史（上卷）》。这一文学史虽然只讲到汉唐部分，可是在 1920 到 1936 年间，胡适还是花了很多精力在元以后古典小说的研究上，写下涉及《水浒传》《红楼梦》《西游记》《三国演义》《三侠五义》《官场现形记》《儿女英雄传》《海上花列传》《镜花缘》的三十多篇论文，同时与亚东图书馆合作，印行采用新式标点并分段的白话小说。在为亚东出版的《水浒传》写的《〈水浒传〉考证》（载汪原放标点本《水浒》，亚东图书馆 1920 年）里，他特别交代新的版本删去了金圣叹的总评和夹评，是为了避免读者受旧式读法的影响，而能够以新的历史眼光去看梁山泊故事由南宋末至明代的演变。而他对《红楼梦》作者、时代、版本、续作者的考证，也得到过鲁迅"较然彰明"的肯定。（鲁迅《中国小说史略》，北新书局，1927 年 4 版）

不管是不是赞成以白话文学为正宗的理论，从"语言工具"入手的中国文学史书写,完全改变了对中国文学传统的看法。正如 1932 年胡适在为孙楷第《日本东京所见中国小说书目提要》(《胡适文集》5)写序时所说,"十四五年前我开始作小说考证时,那时候我们只知道一种《水浒传》,一种《三国演义》,两种《西游记》,一种《隋唐演义》",可是,现在我们知道的《水浒传》明刻本就有六种之多,《三国演义》靠着日本所藏几个古本也,"差不多可以知道元朝到清初三国的故事演变",《西游记》在日本已知有七部明刻本,加上宋刊的两种《三藏法师取经记》和盐谷温印行的吴昌龄《西游记杂剧》,"从此《西游记》的历史的研究可以有实物的根据"。现在"我们可以说:如果没有日本做了中国旧小说的桃花源,如果不靠日本保存了这许多的旧刻小说,我们决不能真正明了中国短篇与长篇小说的发达演变史",我们可以了解孙楷第"渡海看小说"使命的重大!而中国学界对中国小说戏曲的研究,实在是既受到过西方汉学家的启发,最终也超越了东西方汉学家的水平。

2016 年 12 月

本文原载《书城》2018 年 3 月号

一个科学史研究者眼中的爱因斯坦

江晓原

爱因斯坦有着丰富的人生和伟大的成就，每一个关注爱因斯坦的人，眼中看出来的爱因斯坦很可能各不相同。

关于爱因斯坦，已经出现了无数相关的文本——学术研究、大众文本、传记、电影等。对于中国公众来说，爱因斯坦主要被用于赞美科学、鼓吹民主、少年励志这三个方面作为典型，因此中国公众对爱因斯坦的了解经常是不全面的，而且往往是不真实的，爱因斯坦的形象往往是人为建构的，目的是为上述三个方面的教化工作服务。

作为一个科学史研究者，关注爱因斯坦，几乎可以说是这个行业的"标准动作"之一，笔者也不例外。由于爱因斯坦有着丰富的人生和伟大的成就,每一个关注爱因斯坦的人,眼中看出来的爱因斯坦很可能各不相同。下面提供的,是笔者眼中的爱因斯坦。但笔者不求面面俱到,只着重介绍以往未被公众注意到的那些方面。

曾经的"民科"爱因斯坦

如果我们将没有在主流科学共同体中任职,同时却对科学有着浓厚兴趣的人称为"民科"(民间科学爱好者)的话,那么爱因斯坦就曾经是一个超级"民科"。

1895年秋,16岁的阿尔伯特·爱因斯坦投考当时欧洲最好的学校之一苏黎世综合技术学院,不幸名落孙山。他不得不进入瑞士的一所补习学校(约略近于国内今天的"高考复习班"或"复读班"),两年后(1897年)才如愿以偿。

在大学里,爱因斯坦很快就和女同学米列娃堕入情网。米列娃比爱因斯坦年长,脚有一点跛,她出身奥匈帝国官宦之家,自幼有才女声望,在男校读完中学,和爱因斯坦同年进入苏黎世综合技术学院。由于米列娃不是犹太人,因此爱因斯坦和她的恋情遭到父母的强烈反对。然而1901年米列娃珠胎暗结,她不得不回到父母家生下孩子,再回到学院却未能通过毕业考试，无法得到文凭——这是一个典型的女大学生早恋并婚前怀孕而导致学业失败的悲惨故事，爱因斯坦在此事中就像一个坏小子。

爱因斯坦1900年拿到了这所名校的毕业文凭，可是他未能获得学校的助教职位，只好到处打零工。晃荡了两年工夫，靠一位同学父亲的推荐，才在伯尔尼专利局获得了一份"三级技术鉴定员"的工作，年薪3500法郎，任务是鉴定新发明的各种仪器。

爱因斯坦对米列娃总算没有始乱终弃，1903年和她结了婚——但这场冲破重重阻力赢得的婚姻并未能白头偕老（十多年后他们黯然离婚）。婚后米列娃因没有文凭，无法找到工作。次年儿子汉斯出生，那几年沉重的家庭负担，使专利局年轻职员爱因斯坦的生活看起来有点潦倒落魄。

一个专利局的小职员，当然没有机会与当时的主流科学家来往。爱因斯坦在伯尔尼只有几个青年朋友，最重要的是哈比希特兄弟和索洛文。这一小群年轻人经常在工余和课后聚首，一起散步、阅读或座谈。

他们研读的哲学和科学著作留下了记录，其中包括：斯宾诺莎、休谟、马赫、阿芬那留斯、毕尔生的著作，安培的《科学的哲学经验》，物理学家亥姆霍兹的文章，数学家黎曼的著名演讲《论作为几何学基础的假设》,戴德金、克利福德的数学论文,彭加勒的《科学和假设》等。他们倒也并不"重理轻文"——他们还一起读过古希腊悲剧作家索福克勒斯的《安提戈涅》、拉辛的作品、狄更斯的《圣诞故事》、塞万提斯的《堂吉诃德》以及世界文学中许多别的代表作品。

一起阅读的乐趣在于思想的交流,这群年轻人被这种乐趣迷住了,虽然清贫,但是他们充实而幸福,感到"欢乐的贫困是最美好的事"。他们将这难忘的几年命名为"不朽的奥林匹亚学院"。

从爱因斯坦留下的这一阶段的读书记录我们可以判断,他虽然未能进入高校或科研院所从事科学工作,但他毕竟受过良好的科学教育,所以一直保持着对科学的兴趣和关注。他阅读的黎曼、彭加勒、亥姆霍兹等人的著作,都可以说是那时科学的前沿作品。

爱因斯坦奇迹年

1665年至1667年间,牛顿因躲避瘟疫离开剑桥到故乡待了几年,在那几年中他得出了微分学思想,创立了万有引力定律,还将可见光分解为单色光,在数学、力学、光学三个领域都作出了开创性的贡献。"奇迹年"这个拉丁语词（annus mirabilis）原本是用来称呼牛顿的 1666 年的，后来也被用来称呼爱因斯坦的 1905 年。

1905 年是"爱因斯坦奇迹年"——这一年中，26 岁的爱因斯坦发表了五篇划时代的科学论文，其中最重要的当然是创立狭义相对论的《论动体的电动力学》和《物体的惯性同它所含的能量有关吗》。一年之内，爱因斯坦在布朗运动、量子论和狭义相对论这三个方面都作出了开创性的贡献，这些贡献中的任何一个都足以赢得诺贝尔奖。

一个根本没有进入当时主流科学共同体的小职员，凭什么能创造这样的奇迹？一小群年轻人，三年的业余读书活动，为什么竟能孕育出"爱因斯坦奇迹年"？

爱因斯坦后来多次表示，如果他当时在大学里找到了工作，就必须将时间花在准备讲义和晋升职称的论文上，恐怕就根本没有什么闲暇来自由思考。他在逝世前一月所写的自述片段中，说得非常明确：

> 鉴定专利权的工作，对于我来说是一件幸事。它迫使你从物理学上多方面地思考，以便为鉴定提供依据。此外，实践性的职业对于像我这样的人来说简直是一种

拯救：因为学院式的环境迫使青年人不断提供科学作品，只有坚强的性格才能在这种情况下不流于浅薄。

也就是说，奇迹源于自由的思考。杨振宁曾对青年学生说过，应该"经常思考最根本的问题"，才有望在科学上有所建树。爱因斯坦在伯尔尼那几年间的故事，可以有力地证实杨振宁的说法——相对论就是"思考最根本的问题"所产生的最辉煌的结果。

但是，换一个角度来看，爱因斯坦在 1905 年之前几年中的表现，其实非常符合我们今天的"民科"标准：未能在主流科学共同体中得到职位，搞出来的东西又不是在现行主流理论基础上的添砖加瓦——特别是相对论，简直是横空出世天马行空，其中的光速不变原理严重违背日常经验，难怪诺贝尔奖的评委们始终不肯将物理学奖颁给相对论。可以说，爱因斯坦当年就是一个超级"民科"——只是由于他在 1905 年是如此成功，以至于没有人将他视为"民科"了，他反而成为主流科学的神话和科学共同体一致膜拜的教主。

"爱因斯坦奇迹年"为我们提供了深刻的教训和启发。可惜的是这些教训和启发经常是被忽视的。人们习惯于将注意力集中在 1905 年时的"物理学危机"之类的话题上，只注意物理学,不注意人和人的生活。例如,在《爱因斯坦奇迹年》一书的导言中,主编施塔赫尔(John Stachel)比较了牛顿和爱因斯坦这两个"奇迹年"的多项异同,但是有一个非常重要的共同点,他却完全没有注意到,这个共同点也是经常被后来的科学家们有意无意忽略的,那就是——牛顿和爱因斯坦创造奇迹时,都没有用过一分钱的"科研经费"!

事实上,科学史上许多伟大的发现,都是在不用国家一分钱的状况下完成的。用我们今天的套话来说,爱因斯坦毫无疑问是"国际一流"的科学家,但是令人感叹的是,这个国际一流的科学家完全是自发生成的,他既没有得到过某某基金的资助,也没有在官方的项目中拿过什么"课题"。而如今那些用掉纳税人亿万金钱所取得的"科研成果",与万有引力和相对论比起来,绝大多数都显得平庸、匠气、令人汗颜!"爱因斯坦奇迹年"完全是学术自由、思想自由的产物,而不是计划经济或"计划学术"的产物。

相对论及其 1919 年验证公案

爱因斯坦 1905 年提出狭义相对论,1915 年提出广义相对论,但是,直到 1955 年爱因斯坦去世,诺贝尔物理学奖也没

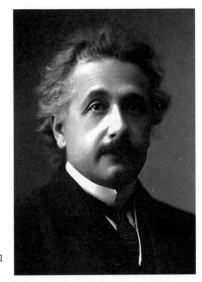

爱因斯坦 1921 年获得诺贝尔物理学奖时的官方肖像

有因为相对论而颁给爱因斯坦。后来以他1905年提出光电效应的名义给了他诺贝尔物理学奖(1921年),算是一个交代。

现在回过头来看,相对论始终未能获得诺贝尔物理学奖,倒也有一定的合理性——实际上直到爱因斯坦去世,广义相对论仍未完全得到验证。

有一些进入了教科书的说法,即使被后来的学术研究证明是错了，仍然会继续广泛流传数十年之久。"爱丁顿 1919年观测日食验证了广义相对论"就是这样的说法之一。即认为爱丁顿通过 1919 年 5 月的日全食观测，验证了爱因斯坦广义相对论对引力场导致远处恒星光线偏折的预言。这一说法在国内各种科学书籍中到处可见，稍举数例如下：

理查德·奥尔森等人编的《科学家传记百科全书》"爱丁顿"条称："爱丁顿……拍摄 1919 年 5 月的日蚀。他在这次考察中获得的结果……支持了爱因斯坦惊人的预言。"著名的伽莫夫《物理学发展史》、卡约里《物理学史》中都采用同样的说法；在非物理学或非天体物理学专业的著作中，这种说法也极为常见，比如在卡尔·齐默所著《演化：跨越 40 亿年的生命纪录》一书中，为反驳"智能设计论"，举了爱因斯坦广义相对论对引力场导致远处恒星光线偏折的预言为例，说"智能设计论"无法提出这样的预言，所以不是科学理论。作者也重复了关于爱丁顿在 1919 年日食观测中验证了此事的老生常谈。这个说法还进入了科学哲学的经典著作中，波普尔在著名的《猜想与反驳》一书中，将爱丁顿观测日食验证爱因斯坦预言作为科学理论预言新的事实并得到证实的典型范例。他说此事"给人以深刻印象"，使他"在 1919 年至1920 年冬天"形成了著名的关于"证伪"的理论。爱丁顿验证了广义相对论的说法,在国内作者的专业书籍和普及作品中更为常见。

这个被广泛采纳的说法从何而来的呢?它的出身当然是非常"高贵"的。例如我们可以找到爱丁顿等三人联名发表在1920年《皇家学会哲学会报》(*Philosophical Transactions of the Royal Society*)上的论文《根据1919年5月29日的日全食观测测定太阳引力场中光线的弯曲》,作者在论文最后的结论部分,明确地、满怀信心地宣称:"索布拉尔和普林西比的探测结果几乎毋庸置疑地表明,光线在太阳附近会发生弯曲,弯曲值符合爱因斯坦广义相对论的要求,而且是由太阳引力场产生的。"这个结论当时已经得到科学共同体的权威肯定,因为在此之前爱丁顿已经公布了他的上述结论,在1919年《自然》(*Nature*)杂志上连载两期的长文《爱因斯坦关于万有引力的相对论》中,已经引用了上述爱丁顿论文中的观测数据和结论。

然而,爱丁顿其实未能验证爱因斯坦的预言。

诸如相对论、物理学、天体物理之类的学问,在西方通常被称为"精密科学"——指它们可以有精密的实验或观测,并可以用数学工具进行高度精确的描述。但是,即使是这样的学问,仍然有很大的不确定性。而这种不确定性是我们传统

LIGHTS ALL ASKEW
IN THE HEAVENS

Men of Science More or Less Agog Over Results of Eclipse Observations.

EINSTEIN THEORY TRIUMPHS

Stars Not Where They Seemed or Were Calculated to be, but Nobody Need Worry.

A BOOK FOR 12 WISE MEN

No More in All the World Could Comprehend It, Said Einstein When His Daring Publishers Accepted It.

1919 年 11 月 10 日《纽约时报》刊登新观察证实相对论的消息，形容这是爱因斯坦理论的大胜利的"科普"中视而不见或尽力隐瞒的。具体到在日食时观测太阳引力场导致的远处恒星光线弯曲(偏折)这件事,事实上其中的不确定性远远超出公众通常的想象。

之所以要在日食时来验证太阳引力场导致的远处恒星光线弯曲,是因为平时在地球上不可能看到太阳周围(指视方向而言)的恒星,日全食时太阳被月球挡住,这时才能看到太阳周围的恒星。在1919年的时代,要验证爱因斯坦广义相对论关于光线弯曲的预言,办法只有在日食时进行太阳周围天区的光学照相。但麻烦的是,在照片上当然不可能直接看到恒星光线弯曲的效应,所以必须仔细比对不同时间对相同天区拍摄的照片,才能间接推算出恒星光线弯曲的数值。

比较合理的办法是,在日食发生时对太阳附近天区照相,再和日食之前半年(或之后半年)对同一天区进行的照相(这时远处恒星光线到达地球的路上没有经过太阳的引力场)进行比对。通过对相隔半年的两组照片的比对和测算,确定恒星光线偏折的数值。这些比对和测算过程中都要用到人的肉眼,这就会有不确定性。

更大的不确定性,是因为即使在日全食时,紧贴太阳边缘处也是不可能看得到恒星的,所以太阳边缘处的恒星光线偏折数值只能根据归算出来的曲线外推而得,这就使得离太阳最近的一两颗恒星往往会严重影响最后测算出来的数值。

事后人们发现，爱丁顿1919年观测归来宣布的结论是不可靠的。

在这样一套复杂而且充满不确定性的照相、比对、测算过程中，使最后结果产生误差的因素很多，其中非常重要的一个因素是温度对照相底片的影响。爱丁顿他们在报告中也提到了温度变化对仪器精度的影响，他们认为小于10℉的温差是可以忽略的，但在两个日食观测点之一的索布拉尔，昼夜温差达到22℉。在索布拉尔一共拍摄了26张比较底片，其中19张由一架天体照相仪拍摄，质量较差；7张由另一架望远镜拍摄，质量较好。然而按照后7张底片归算出来的光线偏折数值，却远远大于爱因斯坦预言的值。

最后公布的是26张底片的平均值。研究人员后来验算发现，如果去掉其中成像不好的一两颗恒星，最后结果就会大大改变。

爱丁顿当年公布这样的结论，在如今某些"学术打假恐怖主义"人士看来，完全可以被指控为"学术造假"。当然，事实上从来也没有人对爱丁顿作过这样的指控。科学后来的发展最终还是验证了他的"验证"。

在1919年爱丁顿轰动世界的"验证"之后，1922年、1929

年、1936年、1947年、1952年每次日食时，天文学家都组织了检验恒星光线弯曲的观测，各国天文学家公布的结果言人人殊，有的与爱因斯坦预言的数值相当符合，有的则严重不符。这类观测中最精密、最成功的一次是1973年6月30日的日全食，美国人在毛里塔尼亚的欣盖提沙漠绿洲做了长期的准备工作，用精心设计的计算程序对所有的观测进行分析之后，得到太阳边缘处恒星光线偏折值为 $1.66'' \pm 0.18''$。为了突破光学照相观测的极限，1974年至1975年间，福马伦特和什拉梅克利用甚长基线干涉仪观测了太阳引力场对三个射电源辐射的偏折，终于以误差小于百分之一的精度证实了爱因斯坦的预言。

也就是说，直到1975年，即爱因斯坦去世20年之后，广义相对论的预言才真正得到了验证。但这一系列科学工作却没有得到公众和媒体的关注。

恋爱中的爱因斯坦

前些年有一部电影《恋爱中的莎士比亚》(*Shakespeare in Love*, 1999)，获奥斯卡最佳影片奖，但后来《莎翁情史》的译名更为流行。所以《恋爱中的爱因斯坦》(*Einstein in Love*)也不如译成《爱翁情史》更为上口。何况从字面上说，"爱翁"也比"莎翁"更适合有"情史"。对于了解爱翁情史而言，这本书是相当理想的读物。

要说科学家的传记，我们习惯于抱着利用的目的来撰写——利用它们来教育人们，因此起先我们总是断然过滤掉那些"有损崇高形象"的内容。后来说要"有血有肉"了，也只是加进一些诸如走路撞了树还说对不起之类的调料。这些调料本意在于美化科学家，却不知在新一代读者眼中，适成丑化而已。

在中国人心目中，最"有损崇高形象"的莫过于性这件事情了，科学家既是我们要塑造的崇高形象，那就绝不能让科学家和"风流偶傥"之类的事情沾边。所以对于中国学者来说，写一部《恋爱中的×××》这样的科学家"情史"，至今还是想也不敢想的事情。然而在《恋爱中的爱因斯坦》的引言《圣人和俗人》中，作者引用了爱因斯坦的两句诗：

上面的一半作出思考和计划，

但下面的一半决定我们的命运。

这两句诗似乎颇有深意。很多人都认为，恋爱对于精神上的创造性活动,包括科学理论、文学创作、艺术灵感等,有奇妙的激发作用。爱因斯坦和米列娃的恋爱,对于爱因斯坦的科学创造,起了怎样的激发作用? 米列娃对相对论到底有多少贡献? 这些都是西方的爱因斯坦传记撰写者们乐意探讨的问题。

问题还可以换一种提法:如果大学毕业前后,爱因斯坦的恋爱对象不是米列娃,而是另一个女性,那么这样的恋爱还能不能激发出相对论呢? 我猜想的答案是:不能。也许爱因斯坦会在别的科学理论上被激发出创见,也许他会被激发至——比如说吧——下海经商或从事艺术? 我想这很大程度上取决于他恋爱对象的知识背景和兴趣爱好。在这方面我们有强有力的例证:李约瑟原是一个前程远大的生化学家,但是受到年轻美貌的鲁桂珍的激发,他竟转而投身于对中国科学文明史的研究,而且将此后大半生的精力全数投放于此! 可见恋爱产生的激发作用,足以使一个事业有成的中年人一举偏离他原先的人生轨道,更何况年轻的爱因斯坦那时还根本未曾形成他的人生轨道呢。我觉得我们甚至可以说,正是米列娃,帮助爱因斯坦形成了他的人生轨道——也许这就是上面所引爱因斯坦诗句背后的深意吧?

这里还有一个有趣的事实。"文革"期间,中国曾掀起过批判相对论和爱因斯坦的风潮,认为相对论的时空理论"是彻头彻尾的形而上学唯心主义的","在物理学中掀起了一股强大的唯心主义逆流",爱因斯坦则被认定为"本世纪以来自然科学领域中最大的资产阶级反动学术权威"。但是在这样的"批判"中,却从未利用爱因斯坦私生活方面的问题来发难。要知道,按照中国人的传统,要批判某人,最犀利、最有效的莫过于利用在私生活方面的问题。"爱因斯坦在爱情上并不专一,而且几乎一贯如此",岂非极好的"炮弹"? 我猜想,这些"炮弹"之所以未被利用,很可能是因为惯会写大批判文章的人当时还根本不知道有这些材料。

后来爱因斯坦在中国重新成为正面形象,这时中国人"圣人无性"的隐性传统又开始起作用了,要为尊者讳,为贤者讳,对于爱因斯坦离过婚、有过婚外恋、爱情不专一等事,即使中国作者已经知道,通常也会避而不谈——就像对几位偶像人物的婚外恋、重婚等事多年来一直避而不谈一样。谁要是谈了,就会遭到道德谴责,会被严厉追问:谈这些事情到底出于什么动机?

FBI 监控下的爱因斯坦

在 1933 年纳粹掌握德国政权前夕,爱因斯坦流亡到了美国。1940年10月1日,在第二次世界大战的连天烽火中,爱因斯坦和他的养女玛戈、秘书杜卡斯宣誓成为美国公民。1955年5月,爱因斯坦在美国去世,艾森豪威尔总统在悼词中说:"他在追求知识和真理的过程中,于此地找到了自由的气息,为此美国人民深以为傲。"

然而,爱因斯坦本人对美国的观感,却有与此大相径庭者。

在1948年7月1日的晚宴中,爱因斯坦对波兰驻美国大使说了这样一番话:"我想你现在应该意识到,美国再也不是一个自由国家了。我们这段谈话一定有人正在录音。这个大厅装了窃听器,我的住所也受到严密监视。"

在FBI(联邦调查局)的秘密档案中,爱因斯坦在1947年12月作过如下声明:"我来到美国是因为我听说在这个国家里有很大、很大的自由,我犯了一个错误,把美国选作自由国家,这是我一生中无法挽回的错误。"

1983年,FBI关于监控爱因斯坦的秘密档案开始解密。对于这批总共厚达1427页的秘密档案,《新爱因斯坦语录》(*The New Quotable Einstein*)的编者艾丽斯·卡拉普赖斯表示:"我看到的东西使我难以置信",如此粗暴地侵犯个人——而且是世界上最伟大的科学家——的私人生活,竟会发生在一贯标榜"自由"的美国？但事实真的如此。卡拉普赖斯建议读者阅读弗雷德·杰罗姆的著作《爱因斯坦档案》（*The Einstein File*），因为后者全面研究了这批档案。

FBI的秘密档案表明，早在1932年，对爱因斯坦的指控已经出现在美国。在一封由"爱国女性协会"提交给美国国务院的16页控告信中，爱因斯坦被说成是共产党人和无政府主义者"公认的世界领袖"，信中甚至说："和阿尔伯特·爱因斯坦有牵连的无政府共产主义国际团体多如过江之鲫，即使斯大林本人也望尘莫及。"这样荒唐的信件居然会被转交到美国驻柏林领事馆，导致爱因斯坦去领事馆"面签"时遭遇特殊审查。结果爱因斯坦拂袖而去，愤怒质问："这是什么，宗教法庭吗？"并在电话中告诉领事馆，如果他24小时内拿不到签证，美国之行就告取消。领事馆这才赶紧发出了爱因斯坦的签证。

但是这封指控信件此后就成为FBI为爱因斯坦建立的秘密监控档案的开头16页。而FBI后来对爱因斯坦及与他往来人物的监控行动，包括窃听电话、偷拆信件、搜检垃圾桶、进入办公室和住宅秘密搜查——简直太像好莱坞匪警片中的老套情节了。

非常荒诞的是，在二战结束后，对爱因斯坦的严密监控反而进一步展开了。FBI的一些低级特工们,一直将爱因斯坦视为可能向国外泄露美国核武器机密的嫌疑人(特别是爱因斯坦担任"原子能科学家紧急委员会"主席之后),因为他们的局长胡佛从未告诉他们,他早已成功地将爱因斯坦排除在研制原子弹的"曼哈顿计划"之外了,爱因斯坦其实无密可泄。

尽管爱因斯坦无密可泄,但是胡佛却依然不肯放过他。据说这与胡佛和罗斯福总统的遗孀埃莉诺·罗斯福相互之间的极度恶感有关。埃莉诺曾对罗斯福总统说:"我们在培植美国的盖世太保,这让我害怕。"而胡佛则曾对副手说:"知道我为什么一直不结婚吗?因为上帝造出了埃莉诺·罗斯福这样的女人。"1950年2月12日,埃莉诺主持的电视谈话节目《今夕与罗斯福夫人对谈》邀请爱因斯坦作为嘉宾,爱因斯坦在节目中警告公众说:氢弹这样的核武器可能会导致人类的灭亡。第二天胡佛就下令强力展开清算爱因斯坦的行动。这一阶段行动的主题,是要证实爱因斯坦是共产党间谍。

当时麦卡锡主义正在美国大行其道,许多知名人物被怀疑或指控为共产党。偏偏爱因斯坦有点左倾,有时会公开为被指控的人士辩护。在FBI整的爱因斯坦"黑材料"中,爱因斯坦至少和33个"反动组织"(有时就被称为"共产党组织")有着种种关联,比如担任荣誉会长、代言人、担保人、赞助人、文件的联名签署人等。于是FBI根据一些捕风捉影甚至胡编乱造的所谓"线索"，在美国和欧洲到处调查，虚耗了美国纳税人不知多少金钱，最终却一无所获。

另一条针对爱因斯坦的"战线"，是美国移民局在1950年开辟的。移民局也求助于FBI，要求帮助收集证据，目的竟是要撤销爱因斯坦的美国公民身份，并将他逐出美国！这一请求当然正中胡佛下怀，FBI全力配合。这条"战线"上的荒诞故事和"爱因斯坦间谍案"正相伯仲，最终也一无所获。

爱因斯坦晚年在美国和全世界享有极其崇高的声誉，这确实是事实；他在普林斯顿享受着类似"奥林匹斯山上的诸神"那样的尊崇，这也是事实。但是在这些事实的背后，FBI就像一个阴魂不散的小人，一直在暗中纠缠着爱因斯坦。直到1955年爱因斯坦因病逝世，对他的监控活动才告结束。

这不完全是因为爱因斯坦人已去世不会再当间谍（间谍案可以在人死后继续深挖），也和麦卡锡主义恰好在此时退潮有关——1954年12月1日，美国参议院通过法案，谴责麦卡锡的政治迫害行为。也因为持续多年的监控活动，实在挖不出爱因斯坦任何对美国不"忠贞"的证据，胡佛自己也已经气馁。从解密档案来看，在爱因斯坦去世前夕，他已经打算结束这项徒劳无功的监控计划了。

爱因斯坦与原子弹

爱因斯坦一生当然与许多名人有书信往来,但是这些信件中对人类历史影响最大的,毫无疑问是他致罗斯福总统的两封信,即"为建议研制原子弹给罗斯福总统的信"。1939年8月2日的信是匈牙利物理学家齐拉德为他起草的,信中指出了制造原子弹的可能性,并对纳粹德国可能率先造出这种超级炸弹提出了警告。由于感到总统迟迟没有采取有力行动,爱因斯坦在次年三月又给罗斯福写了第二封信。到1941年,美国政府终于决定抢在德国之前造出原子弹,这就是后来著名的"曼哈顿计划"。

这项秘密计划当然需要顶尖科学家的参与,在最初提出的31位科学家名单中包括了爱因斯坦,但是负责对这些科学家进行"政审"的陆军情报署求助于FBI,结果FBI提交了这样的结论:"鉴于爱因斯坦博士的激进背景,本局不推荐雇用他从事机密性质的工作,除非经过极其审慎的调查。因为像他这样背景的人,似乎绝无可能在如此短的时间内变成一个忠贞的美国公民。"于是爱因斯坦竟被排除在本来是发端于他本人向罗斯福总统建议的"曼哈顿计划"之外。

爱因斯坦"政审"未能通过的情形，从来没有向他本人告知过。不过以爱因斯坦的智慧，他很快也就心知肚明了。所以当"曼哈顿计划"的负责官员后来请他担任"顾问"时，他一口拒绝了。

与陆军方面对爱因斯坦缺乏信任不同，美国海军却愿意信任爱因斯坦。1943年，爱因斯坦担任了海军潜艇作战和烈性炸药方面的科学顾问。他对这项工作相当高兴，有时还会向朋友夸耀一番。当然世界大战很快就结束了，他的这项工作只持续了一年多。

1952年9月15日，日本的《改造》杂志写信给爱因斯坦，向他提了四个问题，其中第四个是："尽管您完全明白原子弹的可怕的破坏力，可是您为什么还要参与原子弹的制造？"这家杂志似乎不知道爱因斯坦其实被排斥在原子弹制造之外。不过爱因斯坦还是发表了《为制造原子弹问题给日本〈改造〉杂志的声明》一文，正面回答了日本人的问题："我那时只能这样做，再无其他可以选择的余地，尽管我始终是一个虔诚的和平主义者。"爱因斯坦还指出："反对制造某些特殊的武器，那是无济于事的；唯一解决的办法是消除战争和战争的威胁。"爱因斯坦当然用不着提醒那家日本杂志，在美国和日本之间，是日本偷袭了珍珠港，发动了太平洋战争；而原子弹至少对于结束这场战争起到了促进作用。

虽然后来不少人认为原子弹太残酷,会毁灭人类等,但当年爱因斯坦建议美国赶在纳粹之前研制原子弹,确实体现了一个科学家的社会责任感。而到了晚年,爱因斯坦明确表示反对制造氢弹,反对核军备。1955 年 4 月 11 日,他和罗素签署了《和平宣言》,这同样是社会责任感的体现。七天之后,爱因斯坦与世长辞。

本文原载《书城》2014 年 10 月号

火星故事
——在幻想与现实之间

江晓原

火星的名称与神话

在西方，不管是苏美尔还是希腊、罗马，火星都代表战神，有三个名字：Nergal、Ares、Mars，我们比较熟悉第三个，现在英语里面就是用这个 Mars 代表火星，这是罗马人命名的。奇怪的是这些名称来自不同的民族和文化，在古代早期这些文化之间也许是没有什么交流的，但是大家不约而同都把火星看成战神。古代中国人虽然没有把这些行星弄成神，但是我们让它们管一些事情,或者象征一些事情,而火星在星占学上象征的,恰恰也与战争有关。这种巧合是奇怪的,实际上在天文学上有很多奇怪的事情,有些知识的来历有很大的遐想空间,关于火星名称和神话的来历也有这样的遐想空间。

火星运河的故事

如果对天文学史有所了解,应该都听说过威廉·赫歇尔这个人。他最早在 1784 年提出了"火星运河"这个概念。

从 17 世纪初伽利略开始用望远镜观天之后,天文学家就发现,我们通过望远镜往天上看,可以看出好多新的东西来,从那时以后,人们就开始不停地造望远镜。望远镜从 1609 年伽利略报告用它观天,到 1784 年已经过了 170 多年,望远镜已经造得很大了。越来越多的、越来越大的望远镜不停地对着天空看,人们才发现,在望远镜里,行星和恒星有区别。我们用肉眼就可以看见月亮,它是一个圆盘,但是所有的行星和恒星,我们用肉眼看的时候,它们都不是一个圆面,而是一个光点。但是你用望远镜再往上看的时候,行星可以让你看到一个圆面,而远处的恒星仍旧是一个光点。所以火星、金星这样的行星在望远镜里开始有圆面。

人们用望远镜去看一个天体的时候，会把它们画下来，说明我看到的那个天体上有些什么东西。从伽利略看月亮的时候开始，人们就这样做了。所以，赫歇尔也开始画那个火星圆面上的图，他说他在上面看到了像是运河的东西。

这个提法在当时是非常让人兴奋的，因为当时对于火星上有些什么东西的想象空间比今天要大得多。赫歇尔有一个结论在今天看来还是对的，即火星是太阳系中和地球最相似的行星。当然这里"相似"也只能从不太严格的意义上来理解。

在"火星运河"的故事中，有一个非常重要的人物是意大利天文学家夏帕雷利。当时很多人都在用望远镜观测火星，夏帕雷利不久就宣称自己在火星上看到了运河。夏帕雷利当时用了一个意大利文 canali，这个词既可以理解为"运河"，也可以理解为作为自然地貌的"河流"。等到他观测的这个东西被译到英语中时，就用了 canal 这个词，现在天文学史家已经搞不清楚是谁最先用的，但是这个词一用，它的意思就变了，因为这个词的意思是"人工开凿的运河"。

有很多科学概念，在它传播时的用词是非常重要的。本来科学家应该对选择的词汇深思熟虑，同时还应该考虑到这个词汇一旦被广泛使用会唤起什么样的联想。但是通常科学家们不会在这种事情上花工夫，他们往往当时随口就用了一个词,我们今天很多科学上用的词汇都有类似的故事,某个词汇最初是随便用的,用的时候也没有深思熟虑,等到用了好多年,人们发现这个词汇会带来一系列问题,但这时候问题已经形成了。

所以从夏帕雷利的意大利文到英语的转译过程中,这个自然地貌的"河流"选项就自动被排除了,现在它就是"运河"了。等到后来大家再谈论这个事情的时候,人们就想当然地认为它是"运河"。而当你在用"运河"这个词语的时候,就想当然认为这是人工开凿出来的,自然界本来形成的河流不会被称为运河。所以当时大家在谈论"火星运河"的时候,当然意味着火星上有高等智慧生物,他们搞了工程,挖了运河。

两个著名"民科"借火星修成正果

在火星观测史上,有两个人有重要地位,这两个人在大洋两岸。

一个是弗拉马利翁,我们知道他是法国天文学家,今天法国有一座天文台就是以弗拉马利翁的名字命名的。我们还可以在书店里买到弗拉马利翁的三卷本《大众天文学》,这部书让他名垂青史。

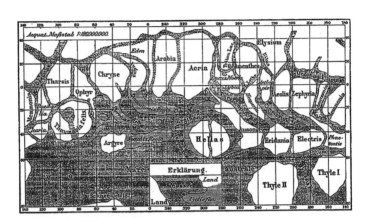

乔凡尼·夏帕雷利绘制的火星地图

弗拉马利翁是什么人呢？他本来不是职业天文学家，而是一个民间科学爱好者。这个人家里很有钱，当时造望远镜的热潮已经持续了两个世纪，有钱的人就在家里造一个天文台，弗拉马利翁也是有钱人，他也在家里造了一个天文台，他自任台长。1882年他开始在这个台上观天。

弗拉马利翁极有活力，社会活动能力很强，不久就创建了法国天文学会，他自任会长。一个学会就要有自己的出版物，接下来他就创办了天文杂志，当然他又自任主编。这一切都是他自己出钱搞的，那个时候就是这样，这就是我说的科学的纯真年代。

弗拉马利翁最大的兴致是观测火星,他说他在火星上看到了 60 多条运河,20 多条双运河。双运河就是两条并行的河流,当时这个双运河的概念更增添了它是人工开凿的色彩。你想自然界怎么可能形成两条并行的河流呢?

弗拉马利翁写了《火星和它适宜居住的环境》,这本书很畅销,当时凡是谈论这种话题的书,都容易畅销。那个时代是 19 世纪末期,当时公众对科学的兴趣非常浓烈,从我们现在看到的一些情况来推测,应该比我们现在要浓烈。尽管今天科学对我们生活的介入比那个时候更多,但实际上公众对科学的兴趣已经没有那时候那么浓烈了。

弗拉马利翁观测火星是在法国。当时的另一个土豪在哪里出现呢?在北美。也是烧钱准备搞天文观测的人,他叫洛韦尔。

洛韦尔家族非常有钱。因为当时美国刚刚爆发,很多土豪什么东西都要学着欧洲,要跟着欧洲的潮流。洛韦尔一看弗拉马利翁这么搞,于是他就在亚利桑那州旗杆镇,也建了一个私人天文台,他去买最贵的望远镜装备起来,也自任台长。他天天晚上爬在望远镜那儿观测,一下子就超过了弗拉马利翁,他宣称他看到了五百多条运河,这个数量比弗拉马利翁多好多倍。洛韦尔也开始写畅销书，做法和弗拉马利翁一样。他一共写了三本畅销书，其中最畅销的是《火星》，后来又写了《作为生命居所的火星》，跟弗拉马利翁那本书差不多，名字也接近。

弗拉马利翁和洛韦尔这么做的时候，正统的天文学界在干吗呢？正统的天文学家对弗拉马利翁和洛韦尔都是看不上的，觉得这属于"民科"，民间科学爱好者，业余的，自己在那里瞎搞。但是这两个人搞天文台确实又是照着天文台的规矩搞的，他们的天文台照样出版他们的观测资料，这个观测资料还跟世界各地的天文台交换。比如这是我们观测到的火星，今天最新的运河我们也画出来是哪一条，完全是按照天文的规范在那里做。你们看不上就看不上，我们干我们的。

最后很奇怪，今天你去看天文学史，包括那些最正统的天文学史，都不得不承认弗拉马利翁和洛韦尔，给他们留下了一笔，给了他们应有的地位。这两人当时虽然狂热，但确实做了大量观测。

洛韦尔后来还有一件事情，让他也有了一点名堂。就是太阳系的那些行星，除了古人早就知道的五大行星，后来的那几颗，天王星、海王星、冥王星，都是通过推测而去观测到的，就是说不是偶然看到的，是根据天体力学推测出来，根据摄动,推测在这颗星外面还有一颗星,然后有目的有方向地进行搜寻。洛韦尔也加入了这种推测—业余天文学家还真的懂天文学,他自学的,他也预言了冥王星的存在,后证明这个预言是对的。所以正统天文学家也承认他在那方面做了一些工作。

今天天文学史给了这两个人应有的地位,他们就算是修成正果了。当然他们两个人都是无所谓的,你们看不看得上我们都无所谓,反正我们的书很畅销。而天文学家又写不出像他们那么畅销的书来,弗拉马利翁的书一直畅销到今天,他的《大众天文学》在世界上被译成好多语言,我们中文版也有,公认它是经典著作。在这些事情上,狂热的民间科学爱好者的能量明显超过了正统天文学家。

和火星文明通讯

经过这两个人的观测,特别是那数百条"火星运河",按照我们地球人的知识,那一定是高等智慧生物为了灌溉、运输而开凿的,所以火星上有高等智慧生物的想法已经变得深入人心。这时另外一些科学家又介入进来了,以至于在 19 世纪末,科学研究最前沿的课题之一,就是如何和火星上的高等智慧生物通讯，试图和他们建立联系。

这里我们可以提到科学史上的四位名人：高斯、马可尼、高尔顿、特斯拉。学过数理科学的都知道，高斯在这四个人里名头最大，他的名字出现在很多物理和数学公式里，比如"高斯公式""高斯定理"等。马可尼是发明无线电的人。高尔顿，名声不大好，他有个"优生论"，不过通常大家知道他是达尔文的亲戚。特斯拉，我们现在有一个物理量就是用他的名字命名的，也是一个在电磁方面有贡献的人。

当时这四个人热衷于用他们发明的手段去和火星上的高级智慧通讯。设想中主要有两个途径：一是搞无线电，当时马可尼、特斯拉都在无线电方面有贡献有发明，他们向公众宣称已经发明了仪器可以和火星上的高等生命通讯。高斯首先是一个数学家，他的想法跟物理学家不一样，他主张用巨型镜面在地球上排列成特定的几何形状，巨型的镜面反射太阳光，那就会变成一个极亮的大三角。这样就能够让月球上、火星上的智慧生物发现，这样一个特定的几何形状不可能是自然形成的，必然是人工的，他们就能知道我们这里是有高等智慧生物的。高斯这个方案最初是为了和月亮上的智慧生物沟通，当时人们相信月亮上是有居民的，后来又有人把他的方案用到火星上。

这些想法我们现在看来都是天方夜谭，当时他们都是著名科学家,他们这些方案都是发表在当时严肃的科学刊物上,不是当小说写着玩玩的。很多名气非常大的刊物,比如《自然》杂志(Nature)、皇家学会《哲学通汇》等,尽管我们现在一说起来都把它们捧在神坛上,认为都是很高级的科学刊物,其实大部分人并不会去看它们,真的去看你就会发现,当年它们登过许多荒谬的东西,还有各种好玩的东西。当时刊登是因为他们都在认真考虑这些事情。

和外星高等生物通讯,也不止针对火星,在当时欧洲科学家心目中,月亮、火星、太阳上面都可能是有高等生物的。这种讨论一直到 18 世纪末还很热,但是为什么今天我们去看科学史或天文学史著作,这些讨论就没影了呢?这是因为,后人写科学史的时候,有这样一个传统:只写科学史上成功的事情。其实科学的发展过程中肯定走过弯路。但科学探索过程中的那些弯路都会被略掉,科学的历史,通常被写成从一个成就走向另一个成就的历史。其实在同时,比这些伟大成就更多的,是做了无用之功、搞了骗局、弄出笑话的历史。

科学发展终止了火星狂想曲

到了 20 世纪初,有两件事让火星故事的热度骤然下降。

第一是望远镜越造越大，终于大到能把那些"火星运河"看清楚了—知道这是自然地貌；第二是有了光谱分析的手段。比方看到金星上有大气，不需要把人弄到那个行星上取样本回来，所有的远处天体的大气里面是什么成分，我们都可以用光谱分析来获知。所以我们就知道火星上面残存的那点大气，人也是不能呼吸的，人到了那地方肯定会死掉。

两项技术发达到这个程度时，人们一下子就知道了，原来火星表面没有水，是一个干旱的环境，当然看不到什么运河了；它几乎没有大气，人或类似于人的高等生物都是不可能在那里生存的。光谱分析造成的最大打击，是对于太阳上有智慧生物的想法，因为光谱分析让我们知道太阳表面的温度是多么高，在那个温度下没有任何生物能够存在，于是大家都知道太阳上不可能有生物。那么月亮上呢？那个时候就知道得更清楚了，月亮上根本就没有大气。

我们所能想象的生物形式，当然只能以我们地球上的作为例子，如果有生命，就必须有阳光、空气和水，这三个必要条件只要缺一个，生命就无法存在。所以到了 20 世纪，火星文明的科学故事结束了，包括月亮上和太阳上的文明，都结束了，这个时候想象的空间就被科学发展压缩了。科学发展到了 20 世纪，人们就很难想象火星上会有伟大文明了。从那个时候开始,火星从一个科学研究的对象很快变成了文学想象的对象。

当代的火星探测

我们想要了解太阳系中那几个邻居,我们对火星的探测兴趣远远大于金星,尽管金星也很适合探测,它比火星还要明亮,但因为金星表面有一层非常浓厚的大气,那层大气实在是太厚了,把整个星球包在里头,根本看不见它里面有什么东西。所以,天文学家对着金星大气,直到现在也无能为力,因此对金星的探测远远不如火星。

对月球的探测,是因为它近,但是月球太小,而且它没有任何大气,所以是一个死寂的世界。后来美苏争霸,又开始有其他想法了,比如如果在月球上建一个军事基地的话,那就在地球外层空间占据上风了。随着中国科技力量的崛起,我们的决策人士应该也想过这方面的问题。联合国曾通过一个决议,宣布月球是全世界共同的领土。据说美国人曾经想宣布月球是他们的领土,但这个事情在联合国没有能通过。

现代对火星,从观察发展到探测,主要是向火星发射探测器,让它飞到火星上去。这个事情从 1960 年开始,主要是由苏联和后来的俄罗斯以及美国搞的。虽然还有欧洲、日本和印度，这三家其实都只搞过一次，其他 39 次都是美苏两家搞的。42 次里 25 次是明确宣布失败的，前五次都是苏联搞的，这五次都失败了，第六次是美国搞的，也失败了，接着美国搞了第七次才成功了。

什么叫成功，什么叫失败呢？发射一个探测器让它飞到火星上空，然后让它着陆，之后还能发回信号来，那就算成功了。不过这些探测器能获得的信息很有限。这些探测器里最成功的是美国的"海盗号 1"和"海盗号 2"，它们先后都在火星成功着陆了。还有类似于月球车一样的东西，让它着陆之后还能在火星表面运动，不断向地球发回一些信号。有时候并不把发射器着陆在火星上，而是让它绕着火星转转，拍拍照。火星上拍照和金星不同，火星上大气十分稀薄，不妨碍拍照。

商业骗局"火星移民计划"

前不久"火星移民计划"在我们媒体上热炒过，连央视也不止一次报道过。这个计划再度引起了人们对火星的兴趣，但计划本身却是完全不靠谱的，我们下面花一点时间来分析这个计划。

简单来说是这样一个计划：一家荷兰的私人公司，向全世界宣布要搞火星移民。公司有一系列的时间表，哪一年干什么，其中最重要的是2023年，要把四名志愿者送往火星。这四名志愿者去了火星就不回来了，他们要住在火星，所以说是移民。还计划又过若干年要让那些移民达到20人。

第一轮宣传之后不久，就有媒体对它产生怀疑了：这样一个私人公司能搞成这事吗？到了2015年，这个公司推出第二波宣传攻势，调门更高了，开始讨论"未来火星自治社会"，想象移民到那里去了之后，要建立新政府，就要有个新社会了。这个计划向全世界征集宇航员，谁都可以报名，中国据说有一万多人报名，全世界有20多万人报名。报名是要交报名费的，报名费也不很贵，一般人也支付得起，当然报名费不会退还。

前不久有媒体曝出，这家公司总部在一个出租屋里，人们就怀疑这是不是一个骗局。结果公司也承认了，说我们是租了那个房间办公，这听着就更像是个骗局了。这个事情到底是不是骗局，我们是可以判断的。

在作这个判断之前，我们不妨了解一点火星的参数。最重要的有：

火星和我们地球的距离：大概在5 500万公里到4亿多

公里之间变化。

火星年：和地球一样，一年绕太阳转一圈，它绕太阳转一圈差不多等于地球两年。

火星直径：约为地球的一半，说明它比地球小很多。

火星表面重力：是地球表面重力的40%——这一条非常重要，我们判断火星是否能移民就必须考虑这一条。

那么这个火星移民计划是否可行呢？

首先，那几个人到火星上是不回来的，这就意味着他们要在火星上住下来。火星上的大气本身非常稀薄，成分也不是人可以呼吸的，那就必须要生活在一个密封的空间里，呼吸那里面的空气。人类在地球上已经做过实验，制造过一个系统，里面有土壤、空气等，把它密封起来，然后让人在里面生活，希望它自己能够循环，但是这个实验到现在为止都是失败的。这种人工制造出来的小型封闭系统，时间稍微长一点（比如几年），就恶化崩溃了，至今没有成功。那个荷兰公司说他们要在2023年把人送上火星，离开现在只剩八年了，这样的生命支持系统在地球上已经实验了几十年都没成功，还剩八年能不能成功？大部分人认为是没有希望的。

其次是航天器的运载能力问题。就算上面的系统成功了，这个系统必然是非常庞大的，是把这个系统造好了运到火星上去呢,还是把材料运到火星上去装配?无论哪种方案,以人类现有的航天能力,都是远远做不到的。从一九六〇年起苏美发射的那些火星探测器,都是非常小的东西。在飞往火星的路上,航天器的大部分体积和重量都损耗在燃料上,只能把很小的一个东西送到那里去。在可见的将来,要把上面讲到的这种生命支持系统送上火星,是不可能的。把器材送过去装配,或者装配好了送过去都是不可能的,现有的航天运载能力离这个还有非常大的距离。

不妨对比一下美国新的火星探测计划,这是NASA(美国国家航空和宇宙航行局)最近公布的,要在2035年左右把人送上火星。假定这个计划可行,也要比荷兰公司的计划晚12年。美国人的计划只是把人送到火星上去,还要回来的,就像他们派宇航员到月球上去登陆,登陆一下就回来,不需要上面讲的那种生命支持系统。而NASA这样的机构,虽然这些年经常面临经费削减问题,但是它所拥有的资源,跟荷兰的私人公司比是可想而知的,NASA的资源不知道比那个荷兰公司雄厚多少。

虽然历史上像弗拉马利翁、洛韦尔的天文台都是私人的,但是航天毕竟和搞个望远镜看看不一样,航天需要的钱远远超过私人天文台许多个量级。

致命的火星大气问题

最致命的问题是火星大气，这个问题不解决，所有火星移民计划都无从谈起。

按照现有的科学理论，行星大气是可以制造的，行星大气成分也是可以改变的。这两条在理论上是可以成立的，不过在技术上当然还从来没有人实践过。比如科学家早就设想过如何改造金星的大气，让它适合人的呼吸，这种想法是有的。

但是火星上的致命问题是，火星现在只有非常稀薄的一点点大气，它的大气只有地球大气密度的 0.8％，连 1％ 都不到。为什么它的大气如此稀薄？就是因为火星的重力太小了——刚才我们说到它的重力是地球表面重力的 40％。要知道，一个行星要有足够大的表面重力，才能把空气吸住，保留它的大气。我们地球刚好是有这个重力的，大气是浓厚的。月球上为什么一点大气都没有？就是因为月球的重力只有我们地球重力的 1/6，所以它任何空气都吸不住。火星上的重力太小，吸不住空气，所以即使可以制造出一个火星大气来，也保存不住，不久它也会散逸到太空中去。

以人类现有的科学能力，改变一颗行星的重力是不可能的。

火星移民不可能长期生活在密封的罐子里,现在去火星移民计划的网站上看,宣传主页上就是一个一个大罐子,是打算给早期移民刚去的时候住的。但你要去征服这颗行星,你就要跑出去,而跑出去你就没法活。尽管还可以想象宇宙中有别的生命,那种生命不要空气不要水,它也可以是某种生命,但这肯定不是我们人类。

2023年离现在太近了,八年很快就会过去,如果大家八年后还记得此事的话,大家会同意我现在的判断是对的。我很有把握,八年后这个事情当然是不可能的。所以我一开始就对媒体说这个事情是不靠谱的。

媒体在"火星移民计划"上的表现

这个火星移民计划和媒体之间有一些明显的互动,值得我们谈谈。

在这个事情上,我们国内媒体的表现,总体说来是令人失望的。在第一波报道中,我们的媒体普遍正面报道了这个计划。你们如果现在去查的话,在第一波报道里几乎查不到任何质疑的意见。

我那个时候就对媒体发表了质疑的意见，结果报纸把我的话缩到很小，在报道了整整两个版面之后，在最后一版最右下方的一个角落里，留了两句话，说江晓原表示这个事情是可疑的。

当时他们采取什么方式来报道呢？第一是跑到那个公司的官网上去，把它的宣传材料翻译过来，自己的官网当然是正面宣传它自己的。第二，不是有一万多个中国人报了名吗？他们就去采访那些报了名的人，那些报名的人就说自己有航天梦想，他们展开幻想，想象我们作为第一批从地球派到火星的移民，将来为人类寻找第二个家园。这样一讲，听得人很兴奋，热血沸腾。

连央视都不止一次播报过这个计划，这实际上是在替这个公司做商业宣传。本来这个公司就有点像空手套白狼，它想靠在国际上宣传来筹钱。我们的媒体在两个层面上误导了观众：

一是科学层面，因为这样正面报道这个移民计划，就让公众误以为移民火星在科学上是有可能的；第二，媒体是有义务的，我们要求媒体给公众以正确的信息，正面引导公众。给一个商业骗局做宣传，这实际上是给我们中国媒体丢了脸。

如果你不想在这两个层面上误导观众，首先，你在第一阶段为什么不去采访我们航天界的专家呢？你干吗老是去采访那些报名的年轻人？那些年轻人对科学不太懂，只是出于好奇或好玩才报名的。到了第二阶段，有的媒体才想起来去采访欧阳自远院士了，欧阳院士当然告诉他们这个是不靠谱的。

当时这些媒体是一头热的一只知道热爱科学，他们一听往火星上移民，这个事情太科学了，又是航天，又是寻找第二个人类家园，从一开始他心里就打定主意了，主题先行了：这个事情好，我要给它宣传。

后来我在《文汇报》上写了一篇文章分析这个事情，我们的媒体为什么会这样做，是因为他们脑子里的科学主义。科学主义就是无限崇拜科学的，一听到有人在搞一个科学项目，要往火星移民，他想当然就认为这个项目是美好的事情，他就不会去想这个项目是不是有问题。比方说宇航员的身体要求是多么高，你到全世界去海选宇航员？你又让大家交报名费，那不是敛财吗？像这种事情，你如果脑子里有一根弦，你一看就会怀疑的。再说你还有科学常识嘛，知道那个事情是不靠谱的。

等到后来国外一些媒体也开始质疑这个计划了，说这个计划是不靠谱的，我们国内一些媒体还不肯改正前面的错误。我们当然也不会要求他登一个道歉启事说我们前一阵子的报道不正确，但你至少现在把正确的信息报道了也行。但是我们有些媒体是这样的，前一阵子义务宣传很起劲，后来知道有问题了，就都不响了，也不提这件事情了。还有的媒体为自己辩护，说不应嘲笑人们的航天梦想，好像这么一辩护，那个错误就没了。对啊！航天梦想是不应嘲笑，我也不主张嘲笑，但是媒体是有责任的，你对公众负有责任，公众现在在很大程度上还是会受媒体影响的，你知道你能够影响公众，你在这种问题上就应该持慎重态度。

对这个所谓的火星移民计划，我前不久写过一篇专栏文章，我认为我们用不着整天去讨伐它，我们知道它是一个商业骗局，看它能不能玩下去，看它能玩到什么程度，最后到了2023年，这种骗局最大的可能是不了了之。最后那些钱，像我开玩笑说的，付房租被付掉了一部分，还有一些宣传费用什么的，然后不了了之，那也不会有多大的危害。现在看来它也不至于给社会造成多大危害，基本上就属于西方那种层出不穷的骗局。

幻想中的火星文明

最后，我们来回顾幻想中的火星文明。自从科学发展压缩了火星的想象空间，大家都知道眼下火星是不可能有高等智慧生物了,但它变成了幻想对象,倒是如火如荼了。在这个幻想的途径上,产生了大量的科幻小说和科幻电影作品。

关于火星文明的科幻小说,最有名的就是英国威尔斯的《星际战争》,注意它的年份是 1898 年,那时火星的想象空间还没有被压缩掉,大家还相信火星上可能有智慧生物。威尔斯的《星际战争》就是我们熟知的"火星人大战地球",电影也至少拍过两次。最后一次是汤姆·克鲁斯演的。小说里想象的,是火星上的高等智慧生物来侵略地球,不过最后虽然在科技上把地球人打得落花流水,却因为受不了地球上的病毒,被地球上的病毒感染后失去了战斗力,这才失败。这个属于比较简单的想象,想象外星生物侵略地球,这种类似的故事有很多。

科学家们不是说火星这会儿表面水也没有了,大气也几乎没有,那是一个死寂的世界,但是我们可以想象火星曾经有过非常发达的文明。电影《火星任务》(Mission to Mars)代表着一种对火星文明的更高级的想象,这种想象到现在还有生命力。想象的故事是这样的:

火星人在几亿年前就发展出了强大的星际航行能力,已经找到了新的家园,他们知道火星这个星球已经不能用了,就在几亿年前迁走了,迁到了太阳系外的某个行星上去。临行他们在邻居地球上播撒了一些生命的种子,然后留下一个火

星人留守在火星上，给她的任务是在火星上等待，一直要等到
地球上的生命逐渐进化，进化到有一天地球上的宇宙飞船飞
到火星上来的时候，她的任务才算完成，她就可以回去了。这
个火星人在火星上留守了几亿年。你想想看，几亿年一个人
留守在那里，多痛苦啊！所以当她一看见地球上的宇航员时，
眼泪就流下来了！火星人终于看到了，他们播种的那个生命，
经过了几亿年的进化之后，终于进化到可以弄一艘飞船飞上
来的地步。

这样的想象空间一旦被打开的话，就是无穷大的，你甚至
可以想象上帝就是一个火星人等等。

在电影《火星任务》里面，还利用了一个很重要的传说——
"火星人脸"。电影中火星人就是从一个巨大的、像人脸一样
的建筑中出来的。好多年前就有一张照片流传着：在火星上
有一张人的脸。网上这张照片也很流行，并且有一种说法，说
这个照片是NASA流传出来的，说是NASA派的探测器在那
里拍摄的，当然NASA是否认的，说这完全是"光与影的幻
觉"而已。但网上经常有这样的东西，民间总是想象说，
NASA这种机构经常干不可告人的事情，经常有政府让它搞
些秘密计划，他们偷偷在火星上探测神秘的文明遗迹等等。
关于"人脸"的传说在很多有关火星的书上都会提到，看看那

张照片,确实像人的脸,但这也完全可能是自然地貌形成的巧合。

关于火星的幻想作品中还有改造火星大气的,比如电影《红色行星》(*Red Planet*),故事里科学家改造了火星大气,使得人能呼吸了。当然这个作品回避了火星大气的致命问题,即火星重力保不住它的大气。但是我们知道在幻想电影里,大气这个问题经常是被忽略的。那些星球上就算有大气,也是不能呼吸的,因为成分不对,如果大气成分和我们地球上的不一样,对地球人来说就是毒气,一呼吸就会死掉的。但拍电影不能一直让宇航员戴个头盔,那我们连俊男美女的脸都认不出来了。科幻作品主要也不是给你上科学常识课,所以作品里有很多地方可以突破或忽略那些常识,为的是强调它的主题。

那颗行星上到底发生过什么呢?

最后,这是我个人的看法,在我看来,即使我们同意科学家现在说的都对,那我们对火星的想象空间也没有被压缩到零。这个想象空间还是有的,因为我们对火星的了解还远远不够。比如,现在还有没有人类踏上过那个行星。那个行星有几十亿年的历史,在这几十个亿年中,那颗行星上发生过什么事，确实很难说。那颗行星上曾经有过某种高等文明的可能性，也不是能够绝对排除的。

比方说，那上面奇怪的生物只需要呼吸非常少的空气就够了，以至于它那个只有地球大气 0.8％密度的空气已经够了，可不可能呢？甚至在那里的生命形态是不需要空气的，那也不是不可能的。另外，现在它表面没有水，不代表以前没有产生过表面上的水。现在又有一些证据说，它地下可能是有水的，我们知道在几十亿年里一颗行星的地质变化也是非常可观的，也不排除它表面上曾经是有过海洋的，谁知道呢？也许，现在在它的下面有水，下面有水本身也有很多的想象空间。那我们按照地球上的生命要素，水也有了，也许在那个密闭的地下空间里连空气都有呢？

这些事情都是很难说的。关于火星的故事，我为什么说"在幻想与现实之间"？因为这个故事确实还没有结束，随着科学的发展，如果有一天，人类到火星上面去了，有了更多的发现，这个故事也可能完全重写。

本文系江晓原教授 2015 年 4 月 25 日在新华·知本读书会所作演讲，刊发时经作者审定，原载《书城》2015 年 7 月号

文明的地图：回顾与前瞻

张信刚

> 有些问题未必会陷入类文明于困境，却是全人类每一分子都会有的困惑。

我今天的演讲将带领大家一同走过人类文明的 750 万年路程。主要为大家讲的内容大致可分为甲、乙、丙、丁、戊、己六个段落：文明的基因、文明的发展、文明的板块、文明的互动、文明的困境、文明的展望。

甲、文明的基因

"基因"这个词现在很流行，"文明"这个词大家也都非常熟悉。那我们文明的基因是从哪里来的？使我对整个人类文明真正有兴趣并且有意识地想去了解的，是一张照片。这是我在埃塞俄比亚国家博物馆里拍到的一张照片。这张像的主角被人类学家昵称为露西（Lucy），是生活在距今 320 万年前的类人类。从照片中可以明显看出，她双足可以直立行走，前肢比后肢短。她的后人慢慢地走出了埃塞俄比亚，并且走到了全世界。按照今天绝大多数古人类学家的看法，露西应该是我们人类共同的祖先。但她的颅容量跟现代人还有很大的差别，所以科学家只能将她归类为原始人类（Homonid），而不是现代意义上的人。从已发现的化石来判断，人和猿分开的时间大概是在 750 万年前：大约 300 万年前有了非洲猿；200 万年前出现了会制造工具的巧人（Homo habilis）；大约 150 万年前出现了直立人（Homo erectus），直立人不但有工具，可能还会用火。他们从非洲东部走出来，经过中东，到达亚洲（爪哇人和北京人应该都是他们的后代），也去了欧洲；大约 50 万至 20 万年前，留在非洲的直立人进化成智人（Homo sapiens），但和直立人的区别并不十分明显。这些智人在大约 20 万年前也走出了非洲，他们的部分后代被称作尼安德特人（Homo neanderthalensis），在中东和欧洲留下许多遗骸、工具和人为埋葬的痕迹；大约 10 万年前出现的现代智人（Homo

埃塞俄比亚国家博物馆里的"露西"(Lucy)

sapiens sapiens)和今天的人类在解剖学上基本上是相同的，我们大家应该都是这一批现代智人的子孙。

在10万年前，人类大致可以分为两支，较为古老的一支是主要在中东和欧洲的尼安德特人；另一支是从非洲散布到中东、亚洲，后来又到了欧洲的现代智人。在欧洲的现代智人消灭了尼安德特人，虽然他们也曾经和尼安德特人交配混血。这两支人类的前额、眉骨和下巴的形状都不一样，显示了他们进化的过程不同。

大约4万年前，地球还处于冰河期，印尼与澳大利亚、新几内亚之间的水道还很窄狭，一部分现代智人就从印尼渡海迁移到了澳大利亚和新几内亚，成为这两个地方最早的人类。后来由于天气变暖，地球进入现在的第四纪间冰期，海面上升，陆地缩小，澳大利亚、新几内亚与印尼和亚洲大陆就更加隔绝了，因此澳大利亚和新几内亚的现代智人在几万年的时间里和其他地区的现代智人没有交往，导致澳大利亚、新几内亚和欧亚大陆有很不同的发展。

大约2万年前，人类用皮毛御寒的能力逐渐提高，一部分现代智人就慢慢从亚洲东部迁移到西伯利亚居住，并在15 000年前，当冰川还没消退的时候，渡过白令海峡进入阿拉斯加。这些人就是今天北美洲和南美洲原居民的先祖。从考古学证据来看，人类从白令海峡进入美洲之后不到一千年，就到达了南美洲的南端，平均每年向南移动大约15公里。从人类学角度看，美洲的原居民和今天亚洲东北部的居民十分相似，现在的DNA研究也证明了这一点。

既然现代智人来自同一祖先，那么人和其他动物有什么分别，人的基本特征是什么呢？这是哲学家要探讨的问题，我说不清楚，作为一个研究科学的人，我只能罗列以下四点：1. 人有比其他动物更复杂和精细的喉部结构，有用声音交流信息的能力，这就是语言；2. 人有懊悔、羡慕、思想等感情，这些感情的深度和广度是其他动物所不能及的；3. 人能用自己的理性根据一定的法则来理解事物，除了感性地看到一定的事物以外，还能理性地推断一定的事物；4. 人会集群而居，社会组织力量和复杂度要比其他动物高得多。另外由于进化，人的眼睛有白眼球，而猴子、猩猩就没有。因为有了白眼球和黑（蓝、绿）眼珠的对照，人就可以"眉目传情"，可以"怒目而视"，也可以"斜眼看人"；在想什么、有什么感情都会被别人知道。动物中只有人会抛媚眼，狗和猴子再聪明、再善解人意，也还是不会抛媚眼。

开始写人类文明史或开始讨论文明的都是农业社会出身的人，因此，文明的开始可以定义为人类开始有意识地种植植物作为食物。那么首先生产食物的地区应该就是文明的起源地。让我们先看在地理上与欧亚非三洲互相隔绝的美洲，它自己形成了一个单独的生态系统。在中美地区，最早有生产和储存食物的证据，主要的作物是玉米和豆类。后来南美洲安第斯山区也出现了食物生产，主要是豆类和马铃薯；再看亚非欧三洲。这三大洲上有四个原始的食物生产区，各有自己的特别作物，而这些作物当然和当地原有的野生植物有关。非洲西部很早就有了农业，最早种植红薯。亚洲西部的美索不达米亚是人类最早出现农业的地区，有种植也有畜牧。这里首先种植的小麦和大麦后来逐渐传到了欧洲、北非、南亚和东亚。印度恒河流域很早就有了独立的农业，但是现在不知道它的原始作物主要是什么。东南亚（湄公河流域）是稻米的原产地，大约八千年前就开始种植稻米了。稻米由东南亚传播到中国南方、印度以及非洲东南部。中国黄河流域的农业是自生的，主要种植小米。小麦则是后来从中东传过来的。

我刚刚说的都是作物，但是农业不单是作物，一开始就有畜牧。人类最好的朋友是狗，有 12 000 年了，在动物之中，狗是最早也是唯一不是因为人要吃它的肉而被驯化的；绵羊和山羊是在西南亚首先被驯化，大约有 1 万年了；猪大约是 1 万年前在中国被驯化的。猪对于中国人来说真是太重要了！

"家"这个字就是屋顶下面一头猪。而"家"对古代中国来说是最主要的社会单位和力量来源。牛、水牛、马、驴也该说一下。牛大概是 8 000 年前在印度被驯化的，水牛 6 000 年前在中国被驯化，马是 6 000 年前在乌克兰北边的草原被驯化的。一开始是为了吃马的肉，后来用它来驮东西，最后发现还能骑它。马脖颈很长，看得很远，可以识途，聪明灵敏，所以就被人类作为运输和作战的工具了。从这以后，才有了游牧这种生活方式，也才有游牧民族。驴别看它小，对人类还真有用。它是 6 000 年前在埃及首先被驯化的，公驴和母马交配可以生骡子。骆驼有两种，中亚的双峰骆驼和阿拉伯的单峰骆驼，但两者之间不能交配生后代。

人和动物有了不解之缘后，当然好处有很多很多，但它们也会给我们带来致命的"礼物"。人其实本身是带有病菌的，动物也会有。天花、麻疹、百日咳、流行性感冒这些病都是从动物身上来的，像现在的 H7N9 病毒就是从家禽身上来的。

乙、文明的发展

我们对人类早期文明的认识主要来自考古学。19 世纪以来，考古学和古文字学成为欧美各国学界非常重视的学科。

学者们在世界各地进行大规模考古挖掘后,发现了许多珍贵的古物,例如陶器、铜器和古代文书等。从这些古物中,考古学家推测出不同地区和不同时代的生活方式,以及它们之间的关系(比如希伯来文明、地中海文明以及它们的关系)。后来历史学家把考古学家的成果借鉴过来,将某些特定的但范围较大的地理区域里较为固定的物质生活方式称为文明(civilization),而把较为抽象的信仰和价值观等称为文化(culture)。其实,这两个词都是欧洲人在18世纪根据拉丁文词根提出的新名词(civilization源自civilis,意为城邦公民;culture源自cultura,意为耕耘)。它们经常被不同的学者赋予不同的意义,二者也时常被视作近似词而被互相代用。

大约距今12 000年前,地球刚进入当今的间冰期,那时地球的不同地区已经居住着不同的人群。天气开始变暖,可供食用的物种和数量增加,人类可以向以前无法居住的寒带移动,追捕一些习惯寒冷气候的大型动物,如驯鹿。在那个时候,农业还没开始或者刚要出现。也就是说,五大洲(如果包括大洋洲就该是六大洲)上的人类似乎都是在一条起跑线上。跑到6 000年前,中东、南亚和东亚的农业社会领先发展,澳大利亚、美洲和非洲南部落后了许多。但到了今天,却是西欧各国人,以及他们在美洲、非洲和大洋洲的后裔所建立的工业社会和后工业社会最为领先。东亚和东欧正在急追但是仍然追不上，撒哈拉沙漠以南的非洲、南美洲的内陆以及内陆亚洲和东南亚的山区似乎最为落后。

19世纪中叶，正当欧洲殖民帝国统治世界各地，具有绝对优势的时候，达尔文的生物进化论出现了。这给了那些本来就具有种族优越感的欧洲人一个借口，认为白种人天生就优越，而黑、棕肤色的人则是先天愚蠢和懒惰。这些种族主义者，一方面称相信上帝，满口"爱你的邻人"，另一方面却又错误地演绎达尔文的进化论，把它转成社会达尔文主义，相信种族和民族的"优胜劣败"和"存优汰劣"，进而宣扬"胜即优，败即劣"以及"优当存，劣当汰"，进行种族灭绝。

这些观点被殖民主义、种族主义和纳粹主义的拥护者到处宣传，以致许多受害者都认为事情本来就该如此。在近代中国，也有不少人不自觉地信服这些谬论。简单地说，他们相信，因为某些人种/民族的智力比较低，人比较懒，所以这些人的发展就落后。但他们无法解释的是，中国汉族和西欧各民族的基因库在近一千年中都没有大的改变（倒是在4世纪到6世纪时，双方各自有过大规模的民族融合，基因库因此可能有不小的改变），为什么中国社会在7世纪到15世纪明显领先于西欧，而18世纪至20世纪则是欧洲明显领先于中国？

且不论这个问题是否有恰当的答案，一个被种族主义和社会达尔文主义影响的人，就会在自己的言行中不自觉地对欧美人士礼貌十足，而对贫穷落后国家的人民和本国的少数民族就不免要自我感觉良好。

这里，我想花几分钟特别针对上面的问题，讲一讲进化论的科学演绎，以及地理环境对人类历史的影响。

大家都知道，寒冷地区的人一般个子比较高，皮肤比较白；热带地区的人个子比较矮，皮肤颜色较深。从进化论基因异变的角度，这个很容易解释。

我先说肤色的"物竞天择"。大家都知道，强烈的紫外线照射会使皮肤致癌。皮肤的色素能够挡住紫外线，因此可以避免皮肤癌。肤色白的人在热带会因为皮肤癌而降低存活的几率，也就难以繁衍；通过基因的异变，肤色深的人就容易在热带繁衍。肤色还和维生素 D 的合成有关。紫外线的照射有利于身体内合成维生素 D，而维生素 D 对人体骨骼的强健来说很重要。在高纬度的寒带，阳光照射少，紫外线不够强，如果肤色太深就没办法合成所需的维生素 D，因此不利于骨骼健康。这样，在寒带的人如果皮肤颜色浅骨骼就会比较健康，也有利于繁衍。因此，无论从防皮肤癌还是从骨骼健康的角度来看，近赤道的人皮肤会比较黑，近北极圈的人皮肤会比较白。进化论解释了这个大家都会注意到的肤色分布现象。

再谈个子的高矮。任何动物，包括人，冬天会怕身体里的热散得太快，夏天会怕身体里的热散不出去。要想散热慢，就应该减低体表面积与身体体积之间的比例；要想散热快，就应该增加体表面积与身体体积之比。现在设想有两个方块，一个是每边一厘米，另一个是每边两厘米。它们的表面积和体积之比分别是 6：1 和 24：8（也就是 3：1）。因此个子高大的人散热比较慢，在寒带比较容易存活，夏天他们散热慢不要紧，因为寒带的夏天不会太热；而个子矮小的人则是在热带比较容易存活，冬天散热快不要紧，因为热带的冬天也不很冷。因此，从进化论可以很清楚地解释，为什么有些人黑，有些人白，有些人高，有些人矮。还有，根据近年来的基因研究，人类现有的各种体型、肤色、头发、鼻子、眼睛的差异，都可以在 5 万年的时间里因为基因变异而产生，也就是说，今天所有的人类都有可能是源于 5 万年或更早之前的某一个小群体，尽管这不是必然的。

既然人类的基因和潜能都差不多，那么种族论优劣的说法就完全站不住脚。那么，又如何解释有的地区的人在几千年之前就已经有了辉煌璀璨的文明，有的地区的人却在不久之前都还没有跨进农业生产而停留在原始生活状态呢？

先让我们看一下世界各大洲的地图。欧亚大陆是地球上最大的一块土地，全部都在北半球，而且主要在温带。穿过欧亚大陆的轴线是东西向，在北纬40度到50度之间，因此要从大陆的东部到西部，不用穿越很不同的气温带，而且还有从多瑙河到大兴安岭的连续不断的大草原；再看非洲，它最宽的地方在赤道附近。贯穿它的轴线主要是南北向，穿越不同的温度带；再看南美洲，也是如此。它形状狭长，跨越赤道，而且还有一个南北向的安第斯山脉把它割裂成三大区，一个是太平洋区，另一个是大西洋区，再有一个就是以热带森林为主的亚马逊河流域。因此，单从地形来看就可以知道，在亚洲和欧洲，人畜的往来和货物的运输比较容易，文明容易传播，文化容易交流，而在非洲和南美洲则是相当困难的。

文明的首要条件是农业。它的开始需要有适当的本地作物，这些作物要能够在人的培养之下生长，还要服从季节的变更，但成熟期不能太长。早期人类不可能等候若干年之后才会结果实的植物，因为他们没有余粮维持生命。小麦、大麦、小米和稻米都是一年一熟甚至一年两熟，所以才会被人类选为农作物。当然，没有野麦就没有家麦，没有野稻也不可能有供人种植的稻米种子。非洲和南美洲就没有野麦，不能种植小麦；欧洲和东亚本来也没有，因为陆上可以交通，西亚的小麦就传到了欧洲、南亚和东亚。

推动文明发展最为直接的条件是，可以被驯化的、能驮重和耕田的大型牲畜。前面已经说过，牛、马、驴、骆驼这些大型的哺乳动物都是在亚洲被驯化的。一旦有了驯化的动物并且让它们快速繁殖，这些牲口就可以帮着种田，可以载人和运货，当然还可以作为食用的肉类。这些在非洲都没有；非洲有的斑马和犀牛无法驯化，狮子、老虎更是不必谈。北美洲、南美洲和澳大利亚也没有可以驯化的大型动物。有人说，美洲和澳大利亚的土著为什么看着肥沃的土地不发展，而欧洲人去了才一两百年，美国和澳大利亚就成了世界两大谷仓和最重要的棉花、羊毛产地？答案很简单，那是因为欧洲人是在工业革命之后，有了现代化的农业技术和机械设备之后才过去的。前面我也说到，澳大利亚和新几内亚的原住民都是四万年前从印尼渡海过去的，之后水平面就升高了，水道变宽了，直到十八世纪欧洲人到达之前，他们都没有与任何其他人类交往的机会，只有袋鼠与他们为伴。在澳大利亚和新几内亚既有的地理条件（高山、沙漠、海滨）、生态环境和物种分布的情况下，这些土著只能在这些限制下繁衍，没有其他办法，所以他们没有农业。美国最大的农业州是加利福尼亚，可是加利福尼亚的原住民不但没有适当的种子，就算有也没有水去灌溉农田,因为加利福尼亚是个干燥无雨的地方,现在的水是从1 500公里之外的落基山脉用运河引过去的。

其实只有一点需要记住:一万年前几大洲的人类都还没有进入文明状态,所以大家都在一条起跑线上;但是有的文明发展得很快很好,有的似乎还在原地踏步。这不能全怪落后的,至少不能简单地说他们的能力低,因为大家脚下的路并不一样,有的笔直而平坦,有的则是崎岖难行,因此文明就有了不同的发展。

丙、文明的板块

因为不同地区的人们面对不同的自然环境,不同的文明板块就出现了。

第一个是美索不达米亚。西亚的两河流域在很早的时候就已经有了令我们今天还会吃惊的成就,比如说,它4 000年前铸造的铜像,数学上的求立方根,天文学上的黄宫十二道(因此发明了12进位制,一年12个月,一天24小时,一小时60分钟),等等。其实任何地方的文化都不是全部由自身创造出来的,彼此的交流和借用十分重要。澳大利亚四万多年都没有机会和别的地区往来,结果那里的人一直停留在打猎和采食阶段。

苏美尔人4000年前的一幅皇家旗帜现在被英国大英博物馆保存。大约3800年前明文颁布的《汉谟拉比法典》的内容相当详细，其中一个基本原则是用者自付，比如说做买卖，不像我们现代人，还有售后服务，当时是你一旦买了东西，卖方就不管后面的事情了。还有就是"以眼还眼、以牙还牙"，后来的犹太法典就承袭了这个原则。犹太人和比他们早的古巴比伦人以及比他们迟出现的亚述人都说同一种闪米特语言。他们最早出现在迦南地，就是今天叙利亚之南的巴勒斯坦，他们的祖先亚伯拉罕和宗教思想就是来自美索不达米亚。

第二个是尼罗河谷。埃及把从美索不达米亚传来的外来文明发展得非常昌盛，它有一条尼罗河。尼罗河三角洲每年被上游冲下来的泥土洗刷一次，土地非常肥沃。尼罗河上游有几个瀑布，它们使尼罗河的上游和下游之间无法航行，因而分为两个地理和文明区；上游人口稀少，下游富庶丰裕。埃及一向受尼罗河影响：埃及95％的人口住在尼罗河两岸只占国土5％的土地上，而另外5％的人住在占总面积95％的沙漠里。所以它是高度集权的文明，而尼罗河就是它的生命线。尼罗河上游，物产不丰厚，多数时间都被下游的人左右。

第三个是印度河谷。今天的印度人并不是印度河谷文明的直接继承人，虽然在血统上可能有一部分关系，但文化上不是。印度河流域指的就是旁遮普（Punjab）五条河流域地区。古代印度河文明的遗迹是英国人在一次大战前后发现的。他们挖掘出来几个城市：摩亨齐达罗（Mohenjo Daro）在6 000年前就有浴室、下水道和暖水器，在那还出土了一个舞女的塑像和群葬的遗址；哈拉帕（Harappa）有整齐的街道，从那出土过一个男性的上身塑像，他应该是黑肤色的印度原住居民，不是今天印度河谷居民的祖先。不知什么缘故，这个文明后来就消失了，3 500年前雅利安人入侵印度的时候，并没有遇到有高度文明的本地人的抵抗。所以3 000多年来的印度人并不知道印度河古代有过这样的文明。美索不达米亚和古印度有很多相同的地方，因此它们中间一定有来往和交流。比如，在两地都出土了圆柱形的滚动印章。

第四个是黄河流域的文明。现在已经知道的有5 000年前的丝绸，3 500年前的非常精致的青铜器，以及2 300年前的马车。我想马车应该不是中国独立发明的。4 500年前美索不达米亚就有战车，战车有轮子，轮子还有轮辐。在这2 000年之后，周武王也使用马拉战车，这应该不是巧合。马大概是6 000年前在今日乌克兰一带被驯化的。而马王堆古墓里发现的2 100年前的丝制旗帜已经非常细致和华丽了。其实，我觉得中国的四大发明的次序很有意思，先发明了穿着和书写用的丝，几千年后才有较简单而更重要的纸。

古印度（Indic）文明很早就已经存在，但是后来却离奇地消失了。3 000多年前从阿富汗进入印度的雅利安人和印度原居民融合后创造了（西方人所谓的）印度教（Hindu）文明。从体质人类学的角度看，今天印度北方和西方的人，平均而言，肤色比较浅一点，个子高一点，鼻子尖一点；而南部人平均来说皮肤要黑一点，个子要矮一点，鼻子要扁一点。也就是说，雅利安人进入印度3 000多年之后，由于地理位置的缘故，印度南方人和雅利安人的混血程度依然比较低。今日印度的主要语言和欧洲各地以及伊朗的语言是同源的，属于印欧语系。古印度文明的创造者说什么语言，现在仍然不清楚。今天的印度有29种官方语言和14种法定文字。今天的印度（Indian）文明也是几种文明的并存，主要是印度教（Hindu）文明和伊斯兰（Islamic）文明。

美索不达米亚文明有几个继承者。第一个是犹太人所建的迦南文明，在巴勒斯坦地区；另一个继承者在今天土耳其的东部和中部，叫作赫梯文明。赫梯文明大概在公元前1900年到公元前1500年达到颇高的水平，但今天的土耳其人并不是赫梯人的后代；第三个是受到美索不达米亚文明的影响，但也受到埃及文明影响的由克里特岛上发展出来的米诺斯文明。岛上发现了许多很精致的陶器，还有栩栩如生的岩画，也有一种因为现存遗迹不多，还没有被破解的古老文字。迦南文明和克里特文明融合后产生了地中海文明，希腊和罗马的文明都属于地中海文明。（当然也还有从地中海东岸迁移到北非迦太基的腓尼基文明。）地中海文明和迦南文明有两个共同继承者，分别是西方基督教文明和伊斯兰文明；还有一个，那就是斯拉夫人在公元1000年左右接受了希腊东正教之后所创造的俄罗斯（以及乌克兰、塞尔维亚等）东正教文明。

丁、文明的互动

在这一段里，我准备用一些实例来说明文明的互动性，其中不少是我在各地旅行时自己认为有所发现而特别拍的照片。

中国多个世纪对外往来的主要通道是"丝绸之路"。这个名字是19世纪德国一个地理学家起的，非常之恰当。总括来说，丝绸之路有北路、中路、南路。在蒙古高原之北和西伯利亚针叶林之南的中间地带有一片从匈牙利直达大兴安岭的欧亚大草原,这就是草原丝绸之路。历史上有吐火罗人、斯基泰人从欧洲经过这条通道来到东亚,而匈奴人、突厥人还有后来的蒙古人又经过这条通道从东亚到达西方。这些人口的移动是文明之间互动的最为明显的例子;在中国南方,从四川、云南南下缅甸可以出海到印度洋,再转往波斯湾或是也门,最后到地中海东岸。也可以从广州出海,沿越南海岸绕过马来半岛进入印度洋,再转去地中海。这是海上丝绸之路。考古发现证明,埃及的货品在秦汉之交就已经从海上来到了广州。提起丝绸之路,大家最熟悉的当然是张骞、法显、玄奘等人去中亚时所走过的,从长安出发,穿过河西走廊和沙漠,越过高山,由绿洲所串起来的绿洲丝绸之路。说明丝绸之路的开发固然以丝绸贸易为初始驱动力,但是它实质上促进了不同地区的交往和展现了文明之间的互动;除了丝绸和其他物质的交换,信仰和生活方式的交流其实对后世的影响更长远。别的不说,单就是佛教传入中国就已经是人类历史上的一件大事。

2006年春天,我在巴黎大学的索邦校区作一个月的学术休假,主要是研究欧洲中古史。有一天清早我在校区附近散步,看见一个以前没注意到的教堂。它门口的法文—阿拉伯文铜牌和告示说明,这座教堂属于叙利亚礼仪天主教会,做弥撒用古叙利亚文,辅以阿拉伯语。叙利亚礼仪天主教会与(独立于罗马教皇的)叙利亚东方正教不同,但也有别于由教宗直接任命主教的拉丁系的天主教会。它在 18 世纪和罗马天主教教廷签订了合并协议,承认自己是天主教的一部分,也承认罗马教宗的领袖地位,但是却可以选举自己的宗主教(Patriarch)和保持原有的独特礼仪。今天想特别介绍一下。

基督教最早的教会当然不在罗马,而是在巴勒斯坦、叙利亚、小亚细亚和埃及等地。这些地方的教会各有各的传统、教仪与信众,没有谁从属于谁的问题。后来罗马帝国定基督教为国教,就有了谁是正统的问题。经过几百年的政治和社会变迁,基督教出现两大支派,一个是由罗马教区的主教所统领的(奉行拉丁礼仪和规章的)拉丁教会(一般称为"罗马天主教"),另一个是由君士坦丁堡的大牧首为统领的(奉行希腊礼仪与规章的)希腊正教。这两大支之外,还有几个较大的支派(埃及、亚美尼亚和埃塞俄比亚的教会)和许多小支派。公元5 世纪,西罗马帝国灭亡,在没有皇帝的混乱中,拉丁教会成为西欧社会的稳定力量,与使用希腊语并且受制于东罗马皇帝的希腊教会渐行渐远。公元 7 世纪,东罗马(拜占庭)帝国的埃及、巴勒斯坦和叙利亚几省被穆斯林占领,这些地方的基督教会虽然受到伊斯兰法律的保护,但它们和东罗马帝国的联系大为减弱。11世纪，拉丁教会和希腊正教正式决裂，互相判处对方要受"绝罚"(ex-communication)，但一些小支派仍然保持独立。十字军占领巴勒斯坦和叙利亚时，当地不少基督教派愿意和拉丁教会合并，但因为语文、礼仪、法规等问题，没有具体的结果。16世纪，奥斯曼帝国灭了东罗马（拜占庭）帝国，也控制了早已伊斯兰化了的埃及、巴勒斯坦、叙利亚和伊拉克。奥斯曼帝国的统治者对不同的基督教会有所偏颇：与拉丁教会亲近的受到打压，与希腊正教亲近的则较为好过些。但是一个多世纪后，拉丁教会的力量因为欧洲的兴起而增强，希腊教会因为奥斯曼帝国的转弱势反而更加自主。18世纪，西欧在中东的力量越来越强。在这个背景下，叙利亚东正教一位刚上任的宗主教忽然宣布他自己皈奉罗马天主教，引起了叙利亚教会的分裂，他自己带领部分追随者迁往黎巴嫩设立新的总部。他随即与罗马教廷签订协议，把他领导的教会与天主教合并，但保留了叙利亚文和原有的东方礼仪。

中亚的突厥裔穆斯林从11世纪起就经常南下到印度的德里，后来还建立了据点。12世纪末叶起，印度北方逐渐被穆斯林占领和统治。这个时期由中亚南下的穆斯林除了在德里建立了巩固的政权之外，还有不少人在印度北部和中部的某些地区也建立了地方政权。从12世纪到15世纪，印度北

库特伯高塔（Qutb Minar）

部、中部由穆斯林统治的地区被称为德里苏丹国。德里苏丹
国统治的人口其实大半是印度教徒；而在印度北部和中部同
时还存在着许多信奉印度教的王公所统治的大大小小的公
国。这些穆斯林政权和印度教政权的领土犬牙交错，统治者
也经常合纵连横，相互兼并。政治与军事的联盟关系并不完
全以宗教信仰划线。跨宗教的联盟以及军官和文人先后效忠
于印度教王公和穆斯林苏丹的情况也屡见不鲜。今天印度

(或者全世界)最优雅美观的建筑物之一是在新德里南部的库特伯高塔(Qutb Minar)，它是穆斯林统治者为了纪念消灭德里印度教政权，在13世纪初起建，费时1百余年才完成，塔高73米，有5层阳台，塔身的横断面是圆形的莲花瓣，下粗上细，用不同色彩的石料装饰。我去参观的时候，导游是一个充满宗教激情的印度教徒。他特别给我建议了几个好角度拍照，并且指出整个塔身的切面是莲花形状，而莲花是印度教(和佛教的)标记。他认为当时替征服者设计和建筑这个高塔的工匠应该是和他一样忠诚的印度教徒。在高塔的底部有一个说明，库特伯高塔的塔基所用的石材是来自德里几个被拆毁了的印度教庙宇。

就在差不多同一个时代(12世纪至15世纪)，今天土耳其也是分别由不同的穆斯林政权和希腊正教政权统治。前者以塞尔柱突厥人为主，称为塞尔柱(Seljuk)苏丹国；后者主要是十字军第四次东征后，各地兴起的希腊人政权，其中最大的是今天土耳其东北部的特莱博宗(Trebzon)王国。我去过特莱博宗，还参观了仍然矗立在那里的晚期拜占庭建筑精品——圣智教堂(Higia Sophia，和伊斯坦布尔的早期拜占庭经典建筑同名)。这个教堂建于14世纪，当时塞尔柱人已经包围了特莱博宗王国并且正在蚕食它。教堂的部分石雕有明显的塞尔柱突厥人的伊斯兰风格，制作这些石雕的匠人有可能是受雇于希腊业主的塞尔柱突厥人。

从土耳其和印度这两个例子可以看到，文明之间的借鉴是双向的。整体强大的可以向正在式微的文明借鉴；正在衰落的文明一般都会向强盛的文明学习，也可以从强大文明地区聘请对自己有用的专才。

下面我要给你们看看我在湄公河流域旅行时拍的照片。这一张是经过导游指点后拍的，地点是吴哥窟废墟中一面不太为人注意的墙上的浮雕：从这些拿着武器的人头上的发髻和饰物，可以判断他们应该是南宋（或是仍然未改制服的元朝初年的南方）士兵。吴哥窟是真腊王国时代的柬埔寨用时 30 多年建造的皇室陵墓，是世界上最大的宗教纪念馆，先是印度教的，后来改为佛教的。中国史书上提到元初周达观驻节真腊一年后回国写了《真腊风土记》，当时他所带的士兵是什么打扮我不敢说。无论如何，12 世纪至 13 世纪来自中国的士兵出现在深受印度宗教影响的真腊国皇家祭祀建筑群的浮雕中，的确是文明互动的一个表现。

下面的文明互动就更实在了，但史书中没有记载。我在老挝的首都万象大街上溜达，见到一家"辽宁饺子馆"。走进去唠嗑了几句，就从我的辽宁老乡那里白蹭了一顿饭。

吴哥窟废墟中一面不太为人注意的墙上的浮雕

　　世界上早期的书写方法都很麻烦，字母的发明和使用是一个重大的改进。大约 3 400 年前，腓尼基人发明了字母，一共 20 个辅音，没有元音字母。这对于只有三个元音，而且变化有规则可循的闪米特语言来说，不是一个大问题；今天阿拉伯文的报刊也不标注元音。腓尼基字母传播得很广，它的继承者是说阿拉美语的巴比伦人所使用的阿拉美字母。公元前

6世纪，波斯人打败了巴比伦人，成了中东的新霸主，但阿拉美语仍旧是中东地区的通用语。巴比伦人曾经把大多数犹太精英迁移到巴比伦，这就是犹太历史上的"巴比伦之囚"。波斯灭了巴比伦之后又把犹太人放回到以色列。在这之后的好几个世纪里，犹太人继续说阿拉美语。耶稣说的就是阿拉美语。耶稣受难后，最早的基督徒在今天的叙利亚和土耳其。后来叙利亚的基督教徒又用叙利亚文翻译希腊文本的《圣经》，于是公元2世纪的叙利亚人通过宗教文书就和犹太人、巴比伦人、腓尼基人联系起来了。叙利亚文流行后，中东地区的基督教、摩尼教和景教都用叙利亚文书写他们的文书，彼此之间的写法只有少许差别。由于景教（聂斯托里派基督教）被正统基督教迫害，被迫离开叙利亚，它的信徒辗转到了波斯和今天的乌兹别克斯坦，劝化了很多本来信仰袄教（俗称拜火教）的粟特人。粟特人在公元4世纪至10世纪是丝绸之路上最为活跃的商人。唐代所谓的胡人，最主要就是指粟特人，而中国历史上最被人所知的粟特人是出生于辽东的安禄山。

20世纪初，在敦煌附近的一个长城烽燧下发现了七封信札。据研究结论，这些信札是住在甘肃和新疆的粟特商人写回家的，时间在4世纪初，却不知什么缘故没有被投递出去而遗留在了烽燧下长达 1 700 年！它们是现存的最古老的粟特文书。这些信清楚地反映了当时粟特商人在中国做生意的情况。还有一封信是一个被丈夫遗弃的粟特妇女写的个人凄惨故事。这批粟特信札以及许多现存的粟特文书是用粟特字母拼写的粟特语，即是东伊朗语的一种；粟特字母是经过改造的叙利亚字母。由于粟特人在很多地区做生意，所以就把他们的宗教传给了一些本地人。特别是属于突厥族裔的回鹘人；他们有的信佛教，有的信摩尼教，也有不少人信奉景教。回鹘人受到了中国人和粟特人的双重影响，所以回鹘文是把粟特字母加以改造，然后把每个字母旋转 90 度，竖着成行书写。后来成吉思汗命令一个维吾尔学者为蒙古造字，这位学者就把回鹘字母又改造成了竖着写的蒙古字母，这就是至今仍然在使用的蒙古文。

这里有一封西亚的伊尔汗阿鲁浑用蒙古文写给法国菲利普国王的信，内容是说我想打埃及，如果你们想要耶路撒冷，不如和我们一起出兵；你拿下耶路撒冷，战利品我们平分。这封信上还盖着忽必烈汗所赐的伊尔汗国的国玺，上面用篆书刻有"辅国安民之宝"六个汉字。伊尔汗阿鲁浑找了一个常驻波斯的热那亚商人给他送信，但是当这封信送到巴黎的时候，法国人已经不想去打耶路撒冷了，就回信婉拒了这个建议。

这个受人之托忠人之事的热那亚商人又用了很长的时间把法国人的回信带到伊尔汗国，哪知伊尔汗阿鲁浑已经死了。但是死者1289年写的那封信却成了欧亚外交文件中的珍品，现在收藏在法国国家图书馆里。

我们可以总结一下：腓尼基字母，向西北传到了希腊；希腊语属于印欧语系，元音的用法很复杂，而腓尼基字母没有元音，希腊字母却兼有元音和辅音。希腊字母的第一个是元音，叫 α(alpha)，第二个是辅音，叫 β(beta)，因此整套字母就叫作 alphabet，是头两个字母的结合；希腊字母向西北传，变成了拉丁字母；第10世纪向北传到了斯拉夫民族的地区，成了西里尔(Cyrille)字母，所有信仰东正教的斯拉夫民族（如塞尔维亚）和后来受到俄罗斯文化影响的国家（如哈萨克斯坦和蒙古）都用西里尔字母拼写自己的语言；腓尼基字母向南传，成了希伯来字母。再向南到了埃塞俄比亚，成了今天仍然在使用的阿姆哈拉字母（阿姆哈拉语也属于闪米特语族）。腓尼基字母向东传到了巴比伦，就成了阿拉美字母；阿拉美字母向西南传到阿拉伯半岛，先出现了那伯泰恩(Nabataen)字母，后来经过改变成了今天的阿拉伯字母。阿拉美字母往西北传就是刚才提到的叙利亚文（包括摩尼教的字母和景教的字母），接着就是粟特字母；把粟特字母稍加改变成了回鹘字母，从横写变成竖写就成了回鹘文；而后来回鹘字母变成了蒙古字母，蒙古字母又变成了满文字母。顺便加一句，南亚和东南亚的多种文字大都源于印度的梵文，用弯曲的婆罗米（Brahmi）字母书写。婆罗米字母并不是直接从腓尼基字母的形状变异而来的，但是由于雅利安人早期和中东的联系，字母这个概念应该是从腓尼基字母引入的，字母的形状和发音则是印度的产物。

全世界各种文字的书写系统十分庞杂，但仍然有脉络可寻。要说明文明之间的互动性以及文明之间的联系没有比这个事例更合适的了。

戊、文明的困境

文明到了今天有很多问题出现：首先是水资源的问题，很多地方水资源不够。中国以人口计算是非常缺水的，然而加拿大和俄罗斯这两个北方寒带的国家是不缺水的。北美洲的五大湖区是全世界最大的淡水系统，而贝加尔湖则是全世界最深也是储水量最大的淡水湖。其次是森林，有一些森林被改为耕地了，有一些被楼房占去了，还有一些被当成高尔夫球场了。巴西的亚马逊河流域是世界上最大的热带森林，马来西亚和印尼也有不少。和森林资源不可分的当然是碳排放和化石能源的问题，这是国际争端的一个重要因素。由于利用石油或者其他碳氢化合物作为燃料，就会产生二氧化碳，就会带来地球的暖化，这不是某一个文明的困境，而是全人类的困境。中国现在是全世界最大的碳排放国，虽然人均排放量还不算大，但是在北京和其他大城市，二氧化碳的排放量就很大了。如果由于温室效应，气温升高 4 摄氏度至 6 摄氏度，全球的冰山融化，海平线上升，许多地方就会被海淹没，许多河流也会产生海水倒灌的现象，就不能种田了。就算食物和住房的问题可以解决，细菌和病毒也会大行其道，人类文明就会面临前所未有的危机。

不同的社会有不同的统治方法，古埃及的法老王，也包括黄河流域在内的农业文明的基本统治方法是当政者专权，就是什么事都是当政者"说了算"。工业革命以来许多近现代政府扮演的角色有了一定的限制，比如，在限定依法收税和开支、处理外交和国防事务等方面。现代的公民意识增高了，人民之间的联系方法进步了，所以在社会生活中，除了政府部门外还有非政府组织。作为政府，怎样处理好税收、征地、建设公共设施、环保等涉及公共利益的问题，一直没有一个令人真正满意的制度或是办法。人类的文明在认识和利用自然方面已经比几百年前高明了许多倍，但是尽管现在教育普及，交通十分便捷，人类对于处理人和人之间的矛盾，却没有任何一个现有的政治制度能够胜任。这是非常值得我们思索的问题。

联合国的一国一票形式，是从一次大战后建立的国际联盟那里借鉴过来的，是标准的民族国家（nation states）的世界构建模式，在古代是没有的。明确规定了每个国家的法律行政边境。无论如何，今天有海盗、难民、流行病、气候等问题。这些问题不可能在民族国家的框架下得到解决，更不是单靠在联合国的投票便能彻底改善的。这样的问题在许多国家蔓延，难以处理，但又不能回避。所以民族国家的概念受到冲击，但却又没有别的、好的可以取代。在这中间我提一件事情，一次大战以后，奥斯曼帝国解体，美国总统威尔逊提出十四原则，其中说到用民族自决来解决上述的难题，比如阿拉伯人就阿拉伯国家自己管理，但是国家边境划好以后，每一个国家里的民族跨境的情况多得很，特别是非洲。所以靠民族自决来解决这个问题，好像是不太合理的事情。威尔逊没有想到的是，我这个不需要民族自决的人在他去世百年后还在思考这些问题。

我上面说的文明发展似乎是假设人类文明有一个固定的

方向和目标，朝着它走便是进步，否则就是落后。但是事实上并没有这样的前提或者共识。在每个人的心底，哪种生活更快乐呢？或者说进步到底是什么意思？这才是整个文明所要解决的问题。人类文明要向什么方向走，下面的三个问题是无法回避的：

一、每个人都要面对生老病死。人在世界上到底是为了什么？这不仅是宗教的起源，也是每一个能思考的人必然会想到的。人生的终极目的是什么，要怎样才算是满足和幸福？个体对于这个问题的思考会影响到整个社会的发展，而整个社会的意识形态又必然会影响到个人的思考，因此绝不能说宗教、哲学、伦理等是没有意义的。

二、假如人类社会目前的状态是文明发展中的一站，社会应该做些怎样的改变才能够使大多数人更加满足，更觉得幸福？在人的内心世界和外在行为的相互关系中，在一个人和其他人的交往关系中，在人类和自然界的互动关系中，也就是在上述的错综复杂的大致可以分为三个层次的互动关系中，个人如何才能使社会逐步趋向他/她心中的满足感和幸福感，而不是与此背道而驰？

三、社会应该由什么样的人，用怎样的方式管理，才能把个人心中的满足感和幸福感最大化？

这些问题未必一定会陷人类文明于困境,却是全人类每一分子都会有的困惑。

己、文明的展望

以上的问题我不敢回答,也不认为现在的社会里有很多人真正关心这些比较抽象的问题。所以这个演讲最后要做的是用宏观而又客观的眼光看看现实的世界。

首先,信息技术会给文明的发展带来很大的冲击。电脑给予人的信息量和速度,它所带来的生活方式和价值观的变化,大家都已经见到了,但还只是初见端倪。其实电脑的运作程序需要一种简单而求实效的逻辑。为了适应电脑运作,越来越多的人会把电脑的思维方式应用到实际生活中,它所产生的社会效应可能会非常深远,但是今天还没有办法预见。其次,生物技术会对人类社会造成非常巨大的影响。有人说,人将来可以活到两百岁,你相信吗?这里有转基因食品的问题,有干细胞的问题,还有医疗资源分配的问题,这些自然会影响人的伦理观;第三,空间技术可以使人类得到很多新信息、新材料和新的能源开采方法。新材料的合成可以在空间进行,无重力无污染状态下的分子结晶可以产生许多新材料。从地球之外还可能获得新能源，比如，把太阳能在空间聚集之后，再用一种特别的微波定向发射回地球某处，经过转化后就可以成为可用能源，这将会是一种几乎用之不尽的能源。

科技的力量对于文明的冲击绝对是巨大的，但是在工业化的进程中，特别在当今的新兴经济体中，环境污染问题却十分严重，令人忧心。空气、水质和土壤的污染都不是一朝一夕能够治理得好的。大家对于空气和水的污染比较有认识，其实土壤污染更可怕；空气和水还能流动和更新，土壤不能在短期内更换，也无法简单地去除已经受到的污染，它的污染会严重损害人体健康，会对农业造成沉重的打击。虽然时间不是很够了，我还是想要讲一个历史故事。以前罗马和北非的迦太基打仗，罗马打胜了，就把盐撒到了迦太基的土地里，目的是让那里不产粮食，而迦太基人果真从那以后就无法再兴兵威胁罗马了。这样的故事在现代工业社会仍在重复着，那些不遵守环保法律的工业正在这么做，不同的是，他们影响的土地面积比罗马人要大得多。

语言、娱乐、传媒对于未来世界的文化发展方向以及对于各个文明系统的往来都是非常重要的。今天以及可以预见的将来，英语都肯定会是世界上最重要的语言。由于最近300

年来先后两个世界最强大的国家都说英语，所以今天世界上的外交、商业和科技等都以英语为通用语。在传媒和娱乐界，英语也是最受欢迎的语言，这就更增加了英语的重要性。我在1980年，苏联解体之前十年，到匈牙利参加国际学术会议，听见民主德国和波兰的科学家彼此说英语，很有一叶知秋的感觉：俄语在苏联主导下的东欧都不是英语的对手，何况在全世界呢？我非常喜爱我的母语，特别是汉字，也十分高兴地见到汉语逐渐在国际上受到重视。但是我不认为汉语在任何可预见的将来能够成为与英语并列的世界通用语。

对人类文明发展很重要的一点当然是地球上的人口。过去几十年里大家所注意的人口爆炸已经放缓。生活和医疗条件的改善使全球老年人的总数急剧上升，而生活方式和价值观的改变使较富裕社会的年轻人少生或是不生子女。未来国家间的竞争将不只是针对资源和市场；能够吸引到大量受过良好教育的年轻人前往移民的国家将会有一个21世纪的"人口红利"。

现在说说天下大势。我想从综合国力的比较中看看分属不同文明体系的几个重要国家和地区。从世界的全局看，19世纪跨大西洋的贸易最为重要，20世纪跨大西洋和跨太平洋的贸易差不多同等重要，在21世纪，跨太平洋的贸易将会远超跨大西洋的贸易。世界经济重心向太平洋两岸逐渐转移，已经不可阻挡。世界上只有北美洲的三个国家（加拿大、美国和墨西哥）既面向大西洋又面向太平洋，所以世界经济重心的转移不影响它们。并且，由于国土两边都面对大洋，不会受到邻近国家的可能威胁，所以北美洲三国有额外的地理优势。

美国地处温带，物产丰饶，人口超过三亿而且老化较慢，除了两岸没有邻国之外，南北的邻国也对它没有威胁，所以国土安全的系数最高。论科技实力，互联网、卫星遥感技术、无线通讯、基因工程、干细胞、纳米技术、新能源等，都是美国创造出来的，并且仍然远超其他国家。美国社会非常鼓励创新，重视吸纳外国移民（特别是科研人才），社会上自我调适的能力很强。这些是美国的核心竞争力。真正能够让美国综合国力下降的，不是别的国家的竞争，而是它内部滋生的亚文化。这包括相当比例的人口对社会现实的不满、教育水平的下降和工作慵懒等。当然，某些基督教基本教义派的主张以及与此相关的狭隘"爱国思想"也是负面因素。

再看俄罗斯。由于苏联时期遗留的民族和领土问题很多，而苏联解体后俄罗斯和土耳其、伊朗之间的缓冲带不存在了，这就使它在新国土的南部地区少了回旋的余地。中东的恐怖主义蔓延到北高加索地区，导致俄罗斯南部地区出现许多安全问题。俄罗斯的人口渐现老化，人口总数也在下降；远东地区人口本就稀少，最近还逐渐向西迁移；欧盟和北约在波罗的海三国和乌克兰不断施压，使俄罗斯很难集中精力改善经济。但俄罗斯幅员辽阔、资源丰富，加之科技实力和不屈不挠的文化传统，这些都是它的底气。

回头看看中国。过去三十几年中国的现代化进程是全世界的头等大事。中国未来的发展同样也会是最能影响到天下大势的因素。中国有任何国家所不能比拟的丰沛的人力资源，中国百姓想要国家现代化和社会进步的意愿十分强烈，中国社会的文化凝聚力非常坚固，中国农村人口城镇化的趋势不可阻挡，将会是经济发展巨大而长期的推动力。我认为，只要不爆发毁灭性的大规模战争，中国的振兴将是可期的。

世界上目前最不安宁的地区是中东。最近几十年来中东问题的成因是多维度的，它包括奥斯曼帝国解体后英法托管时期所遗留的领土问题，美苏长期冷战所形成的对立，当今几个世界强国和中东几个大国的博弈，以及中东各国内部不同社会力量的角力等。

未来几十年里，中国和美国将会是世界上最富经济活力的两个国家。合作就能双赢，对抗就成两伤。各国的领导人一般都不糊涂，他们会以理性的态度，根据国际和国内的各种条件来定决策。未来三四十年,科技发展和人口变化将会导致生活方式、社会结构和价值观的巨大变化。

本文系张信刚教授 2014 年 3 月 22 日在新华·知本读书会的演讲,原载《书城》2014 年 6、7 月号

图书在版编目(CIP)数据

看见与被看见：《书城》精选.一/《书城》杂志
编.—上海：上海三联书店,2020.7
ISBN 978 - 7 - 5426 - 6673 - 4

Ⅰ.①看…　Ⅱ.①书…　Ⅲ.①文化-文集　Ⅳ.
①G - 53

中国版本图书馆 CIP 数据核字(2019)第 074735 号

看见与被看见——《书城》精选(一)

编　　者/《书城》杂志
出 品 人/李　爽

主　　编/黄　韬　顾红梅

策划编辑/齐晓鸽
责任编辑/吴　慧
助理编辑/钱　斌
装帧设计/人马艺术设计·储平
监　　制/姚　军
责任校对/张大伟

出版发行/上海三联书店
　　　　　(200030)中国上海市漕溪北路 331 号 A 座 6 楼
邮购电话/021 - 22895540
印　　刷/上海展强印刷有限公司

版　　次/2020 年 7 月第 1 版
印　　次/2020 年 7 月第 1 次印刷
开　　本/889×1194　1/32
字　　数/180 千字
印　　张/11
书　　号/ISBN 978 - 7 - 5426 - 6673 - 4/G·1525
定　　价/60.00 元

敬启读者,如发现本书有印装质量问题,请与印刷厂联系 021 - 66366565